Thomas Trautmann

Interviews mit Kindern

Thomas Trautmann

Interviews mit Kindern

Grundlagen, Techniken,
Besonderheiten, Beispiele

VS VERLAG FÜR SOZIALWISSENSCHAFTEN

Bibliografische Information der Deutschen Nationalbibliothek
Die Deutsche Nationalbibliothek verzeichnet diese Publikation in der
Deutschen Nationalbibliografie; detaillierte bibliografische Daten sind im Internet über
<http://dnb.d-nb.de> abrufbar.

1. Auflage 2010

Alle Rechte vorbehalten
© VS Verlag für Sozialwissenschaften | GWV Fachverlage GmbH, Wiesbaden 2010

Lektorat: Stefanie Laux

Der VS Verlag für Sozialwissenschaften ist ein Unternehmen von Springer Science+Business
Media.

www.vs-verlag.de

Umschlaggestaltung: KünkelLopka Medienentwicklung, Heidelberg
Druck und buchbinderische Verarbeitung: Ten Brink, Meppel
Gedruckt auf säurefreiem und chlorfrei gebleichtem Papier
Printed in the Netherlands

ISBN 978-3-531-17127-2

Inhalt

Vorwort

„Das Interview erscheint als einfache
Methode, nicht zuletzt aufgrund seiner Nähe
zum Alltagsgespräch. Fragen zu stellen liegt
nahe und erscheint so leicht. Darin liegt
etwas Verführerisches…" (Friedrichs 1990)

Täglich werden auf der Erde vielmillionenfach Informationen ausgetauscht. Die Tendenzen der letzten Jahre zeigen, dass der Begriff der „Informationsgesellschaft" sehr zu Recht besteht. Gerade aber unter den Aspekten des Einsatzes von Computern zum schnellen Verarbeiten von Informationen werden Stimmen laut, die Nachteile solcher technisierten Abläufe sehen. Bei allen zu begrüßenden Formen der Nutzung von Informationen zur weiteren Entwicklung technischer und technologischer – also ökonomischer – Prozesse bleiben dabei mitunter die genuin Menschen[1] verbindenden Informationstransfers auf der Strecke. Klagen über eine kalte, akommunikative, nur auf Gewinn fokussierte Gesellschaft sind uns nicht fremd.

Auch die Erziehungs- und Sozialwissenschaften beschäftigen sich unter mannigfaltigen Fragestellungen mit dem Problemkreis der zwischenmenschlichen Kommunikation. Dabei geht es in erster Linie darum, Heranwachsenden sowohl Möglichkeiten zum Erlernen der vielfältigen sprachlichen und nichtsprachlichen Riten und Regeln zwischenmenschlicher Kommunikation nahe zu bringen, als auch ihr problemarmes Hineinwachsen in die Informationsgesellschaft zu ermöglichen. Kindheit als Medienkindheit, zunehmende Verinselung, Kinder als Konsumentenzielgruppe – all diese Schlagworte machen die Vielschichtigkeit der Problemlagen deutlich, mit denen Kinder aufwachsen und mit denen Eltern und Lehrpersonen konfrontiert werden. Mitunter wird beklagt, dass Kinder wenig von sich erzählen, dass Zeit fehlt, sich zu unterhalten, dass die Kultur des Gesprächs auf der Strecke bleibt u.v.a. Daheim wird ausschließlich mit geschriebenen Zetteln korrespondiert, trotz materiellen Wohlstands verkümmert die narrative Kultur und selbst die Wissenschaft ist unschlüssig, wie mit Kindern als Gewährspersonen umzugehen sei. Fragwürdig bleibt zudem die Tatsache, dass

---

[1] In diesem Buch erfolgt – einer besseren Lesbarkeit geschuldet – keine stringente Form maskuliner und femininer Formen, sondern ein lockerer Wechsel zwischen beiden. Beide Geschlechter mögen sich bitte gleichwertig angesprochen fühlen.

Unterricht in Schulen ebenfalls nicht maßgeblich zur Verbesserung eigener kommunikativer Potenzen beiträgt. Ausnahmen seien an dieser Stelle ausdrücklich angemerkt! Doch bereits durch äußerst ungleichgewichtige Kommunikationsstrukturen im Lehr-Lernprozess – Lehrerinnen und Lehrer reden und Schüler hören zu bzw. sollen dies zumindest tun – wird das Dilemma deutlich. Doch haben Klagen über mangelnde Ausdrucksfähigkeit und -willigkeit wirklich immer ihre Berechtigung? Beobachtet man Kinder und Jugendliche in anderen Lebenswelten, so scheinen eben diese beklagenswerten Indizien nicht zu stimmen. Mit eigenen, sicheren, seltsamen, abgrenzenden und teils eloquenten Formen des Ausdrucks von Mitteilungen gehen die Heranwachsenden miteinander um. Sicher sind manche dieser Formen mitunter zunächst mit Unverständnis zu quittieren – eines jedoch ist unbestritten: Zwischen institutionellen Formen der Kommunikation, wie sie mitunter in der Schule praktiziert werden, und relativ freien Formen bestehen Unterschiede. Daraus ergeben sich für die Pädagogik wie für die sozialwissenschaftliche Forschung mancherlei Probleme. Während die Pädagogik als Handlungswissenschaft fragen muss, wie Kinder in ihren Eigenheiten noch besser verstanden werden können (um sie produktiver erziehen zu können), gehen sozialwissenschaftliche Forschungszweige anderen Problemkreisen nach. Erstens will man mehr über die lebensweltliche Eingebundenheit von Kindern erfahren; die Biografieforschung hat hier durchaus beachtliche Erfolge vorzuweisen. Zweitens versucht die Wissenschaft, die verwickelten Gruppen, Geflechte und Beziehungen der Ähnlichaltrigen in ihren Kontexten zu erhellen.

Bei all diesen qualitativ angelegten Ansätzen stecken die Forscher oft in einem Dilemma: Alles, was die heranwachsenden Probanden von sich geben, ist selbstverständlich eine eigene Legende. Andererseits haben der eigene Ausdruck, die noch junge Erinnerungsstruktur, aber auch das Vermögen der sprachlichen Darstellung massiven Einfluss auf die Richtung und Tiefe der Ergebnisse. Gerade aber in der qualitativen Forschung ist das Interview mit Kindern und Jugendlichen *die* Erkenntnisquelle und somit von hoher Bedeutung. Nicht zu vergessen ist, dass vor allem die Erziehungswissenschaft die Aufgabe verfolgt, Modelle zu entwerfen, um Entwicklungsverläufe transparent zu machen. Bei all dem traut man Kindern jedoch nicht zu, genau so verlässliche Daten zu liefern, wie in Interviews mit Erwachsenen. Die Begründungen aus psychologischer Sicht bedürfen – so die Erfahrungen aus unseren Forschungen (Trautmann/Schmidt/Rönz 2009a) – einer partiellen Revision.
In diesem Buch geht es um drei Schwerpunkte. Zunächst widme ich mich den Grundlagen der Kommunikation zwischen Heranwachsenden und Erwachsenen, die in der Regel das Interview miteinander gestalten. Danach sollen jene Grund-

lagen skizziert werden, die in den Sozialwissenschaften zum Instrument ›Interview‹ existieren und auf den Fokus Kind spezifiziert werden. Schließlich wird auf all jene Schwierigkeiten und Problemlagen aufmerksam gemacht, die jener Sonderfall des Kinderinterviews mit sich bringen kann.

Mannigfaltige Exempel gelingender und missratener Interviewelemente werden das Buch immer wieder durchziehen. Ich habe diese Beispiele aus rund 350 Interviews gewonnen, die meine Mitarbeiterinnen mit mir gemeinsam im Laufe vieler Forschungsprojekte durchführten. Auch Studierende der Universität Hamburg haben sich – als Mitglieder der Forschungsgruppe „Heterogene Lerngruppen-Analyse" (HeLgA) oder als Seminarteilnehmer/innen an dieser Methode emanzipieren können. Damit bin ich inmitten der unvermeidlichen Danksagungen, zu denen Vorworte (auch) herhalten müssen.

Allen kindlichen Interviewpartnern danke ich wärmstens, dass sie uns so tiefe Einblicke in ihr Denk- und Verstehensvermögen gaben. Céline Schröder und Olga Bigdach seien bedankt für die Transkriptionen und die kritische Begleitung des Projektes. Barbara Kneffel bin ich für die Überarbeitung des Kapitels „Psychologische Grundlagen …" verbunden. Vivien Bichtemann und vor allem Sonja Schmidt haben wiederum in bewährter Form das Manuskript durchgesehen. Das HeLgA-Team, Sonja Schmidt, Vivien Bichtemann und Constanze Rönz haben letztlich durch ihre unbändige Experimentierfreude, ihren praktischen Rat und ihre konstruktive Kritik das Buch aktiv verbessern geholfen.

Hamburg, im Herbst 2009   Thomas Trautmann

Einleitung: Wozu Kinderinterviews?

*Ein Interviewpartner
ist ein Fremdenführer
durch uns selbst.
Alfred Polgar*

Bücher, die Interviews beschreiben, analysieren, als Methode verwenden oder für einen bestimmten Wissenschaftszweig aufbereiten, gibt es viele. Als meine Forschungsgruppe eine große Zahl von Viertklässlern interviewen musste, um deren Grundschulzeit näher zu untersuchen, fiel uns auf, dass keines der Interviewkonzepte, die in der Literatur vorgestellt wurden, in unser Design passte. Es waren nicht so sehr die Strukturen, welche sich als *far away* herausstellten. Vielmehr war in keiner methodischen oder inhaltlichen Form der Umgang mit Kindern und Jugendlichen als Partner im Interview zu finden, von einer marginalen Ausnahme diagnostischer Natur abgesehen (Unnewehr/Schneider/Margraf 1995).

In der Folgezeit begann daher die Arbeit, eigene Konzepte für Kinderinterviews herauszuarbeiten. Dabei wurde im Wesentlichen zwei Richtungen nachgegangen. Zunächst sollte herausgearbeitet werden, was die Spezifik von Kinderinterviews ausmacht. Daraufhin sollte ein Vorschlag entwickelt werden, diese Eigenarten methodisch umzusetzen. Hintergrund dieser Überlegungen waren erstens die gängigen Modelle der Kommunikation und zweitens jene Möglichkeiten und Grenzen, die Kinder – Heranwachsende eines bestimmten Alterskorridors – als Gesprächspartner/innen auszeichnen.

Ohne dem Buch vorzugreifen, soll hier bereits knapp die Notwendigkeit der Spezialisierung der Methode ›Interview‹ auf die Zielgruppe ›Kinder und Jugendliche‹ begründet werden.

- Kinder und Jugendliche praktizieren sowohl eigene Denk-, Verhaltens- und Kommunikationsmuster. Allgemeine Ratschläge und die meisten strukturellen Überlegungen für Interviews berücksichtigen diese Besonderheiten jedoch nicht in genügendem Maße.
- Kinder und Jugendliche bilden für die Sozialwissenschaften, insbesondere aber für die Erziehungswissenschaft die primäre Zielgruppe. Gleichzeitig ist die Methodenspezialisierung für qualitative Forschungen nicht hinreichend ausgeprägt. Insbesondere die Interviewtechnik und -struktur bedarf hier einer gründlichen Revision.
- Kindern und Jugendlichen wird – hinsichtlich ihrer Befähigung als Gewährspersonen – immer wieder Zweifel und Kritik entgegen gebracht. Dies liegt jedoch nur zu einem Teil an psychologischen Grenzen der Kommunikationsfähigkeit dieser Zielgruppe. Ein anderer Teil sind Feh-

ler, Desiderate und/oder methodische Mängel im Anwendungskontext der äquivalenten Forschungsmethoden.

- Durch ihre spezifischen Denk- und Verarbeitungsmechanismen (re-) agieren Kinder und Jugendliche in Interviewsituationen anders als erwachsene Probanden. Dies muss bei der Vorbereitung, im Einsatz des Forschungsinstrumentes und in der Analyse der Ergebnisse beachtet werden.
- Sowohl die Kindheits- als auch die Biografieforschung haben in den letzten Jahren bemerkenswerte Ergebnisse über die Lebenswelten und die soziale Einbezogenheit von Heranwachsenden zutage gefördert. Schaut man jedoch auf die forschungsmethodischen Beschreibungen, so sind – etwa durch naiven und/oder inhaltlich bzw. methodisch unsauberen Einsatz von Interviews – vielfach enorme Potenzen verschenkt worden.
- Kinder heute bilden ein schier unermesslich großes Reservoir an kreativen Denk- und Vorstellungsmustern. Dieses muss aber nachhaltig „angezapft" werden. Wenn wir es also ernst meinen, mehr über das Kind wissen zu wollen, müssen diese Bestrebung auch mit der notwendigen Professionalität vollzogen werden. Daher ist mit Auffassungen zu brechen, die es leicht erscheinen lassen, rasch einmal ein Interview in das Untersuchungsdesign einzubauen – noch dazu, weil es „lediglich" Kinder sind, die befragt werden.
- Abschließend ist festzustellen, dass dort, wo professionell mit Kindern und Jugendlichen gearbeitet wird – in Schule, Elternhaus, Jugendclub und Sportverein – das Wissen über konzentrierte und ertragsorientierte Gespräche durchaus verbesserungsfähig ist (Trautmann 2001). Das Buch will dazu beitragen, dass sich pädagogisch Verantwortliche gründlich auf Interviews – seien es Entwicklungsgespräche, Leistungsvereinbarungen, Verhaltensanalysen oder Normverdeutlichungen – vorbereiten können.

14

Kommunikative Grundlagen – Was geschieht im Interview?

Es gibt keine größere Illusion als die Meinung,
Sprache sei ein Mittel der Kommunikation
zwischen Menschen.
(Elias Canetti)

Auch wenn der oben stehende Aphorismus das Folgende in Zweifel ziehen mag – Kommunikation ist das Medium der Manifestation menschlicher Beziehungen (Watzlawick et al. 1993). Dieser etwas akademische Begriff bedarf einer näheren Untersuchung. Er setzt mindestens zwei Dinge voraus: Menschen unterhalten Beziehungen und diese Beziehungen können sich manifestieren. Beim Kontakt mindestens zweier Menschen kommt es zu unmittelbaren und mittelbaren Wahrnehmungs- und Wechselwirkungsprozesse. Definieren wir vorab einmal den Begriff ›Interview‹ und betrachten die dort möglichen Prozessebenen. Altrichter und Posch sehen im Interview ein Gespräch, dessen Zweck es vor allem ist, Sichtweisen, Interpretationen und Bedeutungen kennen zu lernen, um das Verständnis einer Situation zu verbessern (1998). Der Interviewer bzw. die Interviewerin (künftig mit dem Buchstaben I. abgekürzt) wird also mittels Fragen, Impulsen, Vertiefungen, Gedankenbrücken, Stichworten – mit verbaler Kommunikation versuchen, vom interviewten Kind (künftig mit K. gekennzeichnet) dessen Sicht- und Denkweisen, Überlegungen und Schlüsse zu erfahren. Die verbale wird durch verschiedene nonverbale Kommunikationselemente ergänzt. Das können neben Artefakten so genannte körpersprachliche, aber auch paralinguistische (vokale nonverbale) Aspekte sein.

Schauen wir zunächst auf nonvokale nonverbale Kommunikationsaspekte – die Körpersprache. Interviewerinnen können beispielsweise beim Reden mit den Armen rudern (gestikulieren). Mitunter grimassieren sie derart, dass das Kind in helles Lachen ausbricht (schlechte bzw. kontraproduktive Mimik). Ein dritter Interviewer nimmt den ganzen Raum am Tisch ein und sperrt so den Raum (Proximetrie) und ein vierter tätschelt dauernd den Oberarm des Interviewkindes. Er arbeitet damit taktil – ob erfolgreich, sei einmal dahingestellt. Nicht zu vergessen sind die Qualen, denen die interviewten Personen – ob Kinder, Jugendliche oder Erwachsene – ausgesetzt sind, wenn der Interviewer aus dem Mund riecht oder in einer Wolke schlechten Aftershaves schwebt. Solche olfaktorischen Aspekte werden schwer unterschätzt. Auf spezielle Formen, wie Blickverhalten, Körperspannung und -haltung, die sich unter dem Begriff ›Kinesik‹ zusammenfassen lassen, soll an dieser Stelle nicht vertiefend eingegangen werden.

Kehren wir noch einmal zu den paralinguistischen Kommunikationselementen zurück. Allgemein werden dabei sprachbegleitende (Sprechmelodie, Betonung,

Pausen, Modulation usw.) und selbstständige Formen (Lachen, Glucksen, Seufzen, Räuspern usw.) unterschieden.

Der oben bereits erwähnte Paul Watzlawick definierte menschliche Kommunikation an gleicher Stelle (Watzlawick et al. 1990) dann auch folgerichtig als, alle aus dem menschlichen Verhalten hervorgehenden erweiterten Mitteilungen. Diese Begriffsbestimmung ist so interessant, weil sie eben auf *alle* menschlichen Verhaltensmitteilungen reflektieren und weil diese offenkundig *erweitert* geschehen. Im Allgemeinen wird nämlich Kommunikation darauf reduziert, dass Menschen Informationen tauschen. Dies würde – bei oberflächlicher Betrachtung – auch grundsätzlich für ein Interview gelten. Betrachten wir jedoch einen Gedankenaustausch – live vom Podium oder am Fernsehschirm –, wissen wir spätestens nach der zweiten Frage des Moderators, wie etwas gemeint ist. Und dies, obwohl die eigentliche Frage gänzlich unverfänglich war. Die Folgen sind einleuchtend – der Gefragte „steigt" auf das Gesagte ein, indem er zum Gemeinten Stellung nimmt. Wenn nun der Moderator mit seiner Frage jedoch eine andere Intention wecken wollte, wird dieser wiederum nachsteuern, anders fragen, tiefer bohren oder einen gänzlich neuen Ansatz kreieren. Die Zuschauer freut es, denn auch sie konstruieren sich selbst einen Fragen-Fahrplan.

Schauen wir daher einmal darauf, was solche erweiterten Mitteilungen sind und was es heißt, diese zu entschlüsseln (enkodieren).

Erwähnt wurde der Austausch von Informationen. „Wie ist ihr Name?" – „Mein Name ist Thomas Trautmann". Eine einfache Frage-Antwort-Struktur, sehr gern am Beginn von Interviews genutzt, um beispielsweise eine gezielte Ansprache zu ermöglichen. Auch Fragen nach der Uhrzeit, dem Wetter oder dem persönlichen Befinden können dem Austausch von Informationen zugerechnet werden.

Können? Ja, können. Müssen aber nicht. Das ist zum Beispiel genau dann der Fall, wenn Sie auf die Frage nach der Uhrzeit die folgende Antwort bekommen: „Sie sind wohl sehr vergesslich?" – Was passiert hier?

Die Antwort darauf soll anhand einiger Kommunikationsmodelle gegeben werden, die für Interviews von hoher Brisanz sind. Zunächst konstatieren wir lediglich, dass es in der Kommunikation um sehr viel mehr geht, als nur Informationen auszutauschen oder „miteinander zu reden". Wer schon einmal eine abendliche Talkrunde verfolgte, sah Gesprächspartner, die plötzlich – etwa nach einer scharfen Auseinandersetzung – partout nicht mehr miteinander redeten und sogar körpersprachlich reagierten, wenn ihr Widerpart erneut das Wort ergriff (Kopfschütteln, Stirnrunzeln, Nasekräuseln, Abwenden). Es gibt Fernsehdiskussionen, bei denen fast alle Beteiligten fröhlich und ungeniert aneinander vorbei reden. In der Politik ist es bei Interviews durchaus üblich, dass wider besseres Wissen Informationen zurück gehalten werden. Täglich überreden wir unsere Kinder, doch dies und jenes zu tun, beispielsweise aufzuräumen oder den Müll herunter zu bringen. Bei all diesen eben benannten Kommunikationsprozessen senden wir – wie erwähnt – neben der Sprache mannigfaltige nichtsprachliche Signale aus. Wie also wird Kommunikation modellhaft illustriert?

Kommunikationsmodelle und ihre Wirkungen im Interviewprozess

Eine ganze Reihe von Modellen beschäftigt sich mit der Struktur und dem Verlauf menschlicher Kommunikation. Es kann selbstredend nicht Auftrag dieses Buches sein, all diese Modelle Revue passieren zu lassen. Vielmehr sollen anhand drei ausgewählter Beispiele typischer Kommunikationsverläufe, die Möglichkeiten und Grenzen des Interviews als besondere kommunikative Konstellation skizziert werden.

Das „Vier-Ohren" Modell (F. Schulz v. Thun)

Friedemann Schulz von Thuns modellhafte Darstellung menschlicher Kommunikationsvorgänge fußt grundsätzlich auf dem einfachen Sender-Empfänger-Prinzip. Er geht jedoch – u.a. in Anlehnung und Erweiterung von Batesons Inhalt-Beziehungsproblematik – davon aus, dass in einer Nachricht vier Botschaften synchron enthalten sind. „Daß (sic!) jede Nachricht ein ganzes Paket mit vielen Botschaften ist, macht den Vorgang der zwischenmenschlichen Kommunikation so kompliziert und störanfällig, aber auch so aufregend und spannend" (Schulz v. Thun 1992: 26). Ich will hinzufügen, dass die Kommunikation im Grundschulbereich diese Aufregung, Spannung und Störanfälligkeit weiter erhöht, weil wir es hier mit Interaktionen zwischen Kommunikationsprofis (Lehrerinnen mit einem Sprechberuf, vielen erworbenen Erfahrungen und didaktisch geschultem Verhalten) und Kommunikationseleven (Kinder, welche unterschiedliche kommunikative Erfahrungen besitzen, naiv denken und stark mitteilungsbedürftig sind) zu tun haben. Gleichzeitig stellt sich Unterricht als ein relativ künstlicher Kommunikationsraum dar, der das Problem zusätzlich verstärkt.
Schulz von Thun stellt die vier Seiten einer Mitteilung als Sachinhalt, Beziehungsaspekt, Selbstoffenbarung – in Folgearbeiten dann *Selbstkundgabe* genannt – und Appell dar. Der Empfänger der Botschaften, in unserem Falle Lehrerinnen, haben „prinzipiell freie Auswahl" (Schulz v. Thun 1992: 45), auf welchen Aspekt der Kommunikation sie eingehen wollen. Selbstverständlich unterliegt jeder Mensch Zwängen. Bezogen auf Heranwachsende haben fast alle (Interview-)partner neben ihrer Rolle als Informationsermittler und -übermittler eine weitere – die von Erziehern. Das unterscheidet grundsätzlich das Kinderinterview von anderen Formen. Über dem Informationsaustausch im Kinderinterview schwebt etwas, was Lothar Klingberg (1987) einmal als ein „didaktisches Weltbild" be-

zeichnete. Danach hat jeder Erwachsene sein eigenes Bild, wie mit Heranwachsenden lehrend und lernend umzugehen sei. Mitunter fallen dann Interviewer aus dem Rahmen und pädagogisieren.

I.:[2]	*„Erzähle mir bitte von deinem Zuhause. Wie kann ich mir zum Beispiel dein Zimmer vorstellen?"*
K.:[3]	*„Also mein Zimmer ist groß und hell und meistens unaufgeräumt (lacht). Und das gefällt Mama nicht und deshalb ..."*
I.:	*(unterbricht) ... „Ich kann deine Mama verstehen, Kinderzimmer gehören auch aufgeräumt."*
K.:	*(lächelt unsicher) „Na, ja und in meinem unaufgeräumten Zimmer da sind Plüschtiere, Nintendo, viele Bücher ..."*
I.:	*„Du solltest deiner Mama wirklich versprechen, dein Kinderzimmer immer aufzuräumen."*
K.:	*(ernst) „Ich glaube, das geht nur meine Mama und mich etwas an."*

Der Interviewer hat in dieser Situation mindestens vier Dinge vollbracht. Er sprengte den Interviewrahmen und verhielt sich nicht neutral. Darüber hinaus verletzte er die Gesprächssouveränität seines Gegenübers und brachte eine Gewährsperson zum Blockieren.

Sachinhalt

Grundsätzlich sollte der professionelle Interviewer diesen Kanal vorrangig bedienen und ebenso gewichtig darauf reagieren. Diese Nachrichten enthalten nämlich Informationen über Sachlagen. Jede unserer Informationsaufnahmen dient der (kurzzeitigen oder speichernden) Akkumulation von Daten. Es kommt aber darüber hinaus darauf an, womit diese Datenübertragung gekoppelt und wie sie in den Empfänger „eingebaut" wird. Hier entstehen Brücken zum transaktionalen Modell des Eltern-, Kindheits- und Erwachsenen-Ichs.
Das Sachohr des Kindes und der Interviewerin nimmt daher primär die Übermittlung von rationalen Informationen auf.

---

[2] Bei dieser durchgängig gewählten Abkürzung handelt es sich stets um den Interviewer bzw. eine Interviewerin. Dabei ist es sekundär, ob diese Lehrperson, Psychologin, Mitglied der Forschungsgruppe, Studierende oder Fortbildungsteilnehmer/in war.
[3] Damit werden durchweg alle zu interviewenden Personen abgekürzt. Ich habe bewusst darauf verzichtet, Kinder und Jugendliche mit verschiedenen Abkürzungen zu spezifizieren. Wenn es nicht ausdrücklich im Text hervorgehoben ist, spielt das Alter und die sprachliche Kompetenz für die konkrete Beispielebene keine Rolle. Damit soll gezeigt werden, dass z.B. Verläufe, Kommunikationsprozesse, aber auch Fehlerstrukturen prinzipiell gleich verlaufen.

I.:	*„Wie löst ihr in deiner Klasse das Problem der Zusammenarbeit?"*
K.:	*„Das geht ziemlich gut. Wir haben das in der Klassenkonferenz besprochen. David und Bella machen zusammen Hausaufgaben, weil David ja nicht immer zur Schule kommen kann. Außerdem haben wir da noch einige Vereinbarungen getroffen ..."*

Dennoch darf grundsätzlich nicht übersehen werden, dass es kein autonomes Sachohr gibt. Vielmehr ist es subtil mit den drei anderen Aspekten der Informationsübernahme gekoppelt. Es besteht daher stets die Möglichkeit, dass das Interviewkind die Informationen durchaus sachlich, als auch partiell *mehrdeutig* aufnimmt.

I.:	*„Ich habe in der letzten Zeit gesehen, dass einige Mädchen bei euch in den Gängen oder in der Hofpause immer zusammenstehen und tuscheln."*
K.:	*„Ich weiß, die haben eine Bande gegründet und wer da nicht drin ist, der erfährt nicht so viel darüber, wer mit wem gerade geht."*

Aber auch:

I.:	*„Bei euch in den Gängen oder in der Hofpause stehen Hannah, Svenja, Yildiz und Melanie immer zusammen und tuscheln."*
K.:	*„Pah, das habe ich noch nie gemacht und so was kommt für mich auch nicht in Frage. Die wollen sich doch nur wichtig machen."*

Im zweiten Beispiel „rutscht" das Kind durch persönliche Betroffenheit in die Beziehungsebene und antwortet mit seinem Eltern-Ich. Die Transaktion droht, nicht mehr komplementär zu sein. Kreuzen sich nämlich Informationen (Transaktion genannt), argumentiert jemand im Sachbezug und erhält die Reaktion beispielsweise auf der Beziehungs- oder Appellseite, so sind Konflikte möglich, die das Interview sprengen können.

I.:	*„Warum kommst du erst jetzt Renee?"*
K.:	*„Ich habe noch mit Tanja was zu bereden gehabt."*
I.:	*„Aber Tanja hatte noch so viel zu tun, da blieb doch gar keine Zeit zu reden."*

19

| K.: | (stolz) „Sie hat extra wegen mir ihre Präsentation unterbrochen." |
| I.: | „Pass mal auf, Renee, wenn du andauernd Kinder vom Arbeiten abhältst muss ich mal mit Mama sprechen." |

Beziehung

Der Beziehungsaspekt gibt darüber Auskunft, wie der „Sender zum Empfänger steht, was er von ihm hält" (Schulz v. Thun 1992: 27). Nicht zu vergessen ist bei allen Interviews, dass dieser Aspekt immer mitschwingt, in jeder Frage und in jeglicher Antwort – sogar im Schweigen zwischendurch. Dies bedeutet auch, dass Beziehungsperspektiven sich nicht immer in eigenen Strukturen zeigen. Vielmehr kann in einem Satz, welcher durchaus einen gewichtigen Sachinhalt transportiert, die Beziehungsebene durch Tonfall, Gestik, Mimik und/oder andere nonverbale Signale sehr eindeutig anklingen.

Unser ›Beziehungsohr‹ ist ganz besonders feinfühlig. Bei Erwachsenen und zunehmend bei Kindern werden damit Signale der gegenwärtigen ›Großwetterlage‹ erforscht. Ganze Berufsstände, die stark kommunikativ arbeiten – insbesondere diagnostizieren, beraten, mitteilen und/oder helfen wollen (Lehrer/innen, Therapeut/innen, Ärzt/innen usw.), müssen besonders auf ihre Sende- und Empfangssignale achten, um die (eigenen oder fremden) Beziehungsohren nicht fehlerhaft zu „bestücken" (Trautmann 1997: 54).

Im Interview kann es dann zu abrupten Richtungswechseln kommen, wenn die erwachsene Gesprächsperson plötzlich ihr Beziehungsohr ausfährt.

I.:	„Wir können ja dieses Puzzle mal gemeinsam machen."
K.:	„Ooch, ich denke, das schaffe ich schon alleine."
I.:	„Na denn mach mal alleine, ich kann ja derweil gehen."
K.:	(bereits ins Puzzeln versunken) „Ist gut."
I.:	„Na, wenn ich hier überflüssig bin" ...(zieht Grimasse).

Schulz von Thun weist in diesem Zusammenhang mit Recht darauf hin, dass es Menschen gibt, die ständig auf „Beziehungslauer liegen". Diese fühlen sich durch alle möglichen Signale „bewertet", sie beziehen alles auf sich, „nehmen alles persönlich, fühlen sich leicht angegriffen und beleidigt. Wenn jemand wütend ist, fühlen sie sich beschuldigt, wenn jemand lacht, fühlen sie sich ausgelacht, wenn jemand guckt, fühlen sie sich kritisch gemustert, wenn jemand wegguckt, fühlen sie sich gemieden und abgelehnt" (Schulz v. Thun 1992: 51).

In jedem Lehrerkollegium gibt es diese „Überempfindlichen". Das ist der Unterschied zu den Klassenzimmern, in denen sich die Kinder aufhalten. Problematisch wird es, wenn diese ihre Beziehungslauer auch auf die Kinder ausdehnen, welche die unterschiedlichen Spielarten der „höheren Kommunikation" (noch) gar nicht professionell beherrschen. Fast zwangsläufig kommt es zu Irritationen, nicht selten sogar zu lebhaften Kontroversen, vor allem dann, wenn die Interviewerin in anderer Rolle eine Bezugsperson (Lehrerin, Trainerin etc.) ist.

I.:   *„Erzähle über unseren Mathematikunterricht."*

K.:   *(grinst) „Den kennen Sie ja besser als ich ..."[4] Okay, also wir haben in Mathe manchmal Werkstatt, außerdem machen wir Lernumgebungen, das ist ... soll ich das erklären?" (Interviewerin nickt heftig) ... „Lernumgebungen – hmm, das ist für jeden Schüler etwas, die, die schnell rechnen können, die weite Aufgabenstellung nehmen, die haben dann viel zu tun. Die, die länger zum Kapieren brauchen, die nehmen die verkürzten Aufgabenstellungen. Lernumgebungen sind also ein Aufgabenbeutel, aus dem sich jeder Schüler seine Art von Aufgaben herausziehen kann. Und die Lehrerin ist da meist ganz überflüssig, die geht raus und trinkt vielleicht einen Kaffee (lacht)."*

I.:   *„Also dass das mal gleich klar ist, es steht dir nicht zu, dir darüber Gedanken zu machen, warum ich im Unterricht einmal den Raum verlasse. Und Kaffee trinke ich prinzipiell nicht ..."*

Festzuhalten ist, dass Interviewer offenkundig mit ihren Rollenzuschreibungen zu kämpfen haben. Es ist daher zu überlegen, ob externe Interviewer bei komplexen Fragestellungen – etwa der Qualität von Unterricht aus Schülersicht – nicht ratsamer sind, als diesen Schritt durch Lehrer/innen ermitteln zu lassen.

Selbstoffenbarung

Überlagert von den Sachinformationen und oft parallel zu den Beziehungen von Sender und Empfänger werden zusätzlich Hinweise auf die Person des Senders selbst deutlich. Friedemann Schulz von Thun spricht im Zusammenhang der Selbstoffenbarung von (gewollter) Selbstdarstellung und (ungewollter) Selbstenthüllung.

„Ich möchte Sachinformationen vermitteln, ..., aber ich möchte auch einen guten Eindruck machen, möchte mich als eine Person präsentieren, die etwas anzubieten hat, die weiß, wovon sie schreibt und die gedanklich 'auf der Höhe' ist." (Schulz v. Thun 1992: 27)

---

[4] Die Interviewerin ist die Mathematiklehrerin der Klasse.

Im Interview öffnen sich sowohl Kinder und Jugendliche, wie auch die Interviewer gleichermaßen. Oft geschieht dies erst in der Phase der Aufgeschlossenheit, also nicht am Beginn des Gesprächs. Kinder haben durch ihre erst kurze Erfahrung mit menschlicher Kommunikation noch kein hohes Vermögen, Selbstoffenbarungen deutlich und dezidiert herauszufiltern. Dennoch gibt es eine ganze Reihe von Belegen, dass Kinder sich nach Akten der Selbstoffenbarung erstaunlich flexibel darauf einstellen konnten (Trautmann 1997). Welchen Selbstoffenbarungen, die ja die Handelnden ungemein illustrieren, begegnen wir im Kinderinterview?

- Die gesprochene Sprache (Dialektfärbung, Sprachbesonderheiten, Sprechticks, Dygrammatismus usw.), Satzbildung (abgehackt, elaboriert, besondere Formulierungen, Konjunktive)
- Die Präsentation (Wie gibt sich die Person beim Sprechen? Was legt er in die Sprache hinein? Welche hintergründigen Absichten hegen diese Worte? usw.)
- Ziel und Richtung (Wie entwickelt er seine Aussagen? Wie belastbar sind sie? usw.)
- Worauf legt er bzw. sie (keinen, besonderen, nachdrücklich) Wert?
- Wo „passt" er oder sie (unsicher, schwankend, nachdenklich, ratlos)?

Simpel formuliert werden in diesem Kontext Nachrichten unter dem Bezug aufgenommen, was „mir diese Nachricht über den Sender aussagt". In der Elternarbeit stehen Lehrpersonen diesem Phänomen oft gegenüber. Ich habe 1997 ein dazu passendes Beispiel publiziert, welches ich kürzlich fast entsprechend in einer Hamburger Schule wiederfand. Eine Mutter kam nach dem offiziellen Ende des Elternabends zur Lehrerin und seufzte: „Ich weiß gar nicht mehr was wir machen sollen, unsere Jessica begreift Vieles vom angebotenen Stoff nicht mehr." Leider war die Lehrperson durch den bisherigen Erfolg der Veranstaltung (die Eltern hatten eine neue Elternsprecherin gewählt) so euphorisiert, dass sie das Sachohr offenkundig „bereits eingepackt" hatte und diese Selbstkundgabe (der mütterlichen Ratlosigkeit) eine schwere Breitseite verpasste. Sie sagte leichthin und lächelnd: „Vielleicht liegt das Problem generell in Ihrer Familie?" Wir brauchen uns nicht auszumalen, wie die Mutter – und einige andere Eltern, die in der Nähe standen – reagierten. Solche Ausrutscher im Interview zwischen Erwachsenen führen im Großteil der Fälle sofort zum Abbruch. Aber auch bei Gesprächen mit Kindern sollten wir solche Sprachunfälle gar nicht erst praktizieren. Das Vermeiden von Killerantworten ist gerade bei Momenten der Selbstkundgabe völlig produktiv. Denn gerade im Interview ist ein Öffnen der befragten Person ja ein, wenn nicht das prinzipielle Ziel des Vorgangs.

Appell

Friedemann Schulz von Thun unterstreicht, dass bei Appellen die „Berichterstattung auf der Sachseite (...) einseitig und tendenziös [und] die Selbstdarstellung (...) darauf ausgerichtet [ist], beim Empfänger bestimmte Wirkungen zu erzielen" (1992: 29).
Erwachsene sind auf derartige appellarische Impulse durch ihre Erziehung meist wunderbar vorbereitet. Ein negativ belegter Begriff ist eng mit dem Appellohr verbunden – der des vorauseilenden Gehorsams. Wenn ein Interview mit Kindern vorbereitet wird, welches – etwa im Rahmen eines Forschungsansatzes – videografisch dokumentiert werden soll, muss eine produktive Arbeitsatmosphäre herrschen. Statt diese durch eine sachliche Aufforderung „Bitte Ruhe am Set" herzustellen, wird oft appellhaft kommuniziert – einmal schwächer und einmal stärker gewichtet.

I.: „Irgendwie ist das doch recht wuselig hier, also ob dass klappen wird...?"

I.: „Da ist wieder jemand zu laut, nein, da sind einige doch sehr laut, was ist denn das ...?

Wir erkennen neben der Appellfunktion: „Sprechen wir doch alle etwas leiser hier im Raum" auch Anteile der Selbstoffenbarung. Ein für mich zutiefst einleuchtendes Beispiel von wunderbarer Kopplung einer Selbstoffenbarung mit dem Appell ist der Ausruf von Heinz Wäscher [5] in Hape Kerkelings Film »Kein Pardon«: „So kann isch nisch arbeite!"
Bemerkenswert und in jedem Interview mitzudenken ist die Tatsache, dass Menschen, die besonders sensibel mit ihrem Appellohr reagieren, sich dauernd „auf dem Appell-Sprung" (Schulz v. Thun 1992: 58) befinden. Dabei werden auch die geringsten Signale auf ihre (mögliche) appellarische Wirkung hin analysiert, was zu Antwortverzerrungen (Gefälligkeitsaussagen, unkritische Bejahung, Abbruch von Überlegungen oder „lauten Denkprozessen") führen kann. Eine eher harmlose Form ereilte uns in einem der vielen Kinderinterviews im Forschungsprojekt [6] selbst.

„Während eine Studentin das Interview mit einem Kind führte, wurde ihr eine entzückende Familiengeschichte erzählt, die sowohl die Kamerafrau, den Supervisor wie auch die Interviewerin anrührte. Nachdem das Kind diese Episode entwickelt hatte, ließ die Interviewerin einen Moment Ruhe walten

---

[5] Glänzend gestaltet von Heinz Schenk.
[6] Heterogene Lerngruppen Analyse (HeLgA) – theoretische Grundlagen in Trautmann/Schmidt/Rönz 2009, empirische Ergebnisse in Trautmann/Schmidt/Rönz 2009 a)

und holte sehr tief Luft. Danach kommentierte sie: „Damian ...das war sehr ergreifend" worauf der Junge sofort aufstand und weglief, das Interviewerteam durchaus verdutzt zurücklassend. Nach ca. drei Minuten kam er mit vier Taschentüchern wieder, die er verteilte. "

Besonders Kinder werden in dieser Weise sehr oft früh „eingestellt" habe ich bei schulischen Kommunikationsuntersuchungen am Ende der neunziger Jahre des vorigen Jahrhunderts festgestellt (Trautmann 1997: 58). Das Loben für so genannte „zuvorkommende" Verhalten ist notwendig und richtig. Gleichzeitig kann es Kindern aber auch eine fragwürdige „Hab Acht" Haltung verinnerlichen, die immer nur darauf gerichtet ist, Absichten „der Großen" noch vor dem Aussprechen zu erahnen und unkritisch in deren Sinn zu reagieren – eben gefällig zu sein. Wenn einer Studentin beim Schulbesuch das Lob entfährt: „Ihr habt ja sehr schöne Materialien in eurer Lernecke" und zwei Kinder springen sofort von ihren Stühlen und ordnen diese neu, kann erahnt werden, dass die verantwortliche Lehrerin oft mit Appellen – welcher Art auch immer – agiert. Allerdings können sich mit dem *gleichen* Appell *unterschiedlichste* Beziehungsaspekte verknüpfen. Es ist daher nicht einfach, die vielfältigen Verwebungen der Ohren ohne hinreichende Kenntnis der Gesamtzusammenhänge deuten zu wollen. Friedemann Schulz von Thuns abschließender „Appell" mag als Bekräftigung des eben zum Appellohr beschriebenen gelten: „Versuche, in kritischen (Kommunikations-)Situationen die 'leisen' Selbstoffenbarungs-, Beziehungs- und Appellbotschaften direkt anzusprechen bzw. zu erfragen, um auf diese Weise 'quadratische Klarheit' zu erreichen!" (1992: 30).

Während uns das eben skizzierte Kommunikationsmodell der ›Vier Ohren‹ recht praxisnahe Tipps zum produktiven Umgang mit Sprache, Stil und Ton bei Interviews gegeben hat, habe ich als zweiten theoretischen Zugang die Transaktionsanalyse gewählt – ein von Thomas Harris und anderen entwickeltes Modell gleichgewichtiger Kommunikation. Es ist für den Bereich Interview von fundamentaler Bedeutung. Stellen wir uns – nach der Lektüre des Abschnittes – im Geiste zwei Interviews vor, die in nichtkomplementärer Art und Weise aus dem Eltern-Ich direkt auf das sich immer wieder perpetuierende Kindheits-Ich treffen würde – wir glaubten uns in einer Heilanstalt, aus deren klinischer Praxis das Modell heraus generiert wurde.

Das transaktionale Modell

In Interviews genauso wie bei Unterredungen mit Freunden, Bekannten, Kolleginnen oder Vorgesetzten sehen uns die meisten als mehr oder minder kompetenten Gesprächspartner. Dennoch akkumulieren sich – folgt man dem Modell der Transaktionsanalyse – in unserem ›Selbst‹ immer drei unterschiedliche Ich-

Konstellationen. Auch hier kann dieses Buch weder eine genaue Analyse des Ansatzes vollbringen oder gar Neuansätze diskutieren.[7] Daher beschränke ich mich auf die wesentlichen Grundthesen des Ansatzes und seine möglichen bzw. wahrscheinlichen Wirkungen auf die Interviewbeteiligten.

Die erste grundsätzliche Annahme dieses Modells ist, dass die grundlegende soziale Welt-Anschauung der meisten erwachsenen Menschen die Struktur „Ich bin nicht o.k. – Du bist o.k." aufweist. Dies kann im Einzelfall variieren – die „Nicht o.k. Gefühle" können sowohl schwach als auch – in anderen Fällen – bedrückend stark ausgebildet sein. Abhängigkeiten, Unfreiheit, innere und äußere Zwänge, der Anspruch auf Streicheleinheiten (Strokes) oder auch das Gefühl, weniger zu wissen, zu können, zu mögen oder zu haben als andere Erwachsene, lassen dieses Modell auch im alltäglichen Leben transparent werden. Solche Menschen gibt es – und wohl nicht wenige. Vielleicht sind wir sogar eine/r davon.

Im Alltag finden sich unzählige kommunikative Elemente, die das „Nicht o.k. Gefühl" des Einzelnen verstärken können. Ob unser Chef anmerkt, was wir versäumten, was noch zu erledigen ist, ob unsere Partnerin uns wieder einmal fragt, wie wir denn heute aussehen, was wir versäumten, unterließen oder nicht fristgemäß aufräumten... Uns wird ein Gefühl des partiellen oder totalen „Nicht o.k. Seins" beschleichen. Andererseits sind wir täglich selbst Kritiker, wenn andere unseren Vorstellungen nicht genügen.

Transportieren wir dieses Skript einmal auf eine beliebige Interviewsituation. Wieder ist eine Lehrerin die Interviewerin. Bis zu dieser Stelle verlief das Gespräch zu vollster Zufriedenheit beider.

I.:   „Erinnere dich einmal, wie du in unsere Klasse gekommen bist. Alles ist wichtig, was du mir sagst. "

K.:   „Hmm, natürlich habe ich mich gefürchtet, mitten im Schuljahr die Klasse zu wechseln. Aber die Kinder haben mich ganz toll aufgenommen. In der ersten Pause haben Benny und Xenia gleich gefragt, ob ich mit ihnen spiele. Ich hab ja gesagt, denn alleine auf andere zuzugehen, das hätte ich mich nicht ... also ... getraut. Und seitdem spielen wir immer zusammen, mit dem Material, an der Tafel oder mit dem Logico ..."

I.:   „Ja, ihr müsst aber immer wieder aufräumen, wenn ihr das macht. Und die Tafel ist dann auch nicht sauber und ich habe

---

[7] Interessenten seien Thomas Harris höchst lesenswerte Bücher »Ich bin o.k. Du bist o.k.«, sowie »Einmal o.k immer o.k. « (geschieben unter der Ko-Autorenschaft von Amy Bjork Harris) empfohlen, auf die ich mich im Folgenden weitgehend auch beziehe.

	den Ärger, weil ihr es einfach nicht lernt, wieder Ordnung zu
	machen. "
K.:	*(sitzt mit hängendem Kopf da, wippt mit den Beinen, ist still).*
I.:	*„So jetzt mal weiter im Text, die nächste Frage ... "*

Es ist abzusehen, dass dieses Interview nur noch sehr kurze Zeit dauerte. Das Kind blieb in der Folge stumm. Die Lehrerin war aus ihrer Rolle als unparteiische Interviewerin gefallen und hatte dem Kind unvermittelt ein „Nicht o.k. Gefühl" übermittelt.

Thomas Harris beschreibt drei weitere kommunikative Grundkonstellationen, die er Skripte nennt. Sie heißen: *„Ich bin o.k. – du bist nicht o.k."* und *„Ich bin nicht o.k. – du bist nicht o.k. "* Die vierte Annahme ist jene Konstellation, die für Harris wünschenswert ist und die er als Hoffnung bezeichnet. *„Ich bin o.k. – du bist o.k. "* Während die drei ersten Skripte bereits in früher Kindheit angelegt werden, muss sich das Individuum die Lebensanschauung „Ich bin o.k. – du bist o.k." sukzessive erwerben, sie erlernen und letztlich (aus)leben. Sie ist so der Autor – eine „bewußte (sic!) und begrifflich artikulierbare Entscheidung", in die wir nicht hinein gedrängt werden, sondern für die wir uns entscheiden (Harris 1993). Das heißt für Interviewerinnen und Interviewer, aber auch für Lehrpersonen, Eltern und Freunde: Kinder und Heranwachsende verstärkt solchen Situationen auszusetzen, in denen sie sich selbst und ihren eigenen Wert erfahren und diesen den anderen beweisen können. Damit entdecken sie – und die anderen nicht minder, dass beide Seiten o.k. sind. Bevor aber diese Zielantizipation wahr wird, müssen wir unsere drei Ich-Ebenen mit Abstand analysieren.

Eltern-, Kindheits- und Erwachsenen-Ich

Ein Wort zuvor – In Seminaren zur förderlichen Kommunikation belegen Studierende das Eltern- aber auch das Kindheits-Ich gerne per se als negativ, als hinderlich für die Persönlichkeitsentwicklung und die Ausprägung des sekundär entstehenden Erwachsenen-Ichs. Ich habe dann oft Mühe, diese wertende Belegung wieder aus der Diskussion zu nehmen.

Das erste Päckchen an Informationen über *sich* erhält das Neugeborene über das Eltern-Ich. Thomas Harris sieht dessen Initiation in der Zeit zwischen Geburt und etwa dem 10. Lebensmonat – danach wirken neue Impulse lediglich als Verstärker der bereits aufgebauten Strukturen.

Zum Eltern-Ich gehören grundsätzlich alle Hinweise, die steuernd wirken. Das väterlich brummende „Nein, nein" ist ebenso ein Element, wie: „Lass das"; *„Das darf man nicht"*; *„Das hätte ich von dir nicht gedacht"*; *„Ein Junge (wahlweise*

Mädchen) tut so etwas nicht"; „Was war denn das, mein Lieber?"; „Wie oft habe ich dir schon gesagt, du sollst nicht ..." aber auch nur: *„Tstststs"* (mit der Körpersprache der heruntergezogenen Mundwinkeln und begleitendem Kopfschütteln).

Aber nicht nur Verbote und Gebote mache das Wesen des Eltern-Ichs aus. Auch ›Lebensregeln‹ gehören dazu, von *„Lüge mich nie an"; „Männer denken nur an das eine"* bis *„Gehe nie mit Fremden mit"*. Auch der Gebrauch von „Bitte", „Danke", „Verzeihung" usw. sind durch das formierte Eltern-Ich bestimmt. Interessanterweise bedienen sich Lehrpersonen vieler Äußerungen des Eltern-Ichs.

„...körperliche Indizien in der Schule sind u.a. die gerunzelten Brauen, gespitzte Lippen, die in-Falten-gelegte Stirn, der be-lehrende Zeigefinger (wohl ein Markenzeichen unseres Berufsstandes), der Augen-Aufschlag, das erwartende mit-dem-Fuß-auf-den-Boden-klopfen, die vor-der-Brust-verschränkten-Arme, das Kopf-tätscheln, Räuspern, zum-Himmel-blicken, Kopf-schieflegen u.v.a."(Trautmann 1997: 60).

Thomas Harris betont immer wieder, dass derartige Wendungen aus der Benutzung heraus immer nur bloße Indizien darstellen. Inputs, wie *„immer"*, *„stets"*, *„überhaupt"* und *„nie"*, wertende Ausdrücke sowie *„sollte"* und *„müsste"* bilden vielfach Trennungslinien um archaische Systeme, die keine neuen Informationen erbringen und zulassen.

In Interviewsituationen – so unsere Erfahrung – bewirkt das Verlassen des auf Wissen und Erfahrungen basierten Gesprächsstils mindestens drei Effekte. Erstens kann das Interview abbrechen. Zweitens geht das Kind oder der Jugendliche nahtlos in eine Transaktionsform über, die dem Input aus dem Eltern-Ich entspricht. Das kann die Reaktion durch das Kindheits-Ich sein, welches wir sogleich näher analysieren werden.

I.:   *(nach ca. zwölf Minuten intensiven Austausches über die Sozialbeziehungen in der Klasse) „ ...dann nimm dich doch mal zusammen, wenn du mit so einem Jungen etwas auszumachen hast."*

K.:   *(schießen die Tränen in die Augen) „ ...versuch ich doch manno, aber ich ... ich krieg ... krieg das nicht gut hin ..."*

Drittens schließlich kann der heranwachsende Interviewpartner aber auch exzellent aus dem Erwachsenen-Ich kontern und damit (nicht nur) den Interviewer verblüffen.

I.:   „Manuel, deine Antworten sind mir immer noch zu knapp."
K.:   (lächelt süffisant) „Ihre Fragen geben aber auch nicht mehr
           her, wenn ich das mal bemerken darf."

Noch einmal: Die hier erwähnten Formen des Eltern-Ichs (wie auch die noch zu diskutierenden Aspekte des Kindheits- und Erwachsenen-Ichs sind weder einzeln noch im Komplex als wertlos oder wertvoll einzustufen. Sie bilden in einer dichten Verschränkung von Aktion und Reaktion das unverwechselbare Bild der Persönlichkeit. Gerade Manieren, Parkettsicherheit, zuvorkommendes Verhalten und Ritterlichkeit kommen aus dem Eltern-Ich – einem wesentlichen Faktor von Erziehung.

Das eben angedeutete Kindheits-Ich ist das zweite Informationspaket in diesem Modell. Es steht mit dem Eltern-Ich in enger Korrespondenz und beinhaltet all jene Aufzeichnungen innerer Ereignisse, Gefühle, Stimmungen und Ahnungen, die auf äußere Ereignisse in jeder Phase der frühen Kindheit erfolgten. Es ist unbestritten, dass diese Gefühle eine andere Qualität, Weltsicht und Tiefe haben, als die von Erwachsenen.

„Das Kindheits-Ich reagiert zuerst sprachlos auf die Außenwelt, da das Kind in den Sphären der frühen Kindheit, in denen das Kindheits-Ich angelegt und später lediglich verstärkt wird, noch nicht der Wortsprache mächtig ist. Daher sind es vielfach Gemütsbewegungen, die das Kindheits-Ich in einer Interaktion (Transaktion) ansprechen." (Trautmann 1997: 61)

Wie müssen wir uns solche Gemütsbewegungen vorstellen? Harris nennt typische Formen, z.B. Tränen, Schmollen, Wutanfälle, niedergeschlagene Augen, Betteln, Grimassieren, Kichern und Glucksen, Nägelkauen usw. Interessanterweise ist auch das Aufzeigen (Melden) im Unterricht ein Indiz des Kindheits-Ichs. Darüber hinaus gibt es eine ganze Reihe von sprachlichen Formen des Kindheits-Ichs. Kommen Ihnen die folgenden Äußerungen nicht auch seltsam geläufig vor?

- *„Weiß ich doch nicht ..."*
- *„Mach doch selber ..."*
- *„Ist mir total egal ..."*
- *„Wenn ich hier raus bin, dann mache ich sowieso mein Ding ..."*
- *„Oooch, keine Lust ..."*
- *„Ich will Pommes ..."*

Die Gefahren – aber auch die Möglichkeiten für Interviewerinnen und Interviewer liegen auf der Hand. Nach dem Studium des Transaktionsmodells wird jeder versuchen, Gespräche mit dem Ziel, viele unterschiedliche Informationen zu erhalten möglichst auf der Ebene des Erwachsenen-Ichs zu führen. Erfahrene Interviewer machen sich jedoch die Dynamik des Kindheits-Ichs zunutze und steuern ihre Gesprächspartner wohldosiert darauf hin. Ich nenne dies die Methode der kontrollierten Explosion. Der Ertrag ist meist eine Veränderung der Informationsdichte, ein Denk-Richtungswechsel, mitunter aber auch eine sprachlich begleitete Bewusstseinsveränderung und/oder die partielle Lösung eines inneren Knotens (Wagner 2007: 41 ff.).

I.:	*„Wir sprachen jetzt schon eine ganze Weile über Freunde, die du nicht finden kannst. Mir scheint es so, als ob du selbst gar nicht willst, dass Kinder sich dir nähern?"*
K.:	*(wackelt stark mit den Füßen) „Gaaar nicht ... stimmt nicht ...das bin ich nicht." (schüttelt energisch mit dem Kopf, Rundrücken)*
I.:	*„Ich hatte das Gefühl, deine Argumente sind alles Ausreden. Damit du immer sagen kannst, die anderen wollen mich nicht."*
K.:	*(schüttelt immer noch stark den Kopf) „... Neee ... so ist das nich ... (leise) ich hab mal gefragt ... auf 'm Spielplatz ... früher ... ob ich mitspielen kann. Da waren solche Großen und die habn gesagt, ich soll den Hund spielen. Nur als Hund können se mich brauchen. Da musst ich immer auf allen vieren rumkriechen und die habn mich so rumgeschleift ..."*

Thomas Harris unterscheidet die „Ich-Konstellationen" in gefühlte, angelernte und gedachte Formen. Bei näherer Betrachtung ist völlig klar, dass das – bereits in der Phase der frühen Kindheit angelegte – System Eltern-Ich angelernt wird und das Kindheits-Ich eine gefühlte Spezies darstellt.

Das Erwachsenen-Ich dagegen, unser drittes Informationspaket, nennt Thomas Harris ein „gedachtes Lebenskonzept". Es entwickelt sich ausschließlich durch eigenes Erkunden, Probieren, Suchen, Abwägen, Ausforschen und Ermitteln. Stets wird es mit neuen Fakten und Erkenntnissen angereichert. Thomas Harris nennt dieses System das Prinzip der Datenverarbeitung. Das wichtigste Merkmal ist das Stellen einer Frage, sowie deren Beantwortung „ohne Hintergedanken". Schauen wir hinein in ein Interview zum Thema: „Wie wird es sein, wenn ich erwachsen bin?"

I.:	*„Nun haben wir überlegt, was du werden willst und wie viele Kinder du dir wünschst. Fehlt nur noch ein Traummann. Wie stellst du dir den denn vor?"*
K.:	*„Ähm, er müsste gute Manieren haben und sollte mir unbedingt im Haushalt helfen. Er darf schlau sein und muss mit dem Geld, welches wir verdienen sparsam umgehen. Wie soll er wohl aussehen? Da habe ich mir eigentlich noch gar keine Gedanken gemacht ..."*

Klare, den Beziehungskontext nicht belastende Fragen erbringen deutliche, faktenreiche und wohl überlegte Antworten ohne „Hintergrundgeräusche". Das Erwachsenen-Ich erkennen wir aber auch zwischen den Zeilen – etwa an Äußerungen, wie:

- *„verhältnismäßig viel oder wenig ..."*
- *„das ist mir unbekannt ..."*
- *„durchaus möglich, dass es ..."*
- *„... ich finde ..."*
- *„muss ich überlegen ..."*
- *„schwer zu sagen ..."*
- *„weiß ich ziemlich sicher ..."*

Teilzusammenfassung: Aus der bisherigen Durchmusterung des Vier-Ohren-Models und dem transaktionalen Ansatz kann geschlussfolgert werden: Der Idealfall eines Interviews ist die konsequente Einhaltung folgenden Prinzips: „Höre vorrangig mit dem Sachohr, frage und antworte weitgehend über das Erwachsenen-Ich."

Das ist leicht formuliert, aber in praxi schwer zu machen. Denn die tägliche Informationsflut bringt auch Transaktionen mit sich, die unsere Aufmerksamkeit erfordern, ja im Endeffekt sogar krank machen können.

Transaktionen

Thomas Harris bezeichnet als Transaktion jene kommunikativen Interaktionen, die aus den einzelnen Ich-Positionen entstehen und eine Stellungnahme des Gesprächspartners erfordern. Diese kommt wiederum aus einer Position der Ich-Triade. Solange diese Transaktionen komplementär verlaufen, kann bei beiden Gesprächpartner/innen ein wechselseitiges „o.k. Gefühl" entstehen bzw. beibehalten werden. Erst die so genannte gekreuzte Transaktion bringt bei mindestens einem der Gesprächspartner ein „Nicht o.k. Gefühl" hervor. Da wiederum nicht jede Transaktionsart hier besprochen werden kann, will ich mich auf einige wesentliche Bedeutungsebenen für die Interviewdurchführung mit Kindern beschränken.

In Gesprächssituationen – sei es im Unterricht oder einer inszenierten Befragung – kommt es zum Aufeinandertreffen aller Ich-Konstellationen. Im günstigsten Falle sprechen die Partner beide auf der Ebene des Erwachsenen-Ichs. Aber auch Transaktionen von Eltern-Ich zu Eltern-Ich können problemlos ablaufen, ebenso wie komplementäre Abfolgen zwischen den Kindheits-Ichs der Gesprächspartner. Zur Veranschaulichung einige Interviewelemente, die durchaus alle in einem einzigen Gespräch offenbar werden.

I.: „Gibt es Erfahrungen, die du mit Vorurteilen in der Schule gemacht hast?"

K.: „Die erste Erfahrung mit Vorurteilen habe ich schon in der ersten Klasse gemacht. Eigentlich war es noch kein Vorurteil, sondern mehr eine Vorahnung. Sie betraf meine Musiklehrerin Frau P. Sie war sehr groß, hatte eine starke Leibesfülle, dunkle kurze Haare und eine ungewöhnlich tiefe Stimme. Im Gegensatz zu ihr war ich sehr klein, zierlich mit einer eher piepsigen Stimme. Ich sang gern und kannte durch zu Hause eine Menge Lieder. In der Schule nun diese Lehrerin. Kaum gesehen, erfasste mich eine unbestimmte Angst. Gleich darauf machte ich die Erfahrung, dass ich in ihrer Gegenwart einfach nicht singen konnte. Bei jedem zaghaften Versuch von mir ‚Wenn ich ein Vöglein wär ...' zu singen, unterbrach sie mich. ‚Lauter ...', ‚sing mir nach...', forderte sie und schimpfte. Nach dem dritten Versuch heulte ich nur noch und hatte seitdem vor dieser Frau eine schreckliche Angst."

I.: „Na aber, da braucht jemand wie du doch keine Angst zu haben, das ging doch nicht immer so. Weiß du, ich bin 22 Jahre in dem Geschäft, aber so was ist mir noch nie untergekommen, das sind Einzelfälle."

K.: „Ich kann Ihnen ja noch eine andere Situation schildern: Ein neuer Biologielehrer in der sechsten Klasse. Noch bevor wir die erste Stunde bei ihm genießen durften, informierte uns die Parallelklasse, er soll ein alter wütender Knacker sein, der brutal mit dem Zeigestock drauflosschlug, wenn jemand keine Antwort wusste. Einen Jungen soll er sogar schon getroffen

31

haben. Unser Urteil stand fest: Ein Wüterich der Prügelschule. Also möglichst unauffällig verhalten. Leider wurde im Laufe des Unterrichts diese Charakterisierung bestätigt. Sogar die Mädchen mussten vor seinen Grobheiten zittern. Annabel erwischte er einmal mit dem Zeigestock und mich am Ohr. Aber Gott sei Dank – wir mussten ihn nur ein halbes Jahr ertragen, dann verschwand er auf Nimmerwiedersehen."

I.:   *"Mit deinen Geschichten ziehst du ja einen ganzen Berufsstand in den Schmutz ... da könnte ich ja beleidigt sein. Nun will ich aber auch einmal ein schönes Beispiel hören".*

K.:   *"Das tue ich gern. Ähnliche negative Vorinformationen erhielten wir über eine Geschichtslehrerin, die uns in der siebten Klasse übernahm. Sie sollte ziemlich oft herumschreien. Dieses Mal stimmten die Vorinformationen nicht, im Gegenteil: diese Frau überraschte uns mit einer sehr angenehmen sanften Stimme und einem hochinteressanten Unterricht."*

Wir erkennen unschwer, dass die Heranwachsende souverän auf dem Level des Erwachsenen-Ichs verbleibt, während die interviewende Lehrerin aus dem Erwachsenen-Ich kommt und danach das Eltern-Ich und das Kindheits-Ich bedient. Allerdings muss darauf hingewiesen werden, dass die Antwortmuster sehr variieren können, wie es hier im Kontext eines Unterrichtsgesprächs gezeigt wird.

Wenn ein Kind gefragt wird: „Sind alle aus deiner Familie so unordentlich?", so wird das Kind zweifellos zumeist mit seinem Kindheits-Ich antworten, welches in ganz unterschiedlichen Varianten „herauskommen" kann. Das Spektrum reicht vom abwendenden Weinen, über das erschrockene Augenrollen, verbunden mit einem eher erschreckenden „Nein" bis zum Murmeln abwehrender Formeln, wie „Selber unordentlich" über „Immer ich" bis „Was geht's denn Sie an ..."
… Mitunter reagieren Kinder aber bereits mit Ausdrücken des Erwachsenen-Ichs, des gedachten Lebenskonzeptes. „Mama ist nicht unordentlich", „Nein, ich glaube, ich bin der Schlimmste", „Kommen Sie doch mal zu uns!" oder „Ich habe eine Tante, dagegen sieht es bei uns ganz prima aus" (Trautmann 1997: 63).

Thomas Harris unterscheidet zwischen drei Typen der Transaktion, die komplementäre (parallele), die Überkreuz- (gekreuzte) und die verdeckte. Komplementäre Transaktionen können sich auf den drei ›Ich-Ebenen‹ bewegen. Zum Abschluss des Kapitels soll noch ein Beispiel für gelungene Transaktionen innerhalb eines Gruppeninterviews von Viertklässlern zum Thema ›Strafen‹ gezeigt werden. Mit anderen Worten – alle Beteiligten gehen sorgsam miteinander um.

(Legende: GF – Gesprächsführerin; Ziffer vor dem Namen – laufende Nummer im Gesamtgespräch; anonymisierte Namen; Ziffer in Klammern nach dem Namen – Anzahl der Wortmeldungen im Gesamtgespräch)

	GF 1 (10):	*Wo kann man denn überall bestraft werden?*
50	Ronny (5):	*Ich werde immer daheim bestraft. Na, denn draußen bin ich mit meinen Freunden unterwegs und die bestrafen mich nicht. Nur, wenn die mich nicht mitspielen lassen.*
51	Rüdiger (6):	*Ich werd' immer bestraft, wenn man nicht so unter Leuten ist, weil das wird sonst peinlich für meine Eltern, wenn sie sich vor den anderen mit mir beschäftigen müssen.*
52	Robert (10):	*Ich werde immer bestraft, wenn ich zum Beispiel mal 'ne ganze Vase umgeschmissen hab' und da läuft das ganze Wasser raus. Ich möchte noch was zu Ronny sagen – wenn man mich nicht mitspielen lässt, ist das eine ganz harte Strafe von Freunden.*
53	Benjamin (8):	*Mein Bruder, der wurde jetzt erst am Mittwoch bestraft. Da hat er mal 'ne ganz kleine Ohrfeige gekriegt. Da sind wir über 'ne Straße gegangen und da kam ein Auto und der ist stehengeblieben und zurück gerannt. Da hat meine Mutti so 'n Schrecken gekriegt, da hat sie ihn erstmal (Pause) gehauen.*
54	Marco (10):	*Bei mir is' es so. Meine Mutti, wenn ich mal 'was ganz Schlimmes gemacht hab', dann haut sie mich auch mal. Nur wenn ich was ganz Schlimmes gemacht hab'. Das macht sie dann immer geheim. Aber mein Papa, der macht 's auch auf der Straße, wenn ich mal ganz böse war. Da kann der sich nicht beherrschen.*

55	Dominik (5):	Ich werde immer daheim und bei meiner Oma meistens bestraft.
	GF 1 (11):	Gibt 's denn auch Strafen, die nicht von anderen ausgehen, nicht von deiner Mutti oder von deinem Papa? Wenn du dir dann sagst, jetzt habe ich mich aber selbst bestraft. Habt ihr so was auch schon erlebt?
56	Robert (11):	Also ich bestraf' mich manchmal selbst. Ich spiel' nämlich Keyboard und dann mach' ich dauernd 'n Fehler hintereinander und dann sag' ich immer: „Mensch, du bist aber doof" oder „Was soll aus dir werden, wenn du nicht mal das kannst".
57	Dominik (6):	Wenn ich jetzt Fußball spiele, und ich schieße da immer raus, und da sag' ich mir selber: „Mensch, ich muss doch 'n Pass machen."
58	Rüdiger (7):	Ja, ich bestraf' mich auch manchmal selber, wenn ich mich mit meinem Freund streite und dann kann man 'ne Weile nicht mehr mit dem spielen, weil man noch verärgert ist. Ich gehe da immer selbst in mich hinein und grummle mit mir.
59	Dominik (7):	Wenn ich jetzt mal Wörter in Deutsch falsch schreibe, dann sag' ich: „Nein, dass muss doch endlich mal klappen. Ich muss doch das und das und das richtig schreiben." Oder ich mache meine Lehrerin nach: „Mann oh Mann, Dominik, ich weiß doch, dass du es kannst, dann zeig es mir doch mal."
60	Katharina (2):	Wenn meine Mutti mal Auftritte gibt, und ich soll das und das machen und ich hab' auf einmal was vergessen, dann bestraf' ich mich auch selber. Weil, dann sag' ich mir so: „Mensch, jetzt hab' ich das wieder vergessen." Meine Mutti findet

das peinlich. Ich finde das ärgerlich. Das ist ein Unterschied. Peinlich ist vor anderen und ärgerlich ist vor sich selbst.

GF 2 (2):	*Findet ihr das eigentlich immer gerechtfertigt, wenn ihr von euern Eltern bzw. Großeltern und Bekannten, Verwandten bestraft werdet? Oder habt ihr da manchmal Zweifel?*

61 Franziska (9):   *Manchmal, da kann ich 's nicht verstehen. Da muss ich erst noch überlegen, wenn ich dann bestraft worden bin, wie hat die das eigentlich gemeint, und warum wurde ich gerade jetzt bestraft. Aber meisten verstehe ich das dann auch.*

62 Dominik (8):   *Also wenn ich jetzt ... bestraft werde, da überlege ich immer, warum ich das gemacht hab'. Manchmal komm ich drauf und manchmal nicht. Da denke ich mir immer – das ist dann die Strafe für irgendwas, was nicht rausgekommen ist.*

63 Marco (11):   *Manchmal hab' ich da den Ball, und da nimmt den manchmal gar keiner an und da verliere ich dann den Ball. Da schnauzt mich dann der Trainer immer voll. Und da denke ich dann, der Alte spinnt doch, stimmt doch gar nicht, war ja keiner da, sieht der denn das nicht?*

64 Ronny (6):   *Ich find' das manchmal ganz schön ungerecht, weil wenn mein Cousin bei mir daheim ist, und er kneift mich so aus Spaß, und es tut mir weh, und ich schrei' auf, und meine Mutti, da meckert die mich an, ob ich was mit meinem Cousin gemacht habe.*

65 Dominik (9):   *Wenn meine Mutter meinen Bruder oder so bestraft, dann überlege ich, warum er das gemacht hat. Und manchmal freue ich mich, dass es mich nicht erwischt hat.*

35

66	Robert (12):	Ich werde auch bestraft, wenn ich jetzt immer zu laut bin oder immer zu laut mache. Das hört dann das ganze Haus. Die fragen dann, was war. Und Mama sagt, nichts war.
67	Marco (12):	Wenn sich manchmal meine kleinen Cousinen streiten, da schimpft meine Oma mich manchmal an, dass ich sie nicht auseinander halte. Da krieg' ich manchmal noch die Anschimpfungen. Das find' ich gemein.
68	Rüdiger (8):	Ich und mein Bruder, wir haben auch schon mal gespielt, so auf dem Bett, so drauf rumgehüpft. Da is' es zusammengekracht. Da haben wir auch angeölt gekriegt.
69	Dominik (10):	Immer von Großen verhauen, also jetzt bestraft zu werden, dass ist auch ungerecht. Die sind stärker und wir sind schwächer. Die wissen mehr und wir weniger. Die kennen das Leben und wir wollen es kennen lernen. Ich tröst mich immer, dass die auch was abgekriegt haben, als sie jünger waren.

In Interviews ist es fast unabdingbar, dass beide Seiten ein „o.k. Gefühl" pflegen und bewahren. Gekreuzte Transaktionen sind dabei ebenso zu vermeiden, wie verdeckte Formen. Grundsätzlich hat der Interviewer bzw. die Interviewerin die Fürsorgepflicht, Fragen aus dem Blickwinkel des Erwachsenen-Ichs zu stellen. Der/die Interviewte ist gehalten, keine Frage als doppelbödig zu antizipieren, sondern sich auf die Fakten- und Situationslage zu konzentrieren.

Kommunikative Spiele

Der Begriff der ›Spiele‹ wurde vom amerikanischen Psychiater Eric Berne[8] in die kommunikationswissenschaftliche Diskussion gebracht. Spiele sind bei ihm aber nicht jene intrinsisch motivierten, zweckfreien Tätigkeiten, wie wir sie aus den allgemeinen Definitionen kennen. Ein Spiel ist bei Berne: „ ... eine fortlaufende Folge verdeckter Komplementär-Transaktionen, die zu einem ganz be-

---

[8] Ich beziehe mich im Folgenden auf sein Buch »Spiele der Erwachsenen« (1994).

stimmten, voraussagbaren Ergebnis führen. Es lässt sich auch beschreiben als eine periodisch wiederkehrende Folge sich häufig wiederholender Transaktionen, äußerlich scheinbar plausibel, dabei aber von verborgenen Motiven beherrscht; umgangssprachlich kann man es auch bezeichnen als eine Folge von Einzelaktionen, die mit einer Falle bzw. einem trügerischen Trick verbunden sind." (Berne 1994: 57)

Für den Bereich ›Interview‹ sind Spiele deshalb von so eminenter Bedeutung, als dass man abendfüllende Veranstaltungen – etwa Talkshows – produzieren kann, die einzig und allein darauf angelegt sind „so" zu spielen. Beide primären Zielstellungen von Spielen werden im Interview besetzt – erstens geht es um soziale Verbindungen, jemand „kümmert" sich um einen, man spricht miteinander. Zweitens wird die Zeit, die man miteinander verbringt, strukturiert. Die drei sekundären Zielstellungen, warum Menschen kommunikativ miteinander spielen, sind für Interviews lediglich von untergeordneter Bedeutung, sollen dennoch der Vollständigkeit halber kurz genannt werden.

- *Spiele halten die Beteiligten bei Laune.* Das Interview an sich ist eine Veranstaltung mit Neuheitswert und benötigt daher nicht per se Aufmunterung. Grundsätzlich sollte jedoch mitgedacht werden, dass jedes Interviewkind (ebenso wie interviewte Erwachsene) ansatzlos aus dem Erwachsenen-Ich in die Kontur eines Spielers gleiten kann. Dabei schlagen habitualisiert (verfestigte) Formen des eigenen Spieldesigns als erstes durch. Ein heranreifender Schlemihl [9] wird uns das Interview lustvoll torpedieren und hinterher untröstlich sein, der Klassenclown wird sich auch vor Mikrofon und Kamera artgerecht präsentieren und das Kind, welches „Mach mich fertig" souverän spielt wird sich später als perfektes Opfer im Transkript oder Video präsentieren.
- *Spiele verteidigen die aktuelle Lebenshaltung (Meist: Ich bin nicht o.k. – du bist o.k.).* Ich habe bereits angedeutet, dass viele Kinder in diesem System aufwachsen. Sie werden daher größtenteils aus dieser Position Auskunft geben, vor allem bei jenen Fragekonstruktionen, die in Richtung der Beziehungsebenen abzielen.
- *Spiele lassen die Kommunikationssubjekte „dazu gehören".* Die Mitgliedschaft in einer sozialen Gruppe erbringt daher auch fast identische Spielformen. Im Interview ist also hochgradig erwartbar, dass sich eine ganze Reihe von Interviewkindern zu einem bestimmten Schwerpunkt nahezu identisch äußern. Für wissenschaftliche Analysen ist es anschließend eine lohnende Aufgabe, den Prozentsatz des Anteils von

---

[9] Schlemihl (jiddisch) kann grob mit dem Begriff des verschmitzten Schlaukopfes übersetzt werden.

Spielen herauszurechnen, um den „Rest" der Aussagen qualitativ real gewichten zu können.

Eric Berne untersucht weder Schulspiele noch Spiele in Interviewsituationen. Das wäre wohl zu speziell und seiner Profession als Psychiater wenig angemessen. Er teilt sein Spiel-Brevier vielmehr ein in Lebens-, Ehe-, Party-, Sex-, Doktor- und Räuberspiele. Aus fast allen Bereichen können die grundsätzlichen Spielzüge jedoch auf die sozialen Felder ›Schule‹ und ›Face-to-face‹ Gespräch bezogen werden. Ohne auf Varianten, Spielgrade, Antithesen und Analysen einzugehen, sollen lediglich einige Interview-Spiele skizziert werden. Ich tue dies präventiv – auf dass Interviewerinnen und Interviewer den auf Spiele bezogenen analytischen Blick nicht gänzlich außer Acht lassen. Sie sollten, trotz der hohen Anspannung die das mehrperspektivische Vorhaben ›Interview‹ zwischen Zuhören, Mitdenken und Leitfadenpräsenz mit sich bringt, vermeiden ad hoc mitzuspielen. Das eigentliche Ziel der Befragung – Informationen mit verwendbarem Neuheitswert – wird dann hochwahrscheinlich verfehlt.

Das oben bereits erwähnte Spiel ›Schlemihl‹ zählt Eric Berne zu den so genannten Partyspielen, die sich in offenen sozialen Räumen abspielen können. Auch Interviewsituationen sind hinreichend offen zu halten und somit besteht die Möglichkeit, das Spiel einzuflechten. Wie müssen wir uns die Grundstruktur von ›Schlemihl‹ – auf eine Frage-Antwort-Konstruktion bezogen – denken?

Mitten in der Ansprache oder während der eigenen Deklaration „geschieht" dem Interviewten „etwas". Das kann ein kleines Missgeschick, ein verpatztes Statement oder das versehentliche Ausschalten des Mikrofons sein. Dieser Irrtum tut ihm, so scheint es zumindest, leid. Die Interviewer werden nur kurz aus der Fassung gebracht, verzeihen die Angelegenheit jedoch sofort, als bei Ihrem Gegenüber Reue aufkommt.
Kurze Zeit später „patzt" das interviewte Kind erneut, dieses Mal auf einer ganz anderen Ebene. Wahrscheinlich zieht es eine Grimasse oder schlenkert so stark mit den Beinen, dass das Kamerastativ umfällt. Allerdings ist es sofort wieder totunglücklich, so dass Sie die bekannte Regel „Einmal ist keinmal und zweimal ist Vorsatz" außer Acht lassen und nochmals Verzeihung gewähren.
Nun wird das Interviewkind sicher zum Frontalangriff übergehen und in der Folge einen weiteren „Unfall" herbeiführen. Leider wissen Sie nicht, an welcher Flanke. Vielleicht beginnt es zu stottern oder es kommt so unglücklich an Ihre Leitfadenunterlagen, dass sich diese im Zimmer verstreuen ... Erwarten Sie alles. Denn – sofort wird Ihnen ein höchst unglückliches Kinderantlitz gezeigt und mehrfach versichert, dass heute wirklich ein schlechter Tag sei, zumindest für dieses Vorhaben etc. pp.

Das Prinzip des Spiels ist leicht auszumachen: Das Kindheits-Ich „schabernackelt" so lange, bis die Toleranzbereitschaft des Gegenüber am Boden liegt. Dieses ›Switchen‹ zwischen Schuld und Entschuld(ig)en macht den Reiz dieser Interaktion aus. Das Spiel lässt sich nur durchbrechen, wenn ein konkreter Schnitt gemacht wird. Entweder man stoppt das Interview oder der Schlemihl wird konkret auf seine (Un-)taten angesprochen. Ersteres kann im Kalkül des Kindes liegen. Das zweite Vorgehen kann ein Ausbrechen aus dem Spiel nach sich ziehen. Wahrscheinlicher ist jedoch nur eine Unterbrechung. Schlemihl wird bei der nächsten Gelegenheit wieder unabsichtlich zuschlagen. Die Entschuldigungen sind in Wirklichkeit weder gemeint noch substanziell. Also dürfen sie auch nicht ohne Nachhaltigkeit angenommen werden. Die Grenzen, an denen das Kind eifrig rüttelt, müssen gezeigt und auf ihnen muss beharrt werden. Das muss nicht laut, aber nachdrücklich ausschließlich mit dem Erwachsenen-Ich erfolgen.

- *„Da ist jetzt genug. Ich gebe dir die gelbe Karte.*
- *Noch einmal und ich muss ...*
- *Ende der Fahnenstange, nun werde ich ...*
- *Ich habe dich jetzt zweimal verwarnt, nun ist es genug. Daher wird nun ..."*

Die Konsequenz darf jedoch nicht ausschließlich angedroht werden, sondern muss durchgesetzt werden. Eine nette Garnierung der Spielart ist nämlich das Einfordern nicht durchhaltefähiger Konsequenzen. Das Spiel ist dann sehr schnell an seinem Ende, wenn die Konsequenz greift und die Spiele und potentielle Nachfolger gewarnt sind.

Die zweite Falle in Interviews – besonders in Gruppengesprächen – ist das Spiel ›Meines ist besser‹. Dabei spult sich das Kind oder die Gruppe gegenseitig hoch – sei es im (Er-)Finden von Superlativen oder in der Aufzählung immer besserer (wahlweise schlechterer) Dinge, Erscheinungen oder Prozesse, denen man unterzogen war. Schauen wir uns ein Interview an, welches das sehr gut illustriert.

I.:	*„Said, sag mir bitte etwas zu deinem Spielzeug."*
K.:	*„Ich hab Nintendo, das ist eine Spielkonsole und da laufen gigantisch viele Spiele drauf, ich hab die meisten aus meiner Klasse."*
I.:	*„ Ich habe gestern mit Ron gesprochen, der interessanterweise das gleiche gesagt."*
K.:	*„Boah, der ... der hat doch nur die Hälfte von meinen Spielen und die hat er sich auch nur geborgt oder geklaut. Außerdem*

	kann der nicht halb so viele Dinge mit dem Skateboard, der

kann der nicht halb so viele Dinge mit dem Skateboard, der kann nicht mal abspringen ..."

I.: „Gibt es noch Kinder, die auch so gut Skateboard fahren, wie du?"

K.: „Nee, Ibrahim, der fällt immer hin, Joshua hat zwar das zweit-cooolste Board nach mit natürlich (lächelt versonnen) und Bolle fährt zwar gut, ist aber nen Angsthase ... Ich hab also keine Konkurrenz."

I.: „Aber in den schulischen Leistungen hast mehr Konkurrenz, nicht wahr?"

K.: „Also ... wenn ich mich anstrengen würde ... (grinst) ... tu ich aber nicht ... dann (I. unterbricht)

I.: „ ... warum nicht?"

K.: „Na ... ist doch logisch, ich will nich so ein Streber sein. Ich könnte das alles, weil das ist babyeierleicht, was wir da machen ... aber ich will nich ... eigentlich will ich am wenigsten von allen. Die anderen schaffen das aber nich so gut, nich zu wollen ... nur ich..."

Aus ihrem eigenen „Nicht o.k. Gefühl" leiten Kinder in und außerhalb von Interviews eine wenigstens teilweise Verbesserung der Aktuallage ab, indem sie ihrem Gegenüber dieses Spiel anbieten. Die Interviewerin, im obigen Fall, unterstützt dieses Spiel unabsichtlich sogar mit der Konstruktion ihrer Fragen, die immer auf Vergleichsebenen hinaus laufen.

›Mach mich fertig‹ wird normalerweise in allen Lebenssituationen gespielt. Eric Berne teilt es logischerweise in die Form der Lebensspiele ein. Grundlagen bilden im Allgemeinen zwei so genannte Skripte: ›Jetzt hat es mich (wieder) erwischt‹ und ›Warum muss das ausgerechnet (immer) mir passieren?‹ Aus dem Alltag kennen wir das Phänomen, dass bestimmte Personen das Pech, den Ärger, ein Missgeschick oder Scherereien geradezu magisch anziehen. Ein Großteil davon spielt dieses Spiel. Der Kommunikationsforscher Paul Watzlawick hat innerhalb seiner Arbeiten zum Konstruktivismus zu diesem Prozess einmal bemerkt, dass eine Erwartung des Ereignisses zum Ereignis der Erwartung wird (vgl. 1988). In diesem Zusammenhang ist zu fragen, worin denn der tiefere Sinn eines solchen Spiels liegen könnte? Sich immer als Opfer widriger Umstände zu sehen, ist wohlfeil – das Subjekt muss dann gar nicht bei sich selbst ansetzen, um Veränderung zu initiieren. Es sind ja die Umstände. In der Schule oder im Berufsalltag sind Lehrerinnen und andere Führungskräfte immer geneigt, die Anforderungen an solche Tollpatsche möglichst gering zu halten, wodurch diese bald arbeits- und belastungsfrei sein dürften.

Schauen wir nun einmal, wie sich das Spiel in einem Interview zeigt.

I.:	*„Was macht ihr im Sportunterricht?"*
K.:	*„Im Sport haben wir gerade kleine Spiele und den Hindernisparcours. (leise) Der ist aber ganz schwer und den schaff ich fast nicht."*
I.:	*„Erzähle mir darüber mehr."*
K.:	*„Ich traue mich da nicht drüber und außerdem habe ich ja ein Hohlkreuz. Und wenn ich mich dann traue, dann rutsche ich aus oder falle über den Kasten. Das passiert mir immer ... nur mir passiert das. Die letzten zwei Mal (lacht) brauchte ich dann nicht mehr mitzumachen.*
I.:	*„Bist du froh darüber?"*
K.:	*(betrübt) „Nein gar nicht. Ich will ja immer, aber die Mannschaft, die mich bekommt verliert immer. Deshalb wählt mich niemand mehr (grinst) und dann kann ich immer aussetzen, wenn wir eine ungerade Zahl sind.*
I.:	*„Ist das nur in Sport so?"*
K.:	*(rasch) „Nein, fast überall. In Mathe brauche ich Eckenrechnen nicht mitzumachen, weil ich immer in der Fensterecke bleibe. Geschichten schreibe ich auch nicht, weil ich den roten Faden nicht halten kann ... (stutzt) ... finden kann und Frau G. sagt immer: ,Susanne, lass mal, ich helfe dir, wenn du das nicht packst' und dann muss ich keine Dienste machen".*
I.:	*„Das klingt aber, als wärest du nicht sehr traurig, dass es so ist?"*
K.:	*„Recht ist es mir schon ..."*

Wie ist dieses Spiel zu durchkreuzen? Zunächst ist es ein Glücksfall, dass es dieser Interviewerin überhaupt gelang, mittels der letzten Frage den Kompass von der armen, hilfsbedürftigen, gemobbten bzw. zumindest partiell abgelehnten Susanne[10] zu einem durchaus zufriedenen Spieler-Kind zu drehen. Das Interview kann aktuelle oder verfestigte Spiel-Strukturen partiell oder generell aufdecken. Im Alltag – in Familie, Schule und unter Freunden – durchkreuzt man das Spiel nur, indem man der Person alles zutraut, inklusive des Scheiterns. Kein Bedauern, aber auch keine Häme, sonder freundliche Begleitung, bejahende Moti-

---

[10] Der Name ist – wie alle verwendeten Anreden – anonymisiert worden.

vation und Ermutigung der kleinen Schritte geben einerseits die erwünschte soziale Beachtung und diese – zweitens – in gewendeter, nun positiver Qualität. Erfolgreiche Lehrerinnen setzen individuelle Normen – für Susanne würde gelten: Du machst alles mit, egal wie lange du brauchst. Vorher aufgeben oder gar nicht anfangen ist keine Option, und zwar unter allen Umständen. Denn denkbar bei solchen ›Jetzt-hat-es-mich-wieder-erwischt‹ Spielern sind vergessene Turnsachen, ein urplötzlich verstauchter Knöchel (der in der folgenden Pause durch Spontanheilung abklingt) oder unvermeidliche Bauchschmerzen.

Ähnlich dem Schlemihl ist das Drehbuch von ›Sieh bloß, was du angerichtet hast‹.

Während im Unterrichts-, Schul- bzw. Studienalltag dieses Spiel sehr oft anzutreffen ist, bekommen wir es im Interviewprozess nur selten zu Gesicht, dann jedoch meist beim Interviewer. Die Grundkonstellation ist denkbar einfach. Person A – die Lehrerin oder der Interviewer – möchte sich ungestört seiner Aufgabe widmen, Unterricht gestalten, instruieren fragen etc. pp. Person B – beispielsweise ein Kind – braucht Zuwendung. Wenn Person A daraufhin „den Faden verliert" kann sie Person B dafür die Schuld zuweisen. Ein Beispiel aus dem schulischen Unterricht mag dies illustrieren.

Die Lehrerin beginnt mit dem Vorlesen einer Geschichte. Vorher hat sie die Klasse instruiert, genau zuzuhören und danach zwei Fragen zu beantworten. Gerade als sie vorzulesen beginnt, schwatzt Fanny mit Maud. Lehrerin: „Also ihr beiden habt wohl gar nicht zugehört. Da erkläre ich und erkläre und bitte die Kinder, den Schnabel zu halten und was macht ihr? Ihr schwatzt. So, und jetzt habe ich mein Buch zugeklappt und weiß gar nicht mehr, auf welcher Seite unsere Geschichte war. Lust vorzulesen habe ich nun auch nicht mehr, wer weiß, wer hier noch stört. Da habt ihr beiden ja etwas Schönes angerichtet…"

Wenn Interviewer am Werk sind, denen es noch an der notwendigen professionellen Kaltblütigkeit im Umgang mit seltsamen bzw. unbekannten Situationen während der Gespräche mangelt, kann es durchaus zu einer solchen Spielsituation kommen.

I.:   *„Sage mir, was du alles in deiner Freizeit machst, Victor."*

K.:   *„Also, ich spiele Basketball, Mama hat zwar gesagt, ich soll lieber Fußball spielen aber Frau G. meinte, Papa und Mama sind groß, so dass ich wahrscheinlich auch ein Riese werde … ich bin voriges Jahr zwölf Zentimeter gewachsen (fuchtelt mit dem rechten Arm nach oben und schlägt an das Mikrofon, wel-*

	ches umfällt) ... ooops sorry ... ich heb es auf (Interviewer hilft) ...äh, wo waren wir – ach ja zwölf Zentimeter. Und da spiele ich jetzt eben Basketball, macht Spaß, ich kann sogar dunking ..."
I.:	*„Hä?"*
K.:	*„Na springen und ..." (steht auf und zieht dabei die Unterlagen des Interviewers mit zu Boden)*
I.:	*„Oh nee Viktor, das ist nun das zweite Ding. Kannste nicht sitzen bleiben, wie jeder normale Junge? Um ein Haar wäre das Mikro kaputt gegangen und nun hast du mir die Fragen durcheinander gebracht. Du richtest hier vielleicht was an ..."*

Werden wir selbst in ein derartiges Spiel hinein gezogen empfiehlt es sich, rasch das Weite zu suchen. Denn einmal angefacht kann sich kaum jemand gegen die Beschuldigungen stellen. Ähnlich der Variante ›Jetzt hab ich dich endlich, du Schweinehund‹ sind gar nicht mehr die Inhalte der Störung wesentlich, sondern nur das Lamentieren über den gegenwärtigen Zustand des Spielers bzw. der Spielerin.

›Warum nicht ... ja, aber‹ stellt ebenfalls ein für Interviews recht repräsentatives Beispiel dar. In den Gesprächsrunden, den Talkshows und in esoterischen Zirkeln steht mitunter Lebenshilfe auf der Agenda. Der agierende Urheber stellt irgendein beliebiges Problem zur Debatte, mit dem er – so scheint es zumindest – nicht zurechtkommt. Im Normalfall bedeutet dies, dass jemandem, der gerade klagte, wie schlecht es um sich, seine Ehe, die Kinder oder das Einkommen bestellt sei, vom Gesprächspartner einen Rat, ein Handlungsmuster, eine gangbare Vorgabe etc. gegeben bekommt. Das Spiel besteht nun gerade darin, diesen Tipp scheinbar aufzunehmen – „Ja" (das kann ich tun, gute Idee ...). Sogleich müssen jedoch ein oder zwei Einwände folgen, welche diesen Vorschlag des Gesprächspartners gänzlich oder partiell zunichte machen – „aber ..." (ich kann ja dies nicht oder habe jenes nicht oder ... oder). Irgendwann werden alle Rat gebenden Mitspieler damit aufhören und aus dem Felde gehen. Der (scheinbar) Ratsuchende triumphiert. Der folgende Interviewausschnitt zeigt auf überzeugende Weise, dass gerade *nicht* das Erwachsenen-Ich um neue Informationen und Ratschläge bittet. Vielmehr spielt das Kindheits-Ich dieses Spiel nach dem Skript ›Ist es nicht schrecklich?‹ oder ›Mir kann niemand helfen‹. Die vielen Streicheleinheiten durch die Ratgeber, die allgemeine Aufmerksamkeit und die permanente Beschäftigung mit Person und Thema sind adäquater Lohn für den Spieler.

I.:	*„Und wie löst du das Problem, nicht gleichzeitig Sport zu machen und ein Instrument lernen zu können?"*
K.:	*„Ich weiß nicht ... ich will das aber ... niemand hat einen Tipp für mich ..."* (senkt den Kopf)
I.:	*„Ich habe eine Idee – du fragst Mama, ob du erst das eine, und ein wenig später das andere anfangen kannst."*
K.:	*„Ja (nickt mit dem Kopf) ... aber das geht nicht, weil Mama mir schon das Haustier verboten hat. Die ist streng, wenn ich die Regeln verletze."*
I.:	*„Und wenn du dich zu Oma schleichst und ihr sagst, sie soll mal mit Mama reden?"*
K.:	*„Ja, das geht ...aber Omi ist bei solchen Sachen immer auf der Seite von Mama. Die will auch nicht, dass ich reite."*
I.:	*(ist nun nicht mehr auf Fragen fixiert, sondern denkt über weitere Tipps nach) „Mach doch erst einmal das eine. Später kannst du ja immer noch zeigen, dass du weiter gut in der Schule bist."*
K.:	*„Ja, das mach ich ... aber dann glauben die, ich schaff das nicht mehr und die sagen wieder nein und dann habe ich wieder das Problem ..."*
I.:	*„Armer Gerrit, du bist ja auch wirklich schlimm dran..."*

Wie ist diesem Spiel zu entrinnen? Es gibt eigentlich nur eine Möglichkeit, den Spielerinnen beizukommen – man spiele den Ball zurück in ihr Territorium. Getreu dem Axiom ›Wer fragt, führt das Gespräch‹ sollten sich Interviewer besinnen. Sie müssen adäquate Fragen stellen, die den Spieler dazu veranlassen, entweder Farbe zu bekennen oder aus dem Feld (bzw. dem Thema) zu gehen. Eine Frage könnte sein: *„Was ist dagegen denn möglicherweise zu unternehmen?"*, eine andere: *„Hast du dir schon selbst etwas dazu überlegt?"*

Dem Gesprächpartner eine oder viele Handlungsanweisungen zu geben, endet immer mit dem Sieg des Spielers, dessen verdecktes Ziel es ist, diese allesamt ad absurdum zu führen.

Will man als Interviewer rasch zu einem anderen Thema kommen, wenn der Partner noch „beim Spielen" ist, können auch kommunikative Sedativa eingesetzt werden – z.B. *„Denk dir einen interessanten Plan aus, den du dann umsetzt"* bzw. *„Ich bin sicher, dir wird etwas dazu einfallen."*

›Jetzt hab ich dich endlich, du Schweinehund‹ wurde oben bereits angedeutet. Das Spiel ist sozusagen der Superlativ von ›Sieh bloß, was du angerichtet hast‹. Der Unterschied dazu ist jedoch, dass nicht nur die aktuelle Missetat gerügt wird, sondern summarisch alles aufgezählt wird, was der Delinquent in der letzten Zeit verbrochen hat. Dieses Prinzip ›Alles oder nichts‹ wird sehr überraschend ausgespielt und kommt für die meisten Betroffenen wie aus heiterem Himmel. Der Grund – die Spielerin kumuliert ihre Betroffenheit bzw. ihren Ärger, um dann mit geballter Kraft zuzuschlagen. Im Interview sind derartige Situationen selten, wenn nicht die Lehrerin oder eine andere pädagogische Begleitperson die Fragestellerin ist. Zur Illustration sei daher eine Situation beschrieben, die ich bereits 1997 im schulischen Unterricht entdeckte (69).

Die Lehrerin sieht, dass David Julia an den Zöpfen zieht.

Lehrerin:	*„So David, das Maß ist jetzt endgültig voll."*
Lehrerin:	*„Du bist der ungezogenste Junge in der ganzen Klasse, ach was sage ich, in der ganzen Schule. Heute Morgen hast du Kathrin geärgert, dann hast du nicht aufgepasst, dann hat sich Frau G. noch bei mir beschwert, weil du in Werken nicht richtig schneiden konntest und nun das."*
David	*(verdattert): „Ich habe doch nur ..."*
Lehrerin:	*„Wenn ich dazu noch an vorige Woche denke, da kamst du mit Sebastian ins Gehege und deine Mutter hast du auch nicht zum Elternabend eingeladen, was soll bloß aus dir werden."*
David	*(verwirrt): „Ich wollte ..."*
Lehrerin:	*„Rede dich nicht heraus, vor zwei Wochen hast du auch ..."* [11]

Angemerkt sei, dass Erzieherinnen, Lehrpersonen oder die Direktion dieses Spiel ebenfalls zu spielen vermögen. Dann bekommt die betroffene Kollegin plötzlich Dinge „aufgetischt" von denen sie glaubte, dass längst Gras darüber gewachsen sei.

Was sind gangbare Gegenmittel für das Schweinehund-Spiel? Offensichtlich ist korrektes Verhalten in (fast) jeder Situation wahrscheinlich die beste Vermeidungsstrategie. Mitten in der Aufzählung ist ein Gesprächspartner nur noch bedingt für Gegenargumente offen. Daher scheint moderates Nachgeben in derart erhitzten Situationen ertragreicher als das berühmte Öl im Feuer – etwa wenn wir uns hinreißen lassen, eine Gegenrechnung aufzumachen.

Welche Erkenntnisse sollten wir in die folgenden Kapitel mitnehmen? Kommunikation ist nicht einfach Drauflos-Reden. Interviewerinnen benötigen ein solides Sprach-Instrumentarium. Gekreuzte Transaktionen und Spiele sind in allen Lebensbereichen zu finden. Spiele können unterbrochen werden. In einer Atmosphäre von Wertschätzung werden weniger Spiele gespielt.

---

[11] Umgestellt auf die Regeln der neuen Rechtschreibung.

Kinder als Experten?

Seit einer gewissen Zeit hat sich in der Kindheitsforschung, aber auch in der Pädagogik ein Paradigmenwechsel (unter vielen) vollzogen. Kinder sind nicht mehr Untersuchungs- und Forschungsobjekte, auf die man schaut. Vielmehr gelten sie als Ko-Konstrukteure ihres eigenen Lebens mit hohen Selbstbildungspotenzialen (Schäfer 2003: 38 ff.) und somit als (zumindest partielle) Autorität ihrer eigenen Entwicklung. Das bedeutet, Kinder als Experten ihrer Lebenswelt, werden als Forschungssubjekte selbst interviewt, befragt und beobachtet. Sie sind nicht mehr ausschließlich Sozialisanden, sondern soziale Akteure.

Diese Thesen werden auch bei der Durchmusterung jener Literatur deutlich, die sich im weiten Sinne mit den Phasen, Stufen und Verläufen kindlicher Entwicklung[12] beschäftigt. Für Interviews sind einige dieser – im Einzelfall höchst individuellen – Kompetenzebenen von großer Bedeutung, zeigen sie doch das Maß an erwartbaren Antwortqualitäten deutlich an. Wenn wir *Erstklässler* befragen, können Interviewer davon ausgehen, dass das Kind ein festes Bewusstsein seiner selbst hat. Es vermag, die eigenen Gefühle von denen anderer zu unterscheiden und Wirklichkeit und Schein zu trennen. Die Sprache wird weitgehend korrekt gebraucht und komplexe Geschichten können erzählt werden. Zwar wird über Gesagtes noch wenig reflektiert, dies steht aber einer erfolgreichen Kommunikation nicht im Wege, zumal die meisten Kinder bereits bewusst lügen können. Letztlich bringt das fotografische Merkgedächtnis nicht nur viele Eltern beim Vorlesen von Märchen ins Schwitzen, sondern bringt Interviewerinnen exakte Informationen über Gegenwärtiges.

Im *mittleren Grundschulalter* verfügen die Kinder über komplexe Denk- und Verhaltensmuster, sowie die Fähigkeit zur Metakognition. Es macht sich Gedanken über die eigenen Gedanken – ein für Interviews ebenso unschätzbares Phänomen wie die Korrektur während des Sprechens selbst. Auch die nun „funktionierende" geistige Handlungsumkehrung, sowie die Mehrdimensionalität von Herangehensweisen wird die Qualität von Interviews exponential erhöhen.

Elf- bis Zwölfjährige (in Einzelfällen auch bereits jüngere Kinder) können Witze auf den Punkt erzählen – sie verhaspeln nicht die Pointe oder „verschwurbeln" sie. Grund dafür ist das Beherrschen der Höhepunkterzählung und das Verständnis für Doppeldeutigkeiten, Metaphern und andere Formen des Sprachulks. Ei-

---

[12] Zusammengefasst u.a. nach Berk 2005; Krampen/Reichle 2002; Largo 2005; Oerter 2002; Oerter/Dreher 2002; Paetsch 2006; Schenk-Danzinger 1991; Zimbardo/Gerrig 2004

gene Lernstrategien werden angewandt und können versprachlicht werden. Weitere Quellen für interessante und lohnenswerte Interviewfelder sind die sich hier entwickelnden tiefen Freundschaftsbeziehungen, die Gruppenaktivitäten und das ›innere Ranking‹ – das Vergleichen mit anderen in vielerlei Hinsicht. Dabei werden sehr genaue Unterscheidungen zwischen Freunden und Klassenkameraden getätigt, beste Freundinnen und Freundinnen unterschieden und das Wesen von Freundschaften mehrdimensional und multiperspektivisch beleuchtet (Bamberg/Schröder/Trautmann 2008; Kühl/Schmidt 2009; Kohn/Bichtemann 2009).

Pubertierende stellen Hypothesen auf, die ihr Sein, die Existenz anderer und das Leben allgemein betreffen. Sie bewerten eigene Denkprozesse und verstehen abstrakte Modelle und Konzepte. Im Interview können diese hoffnungsvollen Ansätze jedoch durch (typische) Pubertätszeichen überlagert werden. Insbesondere nützt das situativ anpassungsfähige Sprachverhalten kaum etwas, wenn die Jugendsprache dominiert. Destruktives Jungenverhalten macht manchen Leitfaden zunichte und verlangt verständnisvolle Hartnäckigkeit, um hinreichende Informationen zu fördern. Mädchen hingegen sind in diesem Zeitkorridor eher gesprächig – insbesondere bei gleichgeschlechtlichen Interviewern, die ihre Selbstzweifel ernst nehmen. Doch die Mühe, sich in Interviews diesen Heranwachsenden zu stellen, lohnt insbesondere dann, wenn Konflikte, Nähe und Entfremdungsprozesse zu den Eltern, die Neuorientierung in der Peer-Gruppe und die Interessen am anderen Geschlecht substanziell zur Sprache kommen.

Sechzehn- bis achtzehnjährige Jugendliche sind bereits in sich gefestigt und in ihrer geistigen Flexibilität den Erwachsenen meist ebenbürtig, wenn nicht sogar überlegen. Ihre intensive Teilhabe an fast allen gesellschaftlichen Prozessen macht sie nicht nur für erziehungswissenschaftliche, sondern zunehmend auch kommerzielle Interviewer interessant. Insbesondere die eigene Identität, das Hinterfragen fast aller konventionellen Werte und Gepflogenheiten sind sowohl für die Forschung als auch für die konsumorientierte Zielgruppenarbeit wichtig. Interviewer hadern mitunter mit der substanziellen, mitunter überbordenden Argumentationslust, die jeden Zeitplan sprengen und alle Leitfäden „platzen" lässt. Interessante Felder für Interviewer sind neben der schulischen Biografie die Sozialplanung, die Ablösungsprozesse aus den elterlichen Strukturen.

Zusammenfassend lässt sich also feststellen, dass es trotz der unterschiedlichen Reife- und Entwicklungsperioden bei den Heranwachsenden grundsätzlich großartige Möglichkeiten gibt, mit ihnen per Interview substanziell in einen kompetenten Dialog zu kommen. Während dies bei Jugendlichen nahezu voraussetzungslos akzeptiert ist, soll im nächsten Kapitel die Denk-, Verarbeitungs- und Sprachkompetenz von Kindern – beginnend bei Schulanfängern – noch einmal näher gefasst werden.

Psychologische Grundlagen – Wie „ticken" Kinder?

> Our memories
> are ourselves
> (Steven Pinker)

Wir verdanken Jean Piaget (1974) die Stadien der kognitiven Entwicklung. Er versteht darunter die Entwicklung von geistigen Prozessen und Fähigkeiten – so die Vorstellungskraft, die Wahrnehmung, das Schlussfolgern und das Problemlösen mit all ihren basalen Wissensgrundlagen. Auch wenn die derzeitige Piagetrezeption durchaus kritisch mit vielen seiner Erkenntnisse umgeht – sein Verdienst besteht in einer Modellierung von kognitiven Verlaufsformen und den korrespondierenden Errungenschaften, die der Heranwachsende dabei zeigt.

Studieren wir diese Stadien, so wird rasch klar, dass die meisten Interviewerträge mit Kindern in der sensumotorischen Phase in keinem Aufwand-Nutzen-Verhältnis stehen. Ausnahmen bilden spezielle Arrangements, die Äußerungen in Spiel- und Lernkontexten und sozial bedeutsamen Momenten abbilden wollen. Mit den Anfängen symbolischen Denkens und der individuell unterschiedlichen, aber dennoch übersichtlichen Sprachkompetenz sind Interviews in dem Sinne, wie sie hier verhandelt werden sollen, noch nicht zu machen.

Die Überlegungen beziehen sich eher auf Heranwachsende, die sich nach Piaget in der konkret-operationalen bzw. in der formal-operationalen Phase befinden. Diese Kinder und Jugendlichen können symbolische Denkmuster hinreichend erfassen, schlussfolgern, Hypothesen aufstellen und abstrakt denken. Letztlich ist auch ihr Sprachvermögen so weit ausgeprägt, dass ihr Denken zu einem Teil sprachlich adäquat entäußert werden kann.

Eine gewisse Sonderstellung nehmen jene Kinder ein, die gerade in die Schule kommen bzw. kamen. Sie befinden sich – folgen wir Piaget – fast alle im präoperationalen Stadium. Danach sind sie eher egozentrisch, denken vermenschlichend (antropomorphistisch) und besitzen erst in Anfängen die Instrumente zum Einsatz von Symbolen im Denken. Wer aber einmal reale Schulanfänger am Einschulungsdatum zur Kenntnis nahm, wenn diese ihre Zurückhaltung (etwa vor dem Schulgebäude, der Lehrerin oder den vielen Menschen) aufgegeben hatten, der weiß um die Grenzen des Piaget'schen Modells. Jüngere Kinder verfügen tatsächlich meist über keine ausgeprägt strategischen Denkmuster, wie wir sie von Erwachsenen her kennen. Dennoch sollte nicht unterschätzt werden, dass Kindern auch das Vermögen fehlt, Gespräche zu ihren Gunsten hin zu lenken oder hart zu verhandeln. Es ist an dieser Stelle zu fragen, welchen Wert die meisten der kindlichen Interviewaussagen haben, wie sie hinsichtlich ihrer Prozessualität und Glaubwürdigkeit einzuschätzen sind und ob sich die Aussagen in ihrer Halbwertszeit behaupten können – also als reliabel und valide herausstellen. Wie also funktioniert das kindliche Gedächtnis? Und zudem – wie sich die Sprache als Instrument des Denkens dazu verhält. Beides befindet sich noch in Entwicklung und ist höchst individuell ausgeprägt. Dabei kann selbstredend nicht jeder Facette nachgegangen werden. Vielmehr soll eine knappe Strukturierung wichtiger für das Interview essenzieller Aspekte folgen.

Aspekt 1: Zeit- und Inhaltsdimension des Gedächtnisses

Im Interview werden größtenteils drei Bereiche des Gedächtnisses beansprucht, die unterschiedlich arbeiten. Bezüglich der Zeit wird das kindliche Gedächtnis nach drei Typen unterschieden.

Das *sensorisches Gedächtnis* „zwischenspeichert" neue Informationen, die von den Sinnesorganen in Gehirn gelangen. Es wurde früher einmal *sensorisches Register* genannt. Das sensorische Gedächtnis ist sinnesspezifisch. Die Fähigkeit, in einem Interview etwas zuvor Gesagtes – etwa die Frage – für sich noch einmal ohne direkte Aufmerksamkeit darauf zu wiederholen, ist ein Beispiel für das auditive sensorische Gedächtnis. Das sensorische Gedächtnis nimmt sehr viel mehr Informationen auf, als das Arbeitsgedächtnis.

Das *Arbeitsgedächtnis* (bzw. in manchen älteren Quellen auch Kurzzeitgedächtnis) bildet die Zentrale der bewussten Informationsverarbeitung. Es kann sich als ein Speicher vorgestellt werden, der eine kleine Menge von Informationen in einem aktiven und allzeit verfügbaren Zustand bereithält. Die Informationen können also sofort weiterverarbeitet werden. Das Arbeitsgedächtnis besitzt lediglich eine Speicherdauer von wenigen Minuten bei geringer Kapazität. Dort werden vorrangig eben gemachte Erfahrungen abgelegt und Informationen aus dem Langzeitgedächtnis „hochgeladen". Das Kind muss sich beispielsweise die Frage oder den motivationalen Erzählanlass merken. Mitten in seinen Ausführungen beansprucht es das Arbeitsgedächtnis vielleicht noch einmal beim Abrufen von Erlebnissen, die in tieferen Schichten der Erinnerung gespeichert sind. Außerdem wird wiederholt das Arbeitsgedächtnis aktiviert, indem es auf etwas eben Gesagtes Bezug nimmt oder den Faden weiter spinnt. Letztlich vergisst das Kind auch das Interview, wenn dieses nicht einen nachhaltigen Eindruck hinterlassen hat oder (etwa als Interviewkatarakt[13]) wiederholt stattfand. Das kapazitär beschränkte Arbeitsgedächtnis von Kindern hat eine aktivitätsbeschränkte Speicherdauer. Diese Gedächtnisressource dient Aufgabenformaten wie dem Schluss-

---

[13] Katarakte sind Stromschnellen – Kataraktische Interviews (Trautmann 2000: 20 f.) sind wiederholt durchzuführende Interviews sowohl mit einem partiellen Neuheitswert und auch sich durchgängig wiederholenden Frageinhalten.

folgern und dem Sprachverstehen (Zimbardo/Gerrig 2004: 307). Es besteht aus der phonologischen Schleife, dem räumlicher Notizblock und der zentralen Exekutive. Phonologische Schleifen speichern und manipulieren sprachbasierte Informationen. Kinder wiederholen mitunter die Frage der Interviewerin, um sie sich zu merken und gleichzeitig nach Antworten zu suchen. Keinesfalls sollte in dieses ›Looping‹ eine zweite Frage bzw. ein Erklärungsmuster hineingesprochen werden oder eine sonstige Störung erfolgen. Visuell-räumliche Notizblöcke sind sozusagen phonologische Schleifen auf visueller bzw. räumlicher Ebene. Kinder bauen sich dadurch mentale Bilder der Erinnerung auf, in dem sie im Interview zunächst Räume oder/und Bilder beschreiben, um danach zum Kern der Antwort zu kommen. Auch hier gilt, dass ein vorzeitiges Unterbrechen – etwa aus Zeit- oder Geduldsgründen – außerordentlich kontraproduktiv ist, da damit auf dem visuell-räumliche Notizblock radiert wird. Eine zentrale Exekutive schließlich ist jene Ressource, die beide eben benannten Prozesse begleitet. Einerseits kontrolliert sie die Aufmerksamkeit, andererseits koordiniert sie die Informationen. Wird ein Kind gebeten, seine Lieblingslehrerin zu beschreiben, so koordiniert und kombiniert die zentrale Exekutive die Aufteilung der zur Verfügung stehenden mentalen Ressourcen. Bei Kindern, die sich in solchen mehrdimensionalen Aufgaben „verheddern", ist die zentrale Exekutive noch nicht optimal entwickelt. Interviewer/innen sollten daher vielschichtige und komplexe Fragestrukturen, Kettenfragen oder mehrschichtig modellierte Dimensionseinschätzungen von Kindern nicht erwarten. Vielmehr empfiehlt es sich, Einzelfragen zu entwickeln und sich sukzessive durch das komplexe Feld zu arbeiten. Diese Einzelfragen sollten jedoch nicht so herunter transformiert werden, dass Kinder kaum noch gedankliche Synthese, Analyse oder/und Erinnerungsarbeit leisten müssen. Das *Langzeitgedächtnis* gilt als das dauerhafte Speichersystem des Gehirns. Es handelt sich nicht um ein monolithisches Gebilde, sondern um mehrere, ausdifferenzierte Speicherleistungen für die unterschiedlichsten Arten von Information. Ergebnisse von Lernvorgängen, Erkundungen oder kommunikativen Interaktionen müssen zur längerfristigen Speicherung in das Langzeitgedächtnis überführt werden.

Allgemein werden vier Prozesse im Langzeitgedächtnis unterschieden:
- Das *Lernen* speichert neue Informationen ins Langzeitgedächtnis ein.
- Bei Vorgängen des *Behaltens*[14] bewahrt das Langzeitgedächtnis werthaltige Informationen durch regelmäßigen Abruf auf.

---

[14] In diesem Zusammenhang sollen die Potenzen der *Übung* für die Überführung von neuen Gedächtnisinhalten in das Langzeitgedächtnis und das Bewahren von Informationen herausgehoben werden. Verankerungen im Gedächtnis ergeben sich sowohl mit der Relevanz des Themas, als auch mit der emotionalen Bedeutung der Inhalte.

- *Erinnern* ist eine Form der individuellen Reproduktion bzw. Neu- oder Rekonstruktion von Gedächtnisinhalten.
- Beim *Vergessen* zerfallen Gedächtnisspuren oder bilden auslöschende Interferenzen durch neue, konkurrierende Informationen

Interviews haben Einfluss auf alle vier langzeitlichen Gedächtnisprozesse. Das Kind lernt im ersten Interview die Riten einer solchen „Veranstaltung", die Protagonisten und die Rollenmuster kennen. Inhalte des Interviews werden jene „behaltenen" inneren Bilder und Prozesse sein, die – verarbeitet oder nicht – für den Informanten wertvoll und der Erinnerung würdig sind. Jede Erinnerung jedoch ist eine partielle Legende, was sie nicht weniger kostbar macht. Die Auswertung von Interviews muss darauf nur reflektieren. Schließlich wird das Kind eine Reihe von Vorgängen als Gebot der Selbsterhaltung (Ehrenburg 1978: 8) vergessen haben.

Das Langzeitgedächtnis (LZG), dessen Speicherdauer wesentlich umfänglicher ist, im Sonderfall eine lebenslange Ablage, besitzt eine nahezu unendliche Kapazität. Abgelegt werden hier sowohl Bilder, Geschichten, Ereignisse und Lernerlebnisse. Im Idealfall sind diese zu jedem beliebigen Zeitpunkt abrufbar. Diese aus den Tiefen der Erinnerung hervorzuholen, zu ordnen und in einem nachvollziehbaren Abriss durch Sprache zu kommunizieren ist ein hoch komplizierter dialogischer Prozess zwischen Interviewer/in und Gewährsperson. Innerhalb dieser Vorgänge kann es jedoch zu verschiedenen Störungen und Variationen kommen, u.a. der Legendenbildung, ›false memories‹, unklaren Erinnerungen oder Sedimentationen. Im Interviewprozess mit Kindern muss der Interviewer bzw. das Auswertungsteam stets ins Kalkül ziehen, dass Denken und Sprechen aufgrund der individuellen Entwicklung nicht immer konform sind, die interviewte Person Dinge nicht präzise ausdrücken kann, bestimmte Aussagekonstruktionen (noch) nicht beherrscht und/oder die Gewichtung von Prozessen unklar bestimmt.

Untersuchen wir nun kurz das kindliche Gedächtnis bezüglich seiner Inhalte etwas genauer. Das *deklarative Gedächtnis* wird allgemein auch als Wissensgedächtnis bezeichnet. Es speichert Tatsachen und Ereignisse, die später bewusst wiedergegeben werden können. Man unterteilt das deklarative Gedächtnis in zwei Bereiche – das *episodische* und das *semantische* Gedächtnis.

Im *episodischen Gedächtnis* finden sich Episoden, Ereignisse und Tatsachen aus dem eigenen Leben (Erinnerung an Erlebnisse bei der Schuleingangsfeier, das Gesicht von Tante Ilse und die Namen der Großcousinen). Im Langzeitgedächtnis von Kindern werden autobiografische Ereignisse meist zusammen mit dem Kontext, in dem sie auftraten, abgespeichert. Junge Kinder besitzen nur eine begrenzte Fülle an episodischen Gedächtnisinhalten, insbesondere, wenn die frühkindliche Amnesie von dieser Ebene abgerechnet wird. Dennoch bestimmt nicht die Fülle, sondern die Qualität der autobiografischen Erinnerungen deren Wert. Denn sie sind stets an emotionale Inhalte gebunden und in Raum und Zeit eingebettet. Die Offenlegung dieser Zusammenhänge jedoch macht erst ihre eigentümliche Beschaffenheit als Produkt sozialer Erinnerungspraxis und kulturell (vor-)geformter Betrachtungen aus. Lücken im autobiografischen Gedächtnis, so unsere Erfahrungen können bereits von Kindern durch Rückgriffe auf ihr semantisches Wissen gefüllt werden, wobei diese Prozesse von ihrer Fähigkeit, diese verfügbar und plausibel zu machen, abhängig sind.

Die Vorstellung, dass Kinder aus genau diesen Gründen als Interviewpartner nicht geeignet sind, weil „sie nichts zu erzählen haben" ist jedoch falsch. Vielmehr müssen die Interviewerinnen und Interviewer ihre Erkenntnisebenen und nachfolgend ihre Fragekonstruktion auf diese Tatsache hin analysieren.

Das *semantische Gedächtnis* enthält das Wissen über die Welt also allgemeine, von der Gewährsperson unabhängige Fakten („Lomè ist die Hauptstadt von Togo). Semantisches Wissen ist daher Wissen über Fakten, Konzepten und (Wort-) Bedeutungen. Es benötigt keine persönliche Lebenserfahrung und ist normalerweise nicht an Emotionen gebunden. Mittels des semantischen Gedächtnisses wird aus Erfahrungen abstrahiert. Hier treffen zwei wesentliche Nahtstellen prinzipieller Intervieweinschätzung aufeinander. Kinder befinden sich weitgehend in der Phase semantischer Professionalisierung. Gleichzeitig können sie aufgrund ihrer noch begrenzten Lebenserfahrung und der emotionalen „Ungeschliffenheit" keinen Mangel im Interview erzeugen. Es bleibt für Interviewer und Auswertungsteams daher immer die Frage, ob das Kind sein (re-) produziertes Wissen adäquat in die passenden (treffenden, adäquaten) Begriffe transportieren konnte.

Das so genannte *prozedurale Gedächtnis*, es wird auch als *Verhaltensgedächtnis* bezeichnet, speichert Erwartungen, Fertigkeiten und unser Verhalten. Es kann ohne Einschaltung des Bewusstseins unser individuelles Verhalten beeinflussen. Auch die Ausführung komplexer Bewegungsabläufe ist nach einiger Übung mittels unserer Alltagsroutine „ohne nachzudenken" abrufbar.

In diese Kategorie fallen Erinnerungen über die Art und Weise von Vorgängen – die Frage also, wie Dinge getan wurden bzw. werden. Dieses „gewusst – wie" umfasst auch all jene Modalitäten, wie perzeptuelle, motorische und/oder kognitive Fertigkeiten erworben, aufrecht erhalten und angewandt werden. Dabei sind serielle Prozesse – also zwei oder mehrere mentale Prozesse, die nacheinander ausgeführt werden – für Kinder im Grundschulalter durchaus im Bereich des Möglichen. Besonders effektiv sind Interviewfragen, die Kindern Überlegungen über eigene Lernstrategien abfordern. Im Gegensatz zu Erwachsenen können

Kinder diese Denk- und Behaltensprozeduren nachvollziehbar und mehrperspektivisch abbilden (Trautmann/Hoppe 2009: 5 f.).

Aspekt 2: Der Prozess des Erinnerns

Der polnische Satiriker Stanislaw Jerzy Lec stellte einmal fest: „Vor der Wirklichkeit kann man die Augen verschließen, aber nicht vor der Erinnerung". Offenbar ist also Erinnerung und Wirklichkeit nicht (immer) deckungsgleich, wahrscheinlich sind beide Prozesse mitunter nicht einmal kompatibel. Seit den berühmten Versuchen Karl Lashlys (1995) wird vermutet, dass Erinnerungen an sehr unterschiedlichen Regionen im Gehirn gespeichert werden. Andererseits können Lernerfahrungen ruhende Neuronen anregen, selektiv auf komplexe Objekte zu reagieren (Mazur 2006: 67). Wie verläuft der Prozess der Erinnerung? Im Wesentlichen werden drei Phasen genannt.

Die Aufnahme von Information

Dieser Prozess des Enkodierens und der Verknüpfung mit Wahrnehmungsprozessen ist eng mit dem Begriff der Selektivität gekoppelt – dem auswählenden Aufnehmen von Aufmerksamkeit, Wahrnehmung und Erinnerung. Nicht alle Umweltreize werden gleichgewichtig übertragen und je mehr Emotionen ein bestimmtes Ereignis hervorruft, umso deutlicher werden nach einiger Zeit die Erinnerungen daran variieren. Das ist beispielsweise für ein Interview mit einer gesamten Schulklasse oder Jugendgruppe von Bedeutung. Wenn die Heranwachsenden über Dinge, Verläufe oder Erlebnisse berichten, an denen nur wenige Emotionen geknüpft sind, stimmen viele substanzielle Dinge wahrscheinlich überein. Im Gegensatz dazu werden sich die Mitglieder der Gruppe sehr stark widersprechen, wenn es um emotional besetzte Erinnerungen geht.

Junge Kinder können bereits erstaunlich gut die in sensorischen Abbildern enthaltenen „inneren" Informationen strukturieren und interpretieren. Diese zeigen sie uns durch ihre Reaktionen auf elterliche Mimik und Gestik, durch eigene Bildschöpfungen oder die Besprechung von Kunstwerken. Auch im Interview werden sie versuchen, sozial erwünschtes Verhalten zu zeigen. Dennoch haben sie auch einen partiell eigenen Wahrnehmungskanon. Ihre perzeptuelle Organisation baut sich zwar erst auf, muss aber bereits als unverwechselbar akzeptiert werden.

Verarbeitung der Information

Diese Phase der Bewahrung von Informationen durch regelmäßige Abrufe wird mit dem Begriff der Enkodierung (Konsolidierung) umfasst. Derartige Konsolidierungsprozesse bauen eine mentale Repräsentation im Gehirn auf. Dies kann natürlich nur geschehen, wenn entsprechende Andockstellen im Gehirn vorhanden sind und kein Zustand bzw. keine Krankheit vorliegt, die diese Prozesse hemmen oder/und unterbrechen.

Erinnern

Der eigentliche Erinnerungsprozess aus Reproduktion und Abruf wird in der Literatur oft als interdependenter Dreischritt von Gedächtnissuche, Dekodierung und Äußerung beschrieben (Aronson et al. 2008). Im Gehirn werden adäquate Areale abgegriffen und die dort befindlichen Informationselemente rückentschlüsselt. Bei der folgenden Umsetzung in Sprache kann es zu einer Reihe von Schwierigkeiten kommen. Jüngere Kinder mit einer dissoziativen Entwicklung zwischen Denken und Sprache haben mitunter Probleme, das (differenziert) Gedachte in adäquate Worte zu fassen. Auch die Beeinträchtigung einer fortdauernden Erinnerung, bei der Beschreibung selbst ist relevant (Wickham/Swift 2006). Für Kinderinterviews bedeutet das unter Umständen, das ein Dringen auf genauere Erinnerungen (durch den Interviewer oder das Kind selbst) einen Blackout hervorrufen kann, der den Gesprächsfaden unangenehm und nachhaltig stören kann. Hinsichtlich des unbewussten Einprägen und Wiedererkennens gehen die Meinungen auseinander. Während sich das unbewusste Einprägen dann als besonders produktiv erweist, wenn es mit aktiven Tätigkeiten korrespondiert, können Kinder die Methode der ›Recognition‹ durchaus solide anwenden, auch wenn es dabei noch zu Fehlern kommen kann. Ein Priming-Vorteil entsteht beispielsweise, wenn man Interviewkindern durch ein Stichwort oder die kurze, lebhafte Schilderung einer Situation beim Zugriff auf das implizite Gedächtnis auf die Sprünge hilft.

Im Gegensatz zum Vorschulkind ist das Erinnerungsvermögen auch jüngerer Schulkinder nicht mehr so labil und unterliegt nicht mehr so oft den Täuschungen der Wahrnehmung. Im Interview ist daher die Gefahr suggestiver Fragehorizonte geringer. Einzelne Fantasielügen (Schenk-Danziger 1993: 187) können jedoch nicht ganz ausgeschlossen werden. Die zeitliche Fixierung des Erlebten kann im Grundschulalter ebenfalls als zunehmend stimmiger angenommen werden. Immer wieder kann in vielen Interviews bestaunt werden, wie langlebig das emotionale Gedächtnis ist. Die Entstehung von so genannten Einfügungen ist vor dem Hintergrund möglicher Quellenverwechslung oder -überlagerungen und/oder ungenauer Gedächtnislage zu sehen.

Verzerrungen beim Erinnerungsprozess innerhalb eines Interviews sind danach mit Wahrscheinlichkeit einzukalkulieren

- *bei Aufmerksamkeitslenkung.*

So willkommen die Lenkung der Aufmerksamkeit – etwa durch die Interviewerin – ist, sie kann eine verzerrte Wiedergabe durch unscharfe oder graduell variierende Erinnerungselemente mit sich bringen. Ein Heranwachsender, der gerade seine eben erinnerten Einschulungserlebnisse rekapituliert und durch den Interviewer auf die Feier zur Schuleinführung hingewiesen wird, erfährt eine Verengung und wird den weiteren Bereich des Gesamtprozesses – die Vorschulzeit mit ihren Gefühlslagen, die ersten Wochen in der Schule, die soziale Inkulturation – unter Umständen aus dem Fokus verlieren bzw. verkürzen.

- *bei Überforderung während des Geschehens.*

Wir wissen alle, dass Prüfungen oder Personalgespräche in ihren Ergebnissen und nachfolgenden Einschätzungen ein Gutteil davon abhängen, welche grundlegende Atmosphäre herrschte. Ebenso ist diese im Interview selbst (und in der Umgebung „am Set") von Brisanz. Einige Überforderungsaspekte, die Erinnerungsverzerrungen nach sich ziehen können, sind Fragekaskaden des Interviewers, die unter Umständen die Aufmerksamkeit zusätzlich (ab-)lenken. Auch Unruhe im Interviewerteam (Tuscheln, Flüstern, Kameraprobleme, wechselnde Lichtverhältnisse), eine kalte, unpersönliche Atmosphäre, ein Übermaß an Regeln, Forderungen und Weisungen an das Kind oder sprachbegleitende Attitüden des Interviewers können letztlich verzerrte Ergebnisse produzieren.

- *bei traumatischer Beteiligung an einem bestimmten Geschehen.*

Die Problematik wird – so ist zu hoffen – eher die große Ausnahme als die Regel sein. Dennoch muss im Interviewprozess mit Heranwachsenden – etwa im Kontext zu einem Unfallgeschehen oder innerhalb familiärer Auseinandersetzungen – eine traumabedingte Wahrnehmungsverzerrung in Betracht gezogen werden. Dabei wird zwischen ›anterograde‹ und ›retrograden‹ Verzerrungen unterschieden. Anterograde Wahrnehmungsverzerrungen beeinflussen die Fähigkeit, neue Informationen aufzunehmen und zu behalten – etwa Fragen zu verstehen oder einer Anweisung zu folgen. Dieser Prozess kann in einer anterograden Amnesie gipfeln. Dabei wird der Prozess der Informationsaufnahme und -speicherung blockiert. Befragungen in diesem Kontext, auch wenn sie für aktuelle Aktionen (etwa die Koordination von Rettungskräften) wesentlich sind, bleiben kontraproduktiv. Retrograde Wahrnehmungsverzerrungen sind auf einen bestimmten rückwärtigen Zeitabschnitt bezogen. Während Erinnerungen „davor" und „danach" exakt wiedergegeben werden, kann das Kind in einem bestimmten Erinnerungsabschnitt durchaus „einen falschen Film" finden. Findet es „keinen Film", wird von retrograder Amnesie gesprochen.

- *beim Abruf von Gedächtnisinhalten.*

Letztlich sei erwähnt, dass es *in stato nascendi*, also direkt im Prozess des Abrufens zu Erinnerungsverzerrungen kommen kann. Im Interview „verfälscht" die interviewte Person unter Umständen direkt beim Wieder-Erinnern ein Erlebnis, welches es – unter anderen Umständen bzw. im Vorgespräch oder bei einer anderen Gelegenheit – durchaus anders geschildert hat. Wir kennen diese Prozesse auch aus Prüfungs- oder Testsituationen. Gelerntes bekommt plötzlich einen „Knick" – Selbst automatisierte Konstrukte wie das Produkt von siebenmal acht ist dann Vierundfünfzig.

Beim Aspekt des Erinnerns seien zusätzlich auch noch jene Prozesse erwähnt, die insofern eine Rolle bei Interviews spielen können, da sie sozial determiniert (und damit langlebig) sind. In diesem Zusammenhang seien folgende Gesichtspunkte erwähnt:

- *Fehler sind ansteckend.*

Dieses aus der Kommunikation bekannte Phänomen ist auch hier zu beachten. Wenn sich in abgelaufenen Phasen des Erfahrungsaustausches ungenaue Beobachtungen oder Erkenntnisse verbreiten konnten, so wird zum Beispiel in späteren Einzelinterviews von der Gruppe nacheinander paradoxerweise übereinstimmend jenes falsche Interpretationskonstrukt übermittelt. Mitunter geschieht das unter Ausschmückung von Details. Interessanterweise ist im Nachhinein kaum zu recherchieren, woher die Fehler kamen und wodurch sie sich verbreiteten. Ein ernstzunehmender Ansatz (neben anderen) ist der des Demagogen, wonach Personen mit hohem Status diese Prozesse initiieren oder zumindest für deren Verbreitung sorgen.

- *Erinnerungen werden mit der Zeit ähnlicher.*

Bei Interviews mit Zwillingen fällt immer wieder auf, dass es neben Ebenen unterschiedlicher Interpretationen eine ganze Reihe ähnlicher Konstrukte gibt. Constanze Rönz hat in ihrer interessanten Studie, Zwillinge über einen längeren Zeitraum immer wieder und unter variierenden äußeren Einflussfaktoren interviewt. Sie stellte fest, dass Aspekte länger andauernde Erinnerungen beider Mädchen an Ähnlichkeit zunahmen (Rönz 2008).

- *Kollektives Gedächtnis*

Nicht nur einem Volk wird ein so genanntes kollektives Gedächtnis unterstellt – das Phänomen findet sich in jeder Jugendgruppe oder Schulklasse. Bei späterer Befragung reduziert sich die durchaus differenzierte Wahrnehmung von damals rasch und kompromisslos auf „Lehrerin G. war blöd". Wir müssen bei großen Interviewprojekten davon ausgehen, dass sich in der Probandengruppe – gespeist aus der corporate identity und anderen Gruppenfaktoren – ein eigenes kollektives Gedächtnis ausgeprägt hat, welches bei der Auswertung zu beachten, aber nicht per se zu unterstellen ist.

- *Erinnerungskultur*

Familien zeichnen sich durch Besonderheiten ihrer sozialen Struktur ebenso aus, wie durch inhaltliche Differenzen. Eine davon scheint die Pflege und Fortführung einer Kultur des Erinnerns zu sein. Studien darüber sind – zumindest was Heranwachsende betrifft – noch selten. Es scheint jedoch unbestritten, dass z.B. im Kontext der Ehrung von Verstorbenen, bei einer hohen familialen Kommunikationsqualität, bei ikonografischer Zusammenhängen und bei der Bewahrung alter Medien (Bücher, Fotoalben, vererbte Artefakte) Erinnerung stark gepflegt wird. Auch hier muss aber zwischen den Erzählungen abstrahiert werden, die kursieren. Sie sind Konstruktionen, jedoch nicht das Leben oder die erinnerte Person selbst.

- *Erinnerungen können manipuliert worden sein.*

Forrest Gump machte der Welt deutlich, dass „unbestechliche" Bilder lügen können. Mittlerweile schönt jeder, der einen PC und die geeignete Bildbearbeitungssoftware besitzt, seine Schnappschüsse. Auch Erinnerungen sind für Manipulierungsversuche anfällig. So zeigen Kinder in Interviews oft mehrere Kommunikationsebenen. Eben noch zeigen sie das unbeschwert erzählende Kind, bei einer anderen Frage jedoch antworten sie scheinbar „durch den Mund" eines Elternteils. Ob in diesem Falle bereits von Manipulation gesprochen werden kann, sei dahingestellt. Sicher scheint jedoch, dass wir in Interviews scheinbar die eigene Meinung kundtun, die durch mannigfaltige Prozesse vorher „gedreht und gebogen" wurde.

- *psychische Probleme der Probanden*

Nicht näher ausgeführt, aber angemerkt werden soll der Umstand, dass bereits Kinder eine Reihe psychischer Belastungen in sich tragen können. Diese können einen nicht unerheblichen Teil dazu beitragen, dass Interviewerträge „anders" sind, als die Hypothesen es unter Umständen voraussagen.

- *Sprache determiniert Denken.*

Über die mannigfaltigen Zusammenhänge von Denken und Sprechen gibt der Aspekt 4 in diesem Kapitel näher Auskunft.

- *Verhalten beeinflusst Gedächtnis.*

Die eigene Rolle ist für den Blickwinkel einer Begebenheit von hoher Bedeutung. Als unbeteiligter Zuschauer habe ich einen anderen Blick auf eine Schulhofprügelei, als der Angegriffene. Diese Konstellation ist gerade dann zu beachten, wenn – etwa innerhalb eines Fixpunktes im Projektverlauf – ad hoc Interviews angesetzt werden. Mitunter gibt es Jugendliche, die hervorragend präsentieren, was die Gruppe getan hat – allerdings, ohne selbst aktiv beteiligt gewesen zu sein.

Aspekt 3: Erinnerungen und ›false memories‹

Die meisten Interviews finden in spannungsarmer Umgebung und in einem eher entemotionalisierten Rahmen statt. Daher sei nur ein kleiner Seitenblick dorthin gewagt, wo Interviews notwendig sind, den Interviewerinnen und Interviewern jedoch viel abverlangen. Es geht um falsche Erinnerung (false memory), die als Erinnerungen an frühere (traumatische) Erlebnisse definiert werden. Sie sind objektiv falsch, werden aber als wahr akzeptiert (Aronson et al 2008: 536). Sie entstehen aufgrund von Extremsituationen und Ausnahmezuständen und können – direkt, indirekt, verdeckt, vollständig oder partiell in Interviews „hochgespült" werden.

Solche false memories werden zum Beispiel beobachtet beim Erzählen von Kriegserlebnissen, bei Katastrophenberichte, im Umfeld des Satanismus und bei Begegnungen mit extraterrestrischen Lebensformen. Grundsätzlich gilt, dass Menschen durchaus in der Lage sind, irreale Ereignisse selbst zu konstruieren, an diese zu glauben und diese letztlich auch zu fördern.

False memories kommen in Zeugen- bzw. Opferaussagen vor, innerhalb von Geständnissen und Teilgeständnissen, aber auch in Erzählungen, die alltägliche Vorfälle und „kleine Ungereimtheiten" zum Thema haben. Personen mit diesem Syndrom erfüllen meist drei subjektive Voraussetzungen – sie sind unsicher, die Erinnerungen sind für sie in sich plausibel und sie verspüren Erinnerungsdruck. Monika Wagener-Wender (2006: 240) unterscheidet zwei Modalitäten der Entstehung dieser Erinnerungen, die Konfabulation, bei der Erinnerungen aus verschiedenen eigenen Erinnerungen konstruiert werden und die Konfabulation – dort werden Erinnerungen durch Missinformation induziert. Sowohl Auslassungen als auch Einfügungen werden als real empfunden. Schmerzen aber auch Freude wahrer Erinnerungen und falscher Erinnerungen sind gleich. Die Frage, ob Kinder in einer solchen Interviewsituation lügen oder nicht ist daher nicht zu stellen.

Aspekt 4: Aussprechen des Gedachten

Mehrfach wurde auf diesen Abschnitt verwiesen: Wie verbinden sich Denken und Sprache zu einem vernünftigen Maß an Aussage? Über dieses Problem ist viel geschrieben worden (Whorf 1984; Wygotski 1987; aus didaktischer Sicht Wagenschein 1968), so dass auch hier wieder lediglich der Bezug auf das Interview beleuchtet werden kann.

Etwa im Alter von sechs Jahren sind Kinder in der Lage, Sprache sowohl in ihre Laut- als auch Bedeutungseinheiten zu zerlegen. Sie verwenden Regeln, die sie entdeckt und geübt haben. Laute werden zu Wörtern und die Wörter zu sinnvollen Sätzen kombiniert. Das sind die ›big points‹, um an einer kohärenten Unterhaltung, wie sie u.a. das Interview darstellt, aktiv teilzunehmen (Zimbardo/Gerrig 2004: 463). Das Lernen der Struktur von Sprache – Phonologie, Grammatik, Syntax, Semantik und Pragmatik – gelingt den meisten Kindern im wirklichen Wortsinn spielend. Jekaterina Protassowa (1991: 146) hat interessante Zusammenhänge zwischen Spielen und Sprechen erforscht. Während Kleinkinder sich noch im Handlungskontext „Ich spiele, das heißt, ich spreche" befinden, bietet sich bei Schulanfängerkindern bereits der Leitsatz an: „Ich spiele und ich spreche". Der Unterschied ist evident: Das Kind muss nicht mehr zu symbolischen Akten greifen, um sich verständlich zu machen. Die Sprache ist vom Lerngegenstand zum Instrument geworden. Noch deutlicher wird dies bei den Heranwachsenden, die bereits eine Zeitlang in die Schule gehen. Sieben- bis Zehnjährige haben verinnerlicht: „Ich weiß, was Spielen bedeutet, und ich weiß, was das Sprechen bedeutet". Helga Andresen (2005: 165) macht jedoch in diesem Zusammenhang deutlich, dass Kinder andere Kinder den Erwachsenen zum Spielen vorziehen. Gründe dafür sind, die erwünschte Illusion, die gespielten Rollen seien real, angemessen aufrechterhalten zu können. Für unseren Ansatz der Interviewgestaltung heißt dies aber, dass den Kindern durchaus bewusst ist, das „Gespräch" nicht einfach „spielen zu können". Daher ist es notwendig und gleichzeitig geboten, Kindern im Interviewkontext durchaus ein größeres Maß an Verantwortung zukommen zu lassen. Emanzipation kommt durch eigenes Tun, inklusive partiellen Scheiterns. Eine weitere Differenz von Vorschulkindern und Kindern, die etwa sieben Jahre oder älter sind, ist die Qualität mentaler Repräsentationen (Nelson 1996). Danach bauen sich junge Kinder durch eigene Erfahrungen oder/und durch Erzählungen von anderen eigene mentale Repräsentationen von Ereignissen und Sachverhalten auf. Die Differenzierungsfähigkeit des Vorschulkindes ist jedoch noch nicht so weit entwickelt, dass es zwischen dem selbst Erlebten und durch andere Erfahrenen unterscheiden kann. Andresen betont, dass dazu die differenzierte Information sprachlich kodiert werden muss (2005: 151).

Anders beim Schulkind – hier verfügt der Heranwachsende neben den mimetischen und den Ereignispräsentationen zusätzlich auch über sprachlich-mentale Repräsentationen und kann sprachliche Äußerungen anderer (z.B. Interviewfragen oder einleitende „Eisbrecherbemerkungen") in eigene mentale Repräsentationen integrieren. Dies ist ein weiterer Beleg, dass gehaltvolle Interviews eher mit Kindern im Schulalter stattfinden sollten. Der Ertrag einer Vorverlagerung von Interviews in die frühe Kindheit würde eher von Alternativfragen und kurzen, suggestiv „drehbaren" Aussagen gekennzeichnet werden, wobei die Möglichkeit von Ausnahmen – in beiderlei Richtung – durchaus denkbar ist.

Unbestritten sind es jene frühen pragmatischen Kompetenzen (aber auch die Einschränkungen), die in einem langen Prozess die Kinder in die Lage versetzen, „gezielt bestimmte sprachliche Ausdrücke zur Unterscheidung von Sprechakten zu verwenden, bis sie in pragmatisch völlig angemessener Art und Weise über

Dinge und Ereignisse reden, die nicht Teil der Sprechsituation sind und kompetent argumentative Handlungen ausführen können" (Grimm/Weinert 2002: 536). Wenden wir uns noch weiteren Gesichtspunkten zu, die im Zusammenhang mit dem Interview von Bedeutung sein können. Laura Berk (2005: 410) macht darauf aufmerksam, dass der Wortschatz Sechsjähriger bereits – individuell sicher verschieden – beachtlich groß ist, zwischen Beginn und Ende der Grundschule jedoch noch einmal um ein Vielfaches wächst. Diese Prozesse werden von Eltern und Lehrpersonen meist nicht in genügendem Maße wahrgenommen.

Tatsächlich stellten wir dieses Phänomen auch in unseren eigenen Forschungen fest (Trautmann/Schmidt/Rönz 2009; Steenbuck/Schmidt/Trautmann 2007). Während die Lehrpersonen unserer Begleitschule keine nennenswerten Sprachfortschritte der Kinder erkannten, waren sie von den Transkripten bzw. Videos der parallel stattfindenden Interviewsequenzen hochgradig erstaunt. Insbesondere beeindruckten sie die Sprechflüssigkeit, der elaborierte Code, die Aufteilung und Struktur der sprachlich übermittelten Gedanken und eine ganze Reihe dialektischer Momente in der Bewertung von Sachverhalten[15].
Zusätzliche Quellen der Erweiterung des Wortschatzes sind unter anderem strukturanalytische Aktivitäten bei komplizierten Wörtern oder die aus dem Lesen erfolgende Kontextaufnahme (Nagy/Scott 2000). Auch erste Definitionsableitungen helfen den Kindern, ihren Wortschatz zu erweitern. Offenbar müssen Kinder explizites Sprachwissen besitzen, um bewusst über Sprache reflektieren und erste Erklärungen von Sprachregularitäten abgeben können. Das ist nach Karmiloff-Smith (1992: 50) mit etwa acht Jahren der Fall.
Letztlich gestattet erst die Erkennung von Doppelbedeutungen den Kindern, auch subtile Metaphern zu verstehen und zu gebrauchen. Dabei kann es jedoch zu Überraschungen kommen.

Die Kinder unserer ersten Klassen hatten irgendwann und irgendwo einen Witz aufgefangen. Immer wenn Mitglieder der Forschungsgruppe in die Klasse kamen, Unterricht beobachteten oder Interviews durchführen, boten uns die Erstklässler/innen an, „einen neuen Witz" zu erzählen. Bedauerlicherweise klappte dies nie. Entweder hatten sie zwischenzeitlich den Text vergessen, oder sie verhaspelten sich, lachten sich beim Erzählen selbst fast „tot", verloren den

---

[15] Eine Reihe von Kindern dieser Schule kam in den Genuss, bereits ab Klasse 1 das Unterrichtsfach ›Philosophie‹ dargeboten zu bekommen. Obwohl sich der Verlauf dieses Angebotes zu Beginn als durchaus schwierig erwies, schienen die Kinder im Verlaufe der Zeit zunehmend aktiv zu profitieren. Sehr deutlich wurde dies in der Längsschnittstudie (Trautmann/Schmidt/Rönz 2009a) und insbesondere der Tatsache, dass Philosophieren vom Fach zum generellen Unterrichtsprinzip gemacht wurde. (Dittmer 2008)

Faden, setzten danach an völlig unpassender Stelle wieder ein oder zogen die Pointe vor bzw. stellten diese an den Anfang. Alle Erzähler/innen waren danach höchst unglücklich, wenn bei anderen der Witz nicht zündete. Diese Erstklässler agierten noch nicht auf der Ebene reflektierter und analytischer Sprachzugänge, die es ihnen erlaubten, die mehrfache Bedeutung von Worten richtig einzuschätzen.

Das aber führt zu einer grundlegenden Veränderung des kindlichen Humors und die Inflation von kursierenden Witzen (nunmehr mit wohl gesetzter Pointe), Scherzfragen oder Schüttelreimen. Gerade aber die souveräne Benutzung des Mediums Sprache für die Entäußerung des Gedachten bzw. Gefühlten ist die Basis jedes Interviews. Daher scheint es für den Einsatz des Interviews als Instrument in der Kindheits- und Biografieforschung, in der Soziologie, Psychologie und der Erziehungswissenschaft günstig, Kinder nach Schuleintritt als Probanden ins Auge zu fassen.

Grundbegriffe und -konzepte – Nach welchen Mustern verlaufen Interviews?

Interview, Exploration, Befragung oder Gespräch?

Bis hierher wurde vorausgesetzt, dass die Leserschaft sich mit dem anfangs definierten allgemeinen Begriff des Interviews zufrieden zeigte. An dieser Stelle soll der Begriffsinhalt erweitert werden. Zunächst sollen Exploration, Befragung, Gespräch und Interview auf ihre Potenzen hin untersucht werden. Danach sollen die wichtigsten methodischen Formen von Interviews analysiert und um ein eigenes Modell (Interviewkatarakt) ergänzt werden.

Schauen wir uns einige ausgewählte Definitionen für die vier kommunikativ orientierten Prozesse näher an.

„Befragung bedeutet Kommunikation zwischen zwei oder mehreren Personen. Durch verbale Stimuli (Fragen) werden verbale Reaktionen (Antworten) hervorgerufen. Dies geschieht in bestimmten Situationen und wird geprägt durch gegenseitige Erwartungen. Die Antworten beziehen sich auf erlebte und erinnerte soziale Ergebnisse, stellen Meinungen und Bewertungen dar. Mit dem Mittel der Befragung wird nicht soziales Verhalten insgesamt, sondern lediglich verbales Verhalten erfasst." (Atteslander 1995)

Mit dieser Definition könnte im Allgemeinen auch das Interview umrissen werden. Dennoch weist der Autor selbst an anderer Stelle darauf hin, dass der entscheidende Unterschied zwischen der alltäglichen und der wissenschaftlichen Befragung darin besteht, dass in letzterer der gesamte Prozess – von der Vorbereitung über die Durchführung bis zu den Auswertungen – unter theoriegeleiteten Kontrolle stehen muss (Atteslander 1995). Danach könnte Friedrichs Begriffsbestimmung des Interviews den Anspruch auf Wissenschaftlichkeit und kommunikativen Background vermitteln.

Interview ist ein planmäßiges Vorgehen mit wissenschaftlicher Zielsetzung, bei dem die Versuchsperson durch eine Reihe gezielter Fragen oder mitgeteilter Stimuli zu verbalen Reaktionen veranlasst werden soll. (Friedrichs, 1990)

Fast deckungsgleich hat sich Erwin K. Scheuch Anfang der siebziger Jahre des vorigen Jahrhunderts positioniert, wobei er das Interview immer auch als Forschungsinstrument verstanden wissen wollte (Scheuch 1973). Stärker auf den wissenschaftlichen Gehalt des Prozesses für die Wissenschaft macht Kessler aufmerksam. Danach ist ein Interview die zielgerichtete mündliche Kommunikation zwischen einem oder mehreren Befragern und einem oder mehreren Befragten, wobei eine Informationssammlung über das Verhalten und Erleben der zu befragenden Person im Vordergrund steht" (Köhnken 1992). Kessler grenzt an anderer Stelle das Interview – immer aus klinischem Blickwinkel heraus – von der Anamnese ab. Auch wenn dies für die Zielgruppe dieses Buches – mehr oder weniger gesunde Heranwachsende – nur partiell von Interesse ist, soll hier kurz darauf verwiesen werden. Die Anamnese ist allgemein die vom Patienten und/oder seinem Umfeld angegebene Vorgeschichte z.B. einer Krankheit. Sie dient der...

„...Sammlung von Informationen über vergangene und gegenwärtige Sachverhalte, die für die diagnostische Einordnung und therapeutische Indikationsstellung sowie für die strategische Therapieplanung von Bedeutung sein können." (Wittchen/Freyberger/Stieglitz 2001)

Davon abgeleitet kann für die Erziehungswissenschaft gelten, dass Interviews durchaus erziehungsanamnetische Elemente enthalten können. Schließlich können aus einem Interview bzw. einem Interviewkatarakt[16] sowohl aktuelle erzieherische Eingriffe bzw. mittelfristige Strategien abgeleitet werden.

Das Gespräch wird allgemein als „Prototyp mündlicher Kommunikation" bezeichnet. Es leitet sich aus dem lateinischen ›con loqui‹ ab, welches miteinander sprechen umschreibt (Kolloquium). Das griechische Wort Dialog hingegen zielt durch ›dia‹ (auseinander, durch, zwischen) auf die Gefahr des „Zerredens" ab. Das aus dem angelsächsischen kommende Interview (offenbar zurückgehend auf ›entrevue‹ – eine verabredete Zusammenkunft) wird aktuell eher als Methode der Sozialwissenschaft, oder noch spezieller als diagnostisches Instrument angesehen. In den USA ist der Begriffsumfang erweitert. Ein Interview ist dort auch ein helfendes Gespräch, etwa zwischen Sozialarbeitern mit ihren Klienten.
Grundsätzlich geht es im Gespräch um das Verhältnis von Sprechen und Sprachverstehen als beidseitige geistige Gemeinschaftsleistung. Freie Gespräche setzen die völlige Gleichberechtigung beider Partner voraus, die jedoch gewisse Rollenspezifizierungen und Schwerpunktverschiebungen zulässt. Es ist absolut partnerschaftlich konzipiert und symmetrisch in seiner Struktur. Dennoch sind Verlauf, Art und Weise und bestimmte Unterformen von Gesprächen von unterschiedlichen Strukturmerkmalen abhängig. Einige davon sind u.a. Redepartner, Themen, Redeformen, situativer Rahmen und der Grad der Formalität. Im Idealfall sind bei einem Gespräch diese konstituierenden Faktoren wechselseitig und störungsfrei aufeinander bezogen.
Im täglichen Leben – beispielsweise in der Schule werden sie mannigfaltig gebrochen. Daher kann bei Interviews mit Kindern – trotz aller Bemühungen –

---

[16] Über die Methode kataraktischer Interviews siehe Seite 97 ff.

nicht per se von einem freien Gespräch ausgegangen werden. Auch bezüglich der Gesprächspartner muss untersucht werden, ob es sich um eine wirkliche Partnerschaft handelt, oder ob Status und Rolle dem Gespräch von vorn herein eine andere Struktur geben.

„Im Unterricht der Schule sind die Rollen zwischen Lehrerin und Kindern scheinbar zementiert." (Trautmann 2001a: 113)

Der wesentlichste Grund dafür ist, dass sich über jedes Gespräch in der Schule ein „erzieherischer Rahmen" spannt. Selbst Pausengespräche werden oft davon beeinflusst. Zu unterscheiden sind diesbezüglich die unterrichtlichen und außerunterrichtlichen Gespräche, die informellen und formellen, die sich beide im Unterricht vollziehen, sowie die Einzel- und Gruppengespräche. Neben dieser Einteilung gibt es Unterscheidungen nach strukturellen Formen, etwa in der Unterscheidung zwischen Lehrgesprächen, freien Gesprächen, helfenden Beziehungen, Explorationen usw.

Um gleich eine weitere Abgrenzung vorzunehmen: Gespräch, Interview und Exploration unterscheiden sich ebenfalls, allerdings nur in einzelnen Schwerpunktsetzungen. Undeutsch sieht die Exploration als „eine mit psychologischer Sachkunde vorgenommene nicht standardisierte mündliche Befragung eines einzelnen Menschen durch einen einzelnen Gesprächsführer mit dem Ziel, Aufschluss zu erhalten über das Individuum und seine Welt" (Undeutsch in Köhnken 1992).
Die Soziologen, die Biografieforscher und die Erziehungswissenschaftler werden als Experten auf ihrem Fachgebiet das Ihre tun, um feinfühlig und mit professioneller Qualität die zu Interviewenden kommunikativ aufschließen, um von ihnen gerichtete Informationen zu erhalten. Grundsätzlich scheint bei allen Vorhaben, dass sie in einem Netz von wertschätzender Neugier erfolgen müssen. Vor schnellen und eindeutigen Ergebnissen in diesem Prozess warnt Atteslander jedoch nur zu Recht:

„Da alle sozialen Situationen, die wir kennen, äußerst komplex sind, wäre die Forderung, ein Interview müsse frei von Verzerrungen sein, absurd. Keine Befragung wird je ohne Beeinflussung sein, keine Antwort ohne Verzerrung gegeben werden können." (Atteslander 1995)

Strukturelemente von Interviews

Zunächst werden die wichtigsten Arten von Interviews kurz vorgestellt. Danach wende ich mich den grundsätzlichen Modalitäten zu, die in allen Interviewformen grundsätzlich zu finden sind. Abschließend sollen die strukturellen Unterschiede der wesentlichsten Interviewformen dargestellt werden.

Die drei großen Verfahrenstypen von Interviews sind jene direkten face-to-face Gespräche (PAPI), über die hier bereits tiefer eingegangen wurde. Darüber hinaus stehen Forschern telefonische Befragungen (CATI) und schriftliche Interviews, die postalische versandt und zurück geschickt werden (POINTE) zur Verfügung. Die Vor- und Nachteile aller drei Verfahren sind hier kurz zusammengestellt. CATI und POINTE werden im Verlauf dieses Buches jedoch nicht weiter erläutert.

Face-to-face Interview (PAPI = Paper-and-Pencil-Interview)
Vorteile:
- Laufende Kommunikation mit direkter Nachfrage- und Vertiefungsmöglichkeit.
- Verständnisfragen und prozessuale bzw. inhaltliche Unsicherheiten können sofort abgeklärt werden.
- Interviewsituation und Zielperson ist real, die geistige „Frische" kann sofort abgeschätzt werden.
- Der Einsatz von visuell unterstützenden Materialien ist unproblematisch.
- Die Befragungszeiten richten sich nach dem Fitnesszustand der zu interviewenden Person.
- Das Interview kann zusätzlich videografisch erfasst werden.
- Das Interview kann inszeniert werden (Fragenkomplexe, Vertiefungen, Filter).
- Die interviewte Person kann sich völlig auf ihre Antworten konzentrieren, braucht nicht selbst einen Bogen auszufüllen.
- Bei der Beantwortung der Fragen können alle Unterformen des Sprechens zutage kommen (spontanes, reaktives, imitatives usw.).

Nachteile:
- Hoher Zeit- und Arbeitsaufwand (Vorbereitung, Durchführung, Auswertung).
- Bestimmte Reaktionen auf die Interviewerin können zu Fehlern führen bzw. diese implizieren.
- Hohe Anforderungen an die Konzentrationsfähigkeit.
- Effekte sozialer Erwünschtheit sind nicht auszuschließen, gerade bei Interviews mit Kindern.
- Die Interviewerin kann durch bestimmte Fragekonstruktionen (erwünschte) Effekte erzielen.
- Die Anwesenheit weiterer Personen (Kamerafrau, Toningenieur) kann zu Blockierungen, Unruhe, fehlender Nähe und Ergebnisverzerrungen führen.

- Die Zeit für das Interview ist „endlich", eine Wiederaufnahme bzw. ein gedankliches Nachspuren meist nicht ohne weiteres möglich.

Telefonbefragung (CATI = computerassistiertes Telefon-Interview)
Dieses Interviewverfahren lässt sich theoretisch auch auf die Zielgruppe ›Kind‹ denken. In der Realität des Alltags jedoch kommt sie in Deutschland so gut wie nicht vor. Interessant ist dieses Vorgehen meist für die Meinungs- und Produktforschung, sowie für jene Gruppen, die große Probandengruppen interviewen müssen. Da eine flächendeckende face-to-face Befragung unverhältnismäßig teuer würde und fast die gesamte Bevölkerung inzwischen per Telefon unproblematisch erreichbar ist, wird sich diese Form in den nächsten Jahren weiter profilieren.
Vorteile:
- Hohe Effizienz durch geringen Aufwand bei umfänglichen Interviewmöglichkeiten.
- Quantitätseinbußen durch Probandenverweigerung können durch problemarme Erweiterung der Stichprobe aufgefangen werden.
- Effektivere Nutzung der Interviewzeit.
- Auch komplexe Fragestellungen können angeboten werden, da die Interviewten narrative Elemente einstreuen können.
- Viele Unterformen des Sprechens können abgebildet werden – Spontaneität, Reaktion und Imitation sind möglich.
- Der Einfluss der Interviewerin ist real, aber nicht prägend.
- Verständnis- und Bearbeitungsprobleme können thematisiert bzw. bearbeitet werden.
- In der freien Wirtschaft: Kostenfaktoren bleiben übersichtlich, auch durch einen multifunktionalen Einsatz der Interviewerinnen.
Nachteile:
- Eine hohe Dichte im Telefonnetz muss zwingend sein, daher in bestimmten Gebieten der Erde nicht durchführbar.
- CATI ist nur in einer bestimmte Zeitspanne durchführbar (10-25 min); danach steigen die Abbruchquoten signifikant an.
- Kein Auge in Auge Kontakt.
- Sprach- und Verständnisprobleme bei unterschiedlichen Begriffsdeutungen.
- Der zu interviewende Proband bleibt trotz Kommunikation „unsichtbar".
- Fakerate ist hoch.

Postalisch verbreitete schriftliche Befragung (POINTE – Postalisches Interview)

Auch dieses Interviewverfahren hat seine Berechtigung im Rahmen von Kinderinterviews. Während die Grundform von hohen Probandenzahlen ausgeht, werden in Schulen nicht selten klassen(-stufen-)weise solche schriftlichen Frage- bzw. Interviewbögen ausgeteilt, die die Kinder später bei ihrer Lehrerin abgeben oder die auf postalische Weise zum Interviewerteam zurückkommen. Allgemein sind die Rücklaufquoten sehr unterschiedlich, sie reichen von ca. 14 % bis über 80 %, wobei „freie" Interviews aus aktuellen Adressenverzeichnissen eher schlechtere Werte erzielen als Interviews mit fest definierten Gruppen, die unter Umständen vorher instruiert wurden.

Das Verfahren benötigt eine grundlegende Probandenkompetenz – schriftsprachliche Souveränität. Mittels verständlicher, übersichtlicher und strukturell guter Interviewbögen soll der Proband bzw. die Probandin motiviert werden, sich schriftlich zum gegebenen Problembereich zu äußern. Weitere Motivationsfelder sind die ästhetischen Gesichtspunkte des Bogens und das unabdingbare Anschreiben, in dem die Interviewerin kurz, prägnant und zielgruppengemäß ihre Absichten übermittelt und um Hilfe bittet.

Vorteile:

- Einmal entworfen, verursacht der Interviewbogen nur geringe Folgekosten – Porto und Rückporto.
- Mittels umfänglicher Verbreitung ist eine zielgruppenkonforme dichte Befragung möglich.
- Nach der Entwicklung des Interviewbogens, für den genügend Zeit eingeplant werden sollte, nehmen die Folgeaktivitäten eine nur geringe Zeit in Anspruch. Erst die Auswertung benötigt große Aufmerksamkeit (Kategorienbildung etc.).
- Die Interviewerin hat beim eigentlichen Befragungsakt keinen Einfluss mehr. Das kann positiv gesehen werden, im Einzelfall jedoch auch ein Manko darstellen[17].
- Durch die schriftliche Konstruktion der Fragestellung kann sehr präzise gearbeitet werden. Die Interviewerin muss nicht in kurzer Zeit eine Frage stellen bzw. auf ein Antwortmuster mit einer Folgefrage reagieren.
- Die zu interviewende Person kann sich für die Bearbeitung der Fragen Zeit lassen, genau nachdenken und Korrekturen vornehmen.

Nachteile:

- Ohne gesetzte Gruppen sind die Rücklaufquoten gering.

---

[17] Insbesondere dann, wenn die Fragenkonstruktion schwere strukturelle Mängel aufweist.

- Der Interviewbogen muss weitgehend selbsterklärend sein, da keine Nachfragen möglich sind. Darum muss auf die Ermittlung komplizierter bzw. vernetzter Strukturen verzichtet werden.
- Das Zeit-lassen-können der zu interviewenden Person kann mit dem Vergessen des Absendens einhergehen.
- Der rückkehrende Fragebogen enthält keine oder nur minimale Spontanelemente.
- Auftretende inhaltliche, formale oder das Verständnis betreffende Schwierigkeiten müssen ungeklärt bleiben. Diese führen sehr oft zur Blockierung der Rücksendung.
- Die korrespondierende Situation während des schriftlichen Interviews bleibt unklar – einschließlich korrespondierender Fragen, wie z.B.: Allein oder mit Hilfe verfertigt? Wer nahm wie Einfluss? Psychischer und physischer Zustand?
- Die Modalitäten und Gründe für nicht rücklaufenden Interviewbögen bleiben im Dunkeln.

Grundsätzliche Interviewphasen

Innerhalb des Interviews wird von unterschiedlichen Phasen ausgegangen. Sie ähneln den Hauptgesprächsphasen und haben unterschiedliche Funktionen bzw. überlappende Merkmale:

- *Begrüßungs- und Anwärmphasen*

Es ist davon auszugehen, dass sowohl Interviewerin wie auch die zu interviewende Person vor dem Beginn des Interviews gespannt sind. Diese Spannungen können sich sehr unterschiedlich kanalisieren. Verhaspler, schnelle flache Atmung, das Fehlen von Worten oder eine vergessene Begrüßung sind nur einige beobachtbare Aspekte. Da davon auszugehen ist, dass die Interviewerin hinreichend professionell das Gespräch führt, muss sie vorrangig so (re-)agieren, dass das Eis bricht und ein Gesprächfluss entsteht. Eine freundliche Begrüßung, Ermutigung, wertschätzende Einweisung in die Aufgaben und den Gesprächsanlass sind ebenso notwendig, wie sorgsame Achtung auf mögliche Verhärtungen, Blockierungszeichen oder zwischenzeitliche Bedürfnisse des Interviewten.

- *Arbeitsphasen mit Vertiefungs- und Erweiterungsetappen*

Haben die Interviewpartner Vertrauen zueinander gefasst, wird sich die Interviewerin zum „Kern" des Anlasses vorarbeiten. Bei leitfadengestützten Interviews wird dieser vorgegebenen Generallinie gefolgt, bei Bedarf auch narrative Ausweitungen zugelassen. Narrative Interviews hingegen haben von vorn herein einen breiteren Ansatz.

- *Richtungswechsel oder Scheidewegphasen*

Inmitten einer Arbeitsphase kann es zu Situationen kommen, die dem „Herkules am Scheidewege" ähneln. Beide Partner – nicht etwa nur die Interviewerin, auch wenn dies im ersten Augenblick so scheint – haben die Verantwortung für den Richtungswechsel oder die Veränderung von Themengewichtungen.

- *Auftauch- und Luftholphasen*

Interviews sind anstrengend für beide Seiten. Die interviewte Person muss zum Beispiel bei der Sache bleiben, sich konzentrieren, um Fragen richtig zu verstehen, ihre Gedanken ordnen und regelgerecht versprachlichen, auf nonverbale Zeichen achten und Haltung bewahren. Die Interviewerin muss hochkonzentriert sein und – wenn irgend möglich – aktiv zuhören, zur rechten Zeit die rechte Frage stellen und unmerklich das Gespräch lenken, um ihren Absichten gerecht zu werden. Daher benötigen die Interviewpartner wenige, aber dezidiert gesetzte Pausen, ohne dass der Spannungsbogen des Interviews an sich unterbrochen wird. Auftauchphasen werden u.a. gesetzt, wenn das interviewte Kind sich in einer Schilderung verrannt hat, auf einen kommunikativen Nebenstrang gerät und/oder zunehmend redundant spricht. Luftholphasen setzt die Interviewerin, wenn das Kind dezidiert darum bittet oder sie das Gefühl hat, dass nach einem ›Break‹ die Konzentration wieder erhöht werden kann. In seltenen Fällen bricht die Arbeitsatmosphäre nach einer Luftholphase ein. Die Interviewerin sollte danach nicht noch einmal auf das eben angesprochene bzw. besprochene Thema zurückgehen, sondern einen thematischen Neuansatz vorschlagen.

- *Kampf- und Auseinandersetzungsphasen*

In Gruppeninterviews zwischen Erwachsenen – etwa in den unvermeidlichen Talkshows – kommt es durchaus oft zu Unstimmigkeiten. Diese können spontan, aber auch inszeniert sein. Interessanterweise machen sie meist das Credo einer solchen Veranstaltung aus. Andauernder Konsens ist offenbar langweilig. Im Zusammenhang mit Kinderinterviews stimmt das bedingt ebenfalls. Ausschließliches Erzählen ermittelt zum Beispiel nicht die dem Kind aktuell wichtigen Lebensfragen. Die Interviewerin sollte daher in ihrem Leitfaden oder der narrativen Reizwortliste einige wenige provokative Fragen und Ansätze vorbereiten. Ihrer Professionalität ist es geschuldet, ob sie diese punktuell so setzen kann, dass die Gesprächspartner/innen darauf produktiv einsteigen – und mehr bzw. Tieferes von sich preisgeben. Grundsätzlich können derartige Fragen auch zu einer partiellen Blockierung des Partners kommen – bis hin zum Beleidigt-Sein.

- *Auflösungs- und Verabschiedungsphasen*

Nach einer gewissen Zeit ist entweder „die Luft raus" oder die vorher für das Interview geplante Zeit abgelaufen. Es kann auch sein, dass sich der

Themenbereich erschöpft hat oder der Leitfaden „aufgedröselt" ist. Kinder zeigen körpersprachlich sehr deutlich, wenn es angeraten ist, die Methode zu wechseln (Beinwackeln, Handgestik, unstet-suchende Blicke, Rutschen auf dem Stuhl, Fragen: „Dauert das noch lange?") und die Interviewerin ist gut beraten, solche Signale ernst zu nehmen. Nach unseren Erfahrungen kommt ein „Durchpeitschen" der Restfragen zu keinem substanziellen Resultat. Eine freundliche Verabschiedung, ein (nicht überschwänglich formulierter) Dank und gegebenenfalls die Begleitung zurück zur Gruppe schaffen ein gutes Gefühl, welches das Kind aus dieser Situation mitnimmt.

Interviewformen

Alle Interviewformen gehören zu den qualitativen Methoden. Diese stellen sich die Aufgabe, subjektiv gemeinte oder „objektive" Sinnstrukturen zu rekonstruieren. So genannte Tiefeninterviews, in anderen Literaturen auch als Intensivinterviews bezeichnet, orientieren sich an der Psychoanalyse. Sie sollen eher unbewusste Prozesse und Motive der Befragten aufklären helfen. In narrativen Interviews erhebt der Forscher seine Daten mittels Erzählungen der gesamten Lebensgeschichte oder einzelner relevanter Episoden aus dem Leben der Gewährsperson. Die hier bereits mehrfach erwähnten Leitfadeninterviews verfolgen mittels ihrer Fragen einen bestimmten roten Faden, der sich im Einzelfall jedoch durchaus einengend auf die Situation und die Ergebnisbreite auswirken kann.

Die grundsätzliche Kritik am Interview bzw. an qualitativer Forschung richtet sich daher auch zentral auf die Frage, ob die dort eher kleinen Untersuchungsgruppen verlässlich breite Datenmengen liefern können. Im Gegenzug wird den quantitativen Methoden der Vorwurf gemacht, ob Menschen überhaupt losgelöst von ihrer Umwelt und Biografie hinreichend untersucht werden können. Weitere kritische Ansätze sprechen bei quantitativen Erhebungen von methodischen Kunstwerken (Artefakten), bei denen die Individualität der Versuchspersonen keine Rolle spielt. Auch die inzwischen durch verfeinerte Forschungsansätze partiell überwundenen Schwerpunktsetzungen sollen erwähnt werden. In qualitativer Forschung müssen die Methoden zum Interessengegenstand passen. Bei quantitativen Ansätzen dominierte nicht selten in der Vergangenheit der Gegenstand die Methoden. Letztlich wird in quantitativen Ansätzen der Forschungsgegenstand in Variablen zerlegt. Damit nimmt der ganzheitliche Blick selbstredend Schaden, noch dazu, wenn er aus dem alltäglichen Kontext gerissen wird.

Ausgangspunkt für die Einteilung der nahezu in unübersichtlichen Varianten existierenden Grundformen von Interviews muss Jean Piagets „Klinische Methode" des Interviews genannt werden. Sie gilt als Klassiker der Kinderinterviews und war auf die kindliche Sicht auf die Welt und ihr Verständnis gerichtet. Piaget gab dabei die erste Frage vor und griff die kindlichen Antworten auf, die er mit der nächsten ad hoc Frage quittierte. Ein solches Vorgehen verlangt eine hohe kommunikative Kompetenz und das Vermögen, sich in die Denk- und Vorstellungswelt der zu interviewenden Kinder hinein zu versetzen. Andererseits löste diese Methode eine ganze Reihe kritischer Reaktionen aus. So bleibt das Kind in diesem Prozess immer ein Defizitsubjekt, weil die kindlichen Repräsentationen an denen der Erwachsenen gemessen werden. Piaget nahm im Verlaufe dieser Interviews die in seinem Sinne inadäquaten Antworten der Kinder nicht auf – er nahm sie oft nicht einmal kommunikativ zur Kenntnis. Für ihn ist das Kind auch keine Gewährsperson, er würdigt das Gesagte in „wahr" und „nicht wahr". Inzwischen wissen wir, dass die kindlichen Repräsentationsformen durchaus ihren Eigenwert besitzen[18].

Da es sich bei den inzwischen entwickelten Interviewformen um eine fast unübersehbar große Anzahl handelt, können an dieser Stelle lediglich einige Grundformen näher beschrieben werden. In vielen Wissenschaftsbereichen haben sich zudem Spezial- und Sonderformen von Interviews entwickelt, die sich von den Standardformen teils gewaltig, teils unmerklich unterscheiden. Im Folgenden wird eine kleine Anzahl von Interviewformen lediglich nach bestimmten Kategorien zusammengestellt.

Das voll standardisierte Interview
Dem Namen nach besitzt die Interviewerin, aber auch vielfach die zu interviewende Person beim voll standardisierten Interview kaum individuellen Spielraum. Ziel der Methode ist es eine größere Probandengruppe vergleichbar und wiederholbar zu befragen. Voraussetzung dafür ist ein höchst sorgfältig konstruierter und in einem Prätest untersuchter Fragebogen. In diesem liegen Inhalt, die Anzahl und die Reihenfolge der Fragen fest und sind von der Interviewerin präzise abzuarbeiten. Sind in dem Verfahren zusätzlich auch Antwortkategorien vorgegeben, besitzt der Proband wie eben angemerkt kaum Spielraum, erklärende, abweichende oder zusätzliche Informationen abzugeben.
Damit ist diese Form für ihre Benutzung bei Kindern von vorn herein problematisch. Sie hat lediglich bei bestimmten Ermittlungen im Zusammenhang mit den Heranwachsenden Bedeutung. Viele Intelligenztests kann man in gewisser Weise als voll standardisierte Interviews ansehen. Verbreitet sind Einzel- und Gruppeninterviews, aber auch Telefoninterview und so genannte Panelbefragungen sind beschrieben.
Der Ablauf von voll standardisierten Interviews ist fast immer deckungsgleich. Lässt der Fragebogen eine Begrüßung zu, so folgt danach eine kurze Instruktion,

---

[18] Für Interessierte: vgl. Piaget 1926/1930, S. 97

auf die sofort die Frage-Antwort-Interaktion folgt. Meist wird auf Pausen verzichtet und die Interviewerin führt sehr straff. Mitunter wird im Manual des Fragebogens sogar vorgeschrieben, wann und ob Nachfragen erlaubt sind bzw. wie diese als Antwortmuster zu erfolgen haben. Eine kurze Verabschiedung ohne Bilanzierung beendet das Interview.

Da in diesem Verfahren die Qualität und Stringenz des Fragebogens über den Erfolg maßgeblich entscheidet, seien hier dessen wesentliche Bestandteile benannt. Nach einem Einführungstext sind exakt aufeinander bezogene und in einer vorgegeben Reihung sortierte Fragen aufgeführt. Dabei wurde den Formulierungen und dem Frageinhalt bzw. der Fragerichtung hohe Aufmerksamkeit gewidmet. Meist sind bereits vorformulierte Antwortmuster an die Fragen angedockt. Voll standardisierte Interviews können persönlich, postalisch und telefonisch durchgeführt werden. Zumeist werden Meinungen und Einstellungen, selten Ereignisse und Verläufe abgefragt.

Die Einsetzbarkeit des voll standardisierten Interviews bei Kindern wurde bereits eingeschränkt. Hinzu kommen einige Kritikpunkte, die sich generell auf das Verfahren richten. Nachvollziehbar ist, dass die zu interviewenden Subjekte kaum Einfluss auf den Verlauf und die Ergebnisse haben können. Es werden weder die Gründe noch die Ursachen bestimmter, erfragter Konstrukte in Augenschein genommen. Noch konkreter – das Interview behindert die Gesprächsbereitschaft eher, als es diese fördert.

Teilstandardisierte Interviewformen

Sie unterscheiden sich durch die partielle Auflösung der vorgegebenen Vorgehensregeln (Standards), denen sie genügen müssen. In der Praxis kennen wir sie als Leitfadengespräche und so genannte Intensiv- bzw. Experteninterviews. Auch wenn statt einer zu interviewenden Person eine ganze Gruppe befragt wird bzw. miteinander ins Gespräch kommt, werden statt strenger Standardisierungen oftmals nur Teile davon formalisiert (Gruppeninterview).

Alle teilstandardisierten Verfahren beinhalten gut vorbereitete, bereits vorformulierte Fragen, deren Abfolge eher offen gehalten wird. Die Generallinie ergibt sich aus dem Gesprächsverlauf. Darüber hinaus (bzw. stattdessen) sind Gesprächsleitfäden eine praktikable Möglichkeit.

Das Leitfadeninterview

Auch das Leitfadeninterview folgt einer vorher überlegten Inszenierung – wenn auch der formale Ablauf in höherem Maße abweichen kann. Die Differenzen zum voll- und/oder anderen teilstandardisierten Interviews bestehen im Grad der offenen Fragestellungen. Das bedeutet, es kann sowohl zu prinzipiell offenen, wie auch zu halboffenen Erkundigungen kommen, die nur durch einzelne Vorgaben strukturiert werden. Verbreitet sind Themenlisten, welche bearbeitet werden und die durch so genannte Schlüsselfragen konturiert sind. Derart gelockerte Fahrpläne machen die Interviewerin ebenso frei und flexibel in der Gesprächsführung, wie die interviewte Person dies gestattet. Der Ertrag sind unstandardisierte Antworten, die meist durch kleine oder größere narrative Sequenzen durchsetzt sind (wenn die Interviewerin dies zulässt). Das gebräuchlichste Medium zur Sicherung dieser Antworten (aber auch der Fragestellung) sind Ton-, seltener Videoaufzeichnungen, die später transkribiert werden. Der Ablauf gestaltet sich individuell – allgemein sind Begrüßung und motivierende Einstimmung zu finden, seltener auch Zielorientierungen durch die Interviewerin. Danach wird gemeinsam ein Ansatz für den Einstieg in die Leitfadenfelder gesucht und sich danach konzentrisch oder innerhalb einer Abfolge vorgearbeitet. Strenge Leitfäden mit vielen Schlüssel- und wenigen Entscheidungsfragen „hängen" eher an einem roten Faden als Ansätze, die bewusst die Interviewperson die Drehungen und Wendungen des Interviews mitbestimmen und -gestalten lassen.

Das Leitfadeninterview ist für die Arbeit mit Kindern hervorragend zu benutzen. Grundsätzlich impliziert es dem zu Interviewenden Erkenntnisinteresse (an der Sache, an der Personen, an den Episoden, an der besuchten Institution usw.). Das Kind kann als partieller Experte unbeeinflusst Auskünfte erteilen, seiner Meinung Kontur verleihen und bei Nachfragen Vertiefungen anbieten. Doch auch in diesen Prozessen steht und fällt die Qualität des Interviews durch die Kommunikationskompetenz der Interviewer/in. Bei zu starker oder gar statischer Anlehnung an den Leitfaden wird eine bürokratisch anmutende Atmosphäre des *Abfragens, Antwortens* und *Abhakens* vorherrschen. Versäumt es die Interviewerin, auf aktuell sich ergebende Probleme oder Neuigkeiten einzugehen (die sie gar nicht realisiert bzw. mangels individueller Vorbereitung gar nicht auf der Agenda hat) leidet die Qualität des Interviews ebenfalls substanziell. Auch suggestive Fragen haben – gerade bei jüngeren Kindern – eine höchst verfälschende Wirkung. So kann es im Verlaufe des Interviews zu mehreren „Drehrichtungswechseln" kommen, die sich aus der Differenz zwischen hergeleiteten Meinungen und Überzeugungen und unsauberen Suggestionsfragen ergeben. Letztlich verstehen es Kinder aber auch hervorragend, mit allerlei kommunikativen Spielen (Berne 1994) die Interviewerin über den Tisch zu ziehen. Das Resultat ist dann meist ein individuell durchaus nettes Alltagsgespräch ohne jegliches Resultat für eine kategoriale Auswertung. Auch das Phänomen, dass am Ende eines so genannten Leitfadeninterviews ein Kind über die Interviewerin mehr und detaillierter Bescheid weiß, als jene über das Kind, ist unschwer in der Praxis auszumachen. Gerade wenn Interviewer/innen noch Erfahrungen sammeln ist es ratsam, solche Prozesse durch Supervision zu begleiten.

Unstrukturierte Interviewformen

Das bewusst gesetzte Fehlen einer Struktur darf nicht mit Strukturlosigkeit im Sinne von ›laissez faire‹ gleichgesetzt werden. Generell gilt: ein Fragebogen mit viel Aufwand ist rasch abgearbeitet. Ein Leitfaden, der offener gehalten ist bedarf einer hohen Aufmerksamkeit und sauberer Reaktionen während des Interviewvorganges. Für unstrukturierte Interviewformen – das narrative Interview, Experteninterviews oder so genannte informelle Gespräche, die auch mit Gruppen angelegt werden können – gilt es, nicht nur ein hohes Maß an Flexibilität ins Interview selbst mitzubringen, sondern geradezu perfekt (auf alles Mögliche) vorbereitet zu sein. Es bedarf einer hohen Professionalität, mit dem Interviewpartner zielgerichtet die Strukturlosigkeit flexibel aufzulösen. Das Ziel solcher Ansätze kann es nicht sein, Meinungsbilder zu vergleichen, sondern die sehr individuellen Meinungsstrukturen – in ihren originären Sinnzusammenhängen kommentiert – näher zu erfassen. Die Rolle der Interviewerin kann es daher nicht sein, das Wort zu ergreifen (und es womöglich nicht mehr loszulassen, sondern nach den Eingangsimpulsen vorrangig zuzuhören, Äußerungen des Befragten aufzugreifen und in strukturelle Bahnen zu lenken.

Das narrative Interview (Schütze 1987)

Ziel des narrativen Interviews ist es, durch wenige, globale Fragen, komplexe Informationen und Erzählkategorien hervorzulocken. Insbesondere die Zusammenhänge von individuellen Erlebnissen können damit verdeutlicht werden. Narrative Interviews mit Kindern sind eher selten und bedürfen einer eingehenden Vorbereitung. Mitunter werden Vertrauenspersonen als Interviewer/in eingesetzt, um das Kind zu einer dicht erzählten Erlebnisversion zu ermutigen.

Im Ablauf stellt die Interviewerin nach kurzer Begrüßung (*Anwerbephase*) meist nur eine Eingangsfrage (*Aufforderungsphase*), unter Umständen mit einer *Motivationsepisode* verbunden. Im Idealfall entwickelt nun die interviewte Person als Experte seiner selbst eine umfängliche, ausführliche, und nach Möglichkeit ungestörte *Stegreiferzählung* (Haupterzählung inklusive Gestaltschließung, Kondensierung, Detaillierung). Am Ende des Interviews kann die Interviewerin noch einmal vertiefend nachfragen (*Nachfragephase*), bevor sie die Sitzung schließt (*Bilanzierungsphase*).

Seine Grenzen liegen in der Abhängigkeit von der einzelnen Gewährsperson, der großen Intensität der Auswertung und der Wahrscheinlichkeit, dass nicht alle Phasen umgesetzt werden können. Narrative Interviews mit Kindern gestalten sich schwierig, da die Interviewerin mit der Methode in ein besonderes Verhältnis gelangt, welches von Intimität und großer Vertrautheit gekennzeichnet ist. Da Kinder lediglich über ein begrenztes Reservoir an Erlebnissen verfügen und diese zum Teil noch unreflektiert vorliegen, können die generellen Ziele der

Methode nur partiell in Augenschein genommen werden. Dennoch eignen sich narrativ gestaltete Abschnitte innerhalb anderer Formen hervorragend, um Daten zu erhalten.

Das episodische Interview (Flick 2007)

Ziele des episodischen Interviews sind zunächst die Rekonstruktion von Erfahrungen über soziale Wirklichkeiten. Dabei liegt der Fokus auf ganz bestimmten, wohl unterschiedenen konkreten Erfahrungssituationen. Zumeist werden alltägliche Routinen komparativ zwischen unterschiedlichen Gruppen verglichen. Die Interviewerin darf im Interviewprozess intervenieren und/oder durch Fragen und Bemerkungen steuernd eingreifen. Dennoch wird angestrebt, narrativ-episodisches und semantisches Wissen der Interviewten im offenen Dialog abzubilden.

Der allgemeine Ablauf beginnt mit einem informierenden und motivierenden Entree der Interviewerin (*Information*). Danach gibt sie eine konkret gerichtete *Erzählaufforderung* an die zu Interviewenden weiter. In deren *Haupterzählung* werden Fragen eingestreut, die Einstellungen, Erwartungen und Forderungen der Probanden offenbaren. In einem abschließenden *Kontextprotokoll* können die entstandenen Unterschiede und Gemeinsamkeiten näher betrachtet und unter Umständen erörtert werden.

Die Grenzen des Ansatzes liegen in der Auswahl der Probandengruppen und der Qualität ihrer Interaktion. Darüber hinaus findet manche Untersuchungsperson keinen Zugang zu eigenen episodischen Reflexionsniveaus.

Episodische Interviews lassen sich mit Kindern ohne gravierende Probleme führen. Da die meisten Heranwachsenden in Bildern denken, können diese gut aufgenommen werden, sofern sich die sprachlichen Kompetenzen so weit entwickelt haben, dass der erzählend-episodische Horizont und die notwendigen semantischen Koproduktionen miteinander in Einklang stehen.

Das Puppenspielinterview

Da in diesem Buch jene Interviewformen im Fokus stehen, die mit Kindern zu tun haben, muss das Puppenspielinterview einen gebührenden Platz einnehmen. Es hat sich in der Diagnostik, aber auch im erziehungswissenschaftlichen und sexualpädagogischen Bereich etabliert. Ziel und das Besondere ist die Ausblendung der Interviewerin als Person und ihre Stellvertretung durch eine (oder mehrere) Handpuppe(-n). Die Fragen der Interviewerin sind dann nicht direkt an das Kind gerichtet, sondern werden medial übertragen. Damit wird es in die Lage versetzt, auch wenig(-er) akzeptierte Gefühle zu übermitteln und sich partiell aus der Erziehungssituation[19] heraus zu denken.

Der Ablauf des Puppenspielinterviews ähnelt der Grundform von Leitfadeninterviews. Die Puppe übernimmt – meist nach der *Begrüßung* des Kindes durch die Interviewerin – die Initiative. Sie kann – durch eine Episode, aber auch durch direkte Ansprache – die Aufmerksamkeit und das Kommunikationsbedürfnis des Kindes auf sich ziehen. Nach einer *Vorstellung* und einem *warming up* gehen die beiden Protagonisten einen Leitfaden durch oder widmen sich komplexen Situationen, unter Umständen unter Zuhilfenahme weiterer Mitspieler. Die Interviewerin kann in die Kommunikation (mit veränderter Stimme) eingreifen und geeignete Schritte zum weiteren Vorgehen unterbreiten. Sie kann Puppen rufen und verabschieden. Am Ende wird allen Beteiligten gedankt, unter Umständen eine *Vereinbarung* getroffen und *Bilanz* gezogen.

Die Grenzen des Ansatzes sind Teile des Vorteils. Da das Puppenspielinterview dem Kind eine partielle Entspannung erlaubt, kann es im Laufe des Interviews auf eine fantastische Ebene abrutschen. Das Spiel wird dann durch das Kind variiert und die Aussagen beziehen sich nicht mehr auf das eigene Sein. Besonders hohe Anforderungen werden an die Puppenführung gestellt. Die Interviewerin darf keinesfalls die Puppe als ihren verlängerten Arm benutzen, sondern muss mehrdimensional agieren. Da das Puppenspielinterview eine ungeheure Eigendynamik entwickeln kann, ist es keinesfalls von Laien auszuüben.

Wie breit (und teils unübersichtlich) sich die Kategorienbildung hinsichtlich von Interviews derzeit zeigt, sei an zwei abschließenden Beispielen illustriert. Der Kindheitsforscher Burkhard Fuhs (2000) macht den Vorschlag, Interviews nach der Erinnerungsleistung zu ordnen. Danach haben situationsnahe Interviews, die fast ausschließlich das unmittelbare Erinnern in den Fokus nehmen eine geringere Wertigkeit als Sequenzinterviews, die zusammenhängende Handlungsketten widerspiegeln. Höhere Wertigkeiten besitzen danach lebensweltliche Interviews, die bereits situationsübergreifende Aspekte bearbeiten und danach biografische Interviews, welche auch längere Zeitabschnitte thematisieren. Meines Erachtens ist Burkhard Fuhs oberste Kategorie, die symbolischen Interviews unter Verwendung nonverbaler Mittel, nicht mehr ausschließlich auf sein Ordnungsprinzip Erinnerungsleistung bezogen. Unsere praktischen Erfahrungen besagen, dass Kinder auch in Sequenzinterviews deutliche, nonverbale Einschübe praktizieren. Weitere Erschwernisse des Modells zeigen sich im hohen Interpretationseifer

---

[19] Eine Erziehungssituation ist per se eine durch Kommunikation bestimmte Interaktion zwischen einem Heranwachsenden und einer erwachsenen Person.

Erwachsener, die sofort auf die mögliche Kindperspektive rekurrieren, und aus den höchst individuellen Möglichkeiten der Kinder, Erlebtes zu reflektieren.

„Andere" Interviewformen

Da in der Literatur eine ganze Reihe von Bestimmungskategorien existieren, sollen hier einige der Begriffe in das oben bezeichnete Dreierschema aus standardisierten, halb- und nichtstandardisierten Formen eingefügt, und mit einigen erklärenden Worten näher bezeichnet werden.

- *Tiefen- oder Intensivinterviews*[20] sind meist psychologisch orientierte Leitfadengespräche mit diagnostischen bzw. therapeutischen Zielen oder/und im Rahmen einer Beratungssituation. Der Interviewer ist im Tiefeninterview vor allem auf der Suche nach Bedeutungsstrukturierungen, die dem Befragten möglicherweise nicht bewusst sind. Psychologen bedienen sich ihrer, um ihre Exploration zu vervollständigen und Hypothesen entwickeln zu können. Trotz ihres hohen zeitlichen Aufwandes, der geringen Vergleichbarkeit der Ergebnisse und der sehr hohen Anforderungen an die Interviewerin ist die Methode unverzichtbar für die Fallarbeit. Das Vorgehen ähnelt dem allgemeiner Leitfadeninterviews, allerdings werden neben den allgemeinen Forschungsfragen oft sehr spezifische Fragestellungen und unter Umständen Hypothesen generiert. Bei der Entwicklung des Interviewleitfadens entstehen unabdingbar zu stellende Schlüsselfragen und Eventualfragen. Fast alle Fragen sind offen gehalten. Die Interviewerin soll die Kommunikation professionell managen, Sach- und Beziehungsebenen zu trennen wissen, hoch aufmerksam und sensibel gegenüber den (non-)verbalen Signalen sein und die Anonymität der Interviewperson sichern. Bei der Fixierung des Interviews ist das Tonband immer der Mitschrift vorzuziehen. Besonderer Wert kommt im Intensivinterview dem Nachfragen zu. Dabei sind Äußerungen des Interviewpartners so zu wiederholen, wie man sie als Interviewerin verstanden hat. Damit kann geprüft werden, ob das eigene Verständnis dem Gesagten(Gemeinten) der befragten Person entspricht. Konkretisierungen können durch Beispiel, Umschreibung oder Illustration initiiert werden. Besonders Widersprüche sollen thematisiert und nach kausalen Abhängigkeiten befragt werden. Mediale Hilfsmittel – Zeichnungen, Skizzen, andeutende Gebärden – sind zulässig.

---

[20] erweitert nach Lamnek, S. (2005)

- Mit dem so genannten *rezeptiven Interview*[21] stellte Kleinig (1988) eine qualitative Interviewform vor, in der in besonderer Weise auf Alltagstechniken rekurriert werden soll. Seiner Meinung nach wird diese noch nicht ausreichend wissenschaftlich genutzt werden. Die differenzierenden Aspekte gegenüber anderen Interviewformen sind hier vorrangig das *Zuhören* – im Gegensatz zum Fragen-stellen sowie das *Verdeckte Interview* – um die bei Interviews gegebene Reaktivität möglichst auszuschließen oder mindestens zu vermindern. Kleinig definiert das rezeptive Interview dabei wie folgt: „Das rezeptive Interview ist die Aufnahme einseitiger, alltäglicher Mitteilungen nach wissenschaftlichen Regeln zur Exploration von Sachverhalten". Drei Definitionselemente sind dabei charakteristisch: die einseitige Kommunikationsbeziehung, die Alltäglichkeit des Verfahrens und die Exploration. Der Forscher kann im rezeptiven Interview durchaus Vorstellungen haben, die seinen Blick auf bestimmte Phänomene richten, diese sind jedoch mit einem allgemeinen Vorverständnis und nicht mit theoretischen Hypothesen zu umschreiben. Da sich der Forscher hierbei als interviewender Beobachter und beobachtender Interviewer aber zurückhält und keine antwortproduzierenden Fragen stellt, ist die Form des rezeptiven Interviews die offenste und am wenigsten prädeterminierende Form aller qualitativen Interviewformen. In Interviews mit Kindern stößt dieses Verfahren selbstredend an seine Grenzen. Die sehr einseitige Kommunikationsbeziehung verwirrt vor allem junge Heranwachsende, die noch stark auf Signale des Zuhörenden reagieren, verbindende Worte, Impulse oder Zwischenfragen benötigen und/oder anderweitig eine eher gleichgewichtige Kommunikation voraussetzen. Die Alltäglichkeit des Verfahrens – setzen wir einmal voraus, dass das fast ausschließliche Zuhören durch Kinder auch adäquat als dieses gedeutet wird – und die Exploration hingegen sprechen fast uneingeschränkt für die Nutzung des Verfahrens.
- Das *Experteninterview*[22] ist durch einige spezifische Anwendungsfelder bestimmt. Der Befragte als Person ist dabei nur sekundär interessiert. Vielmehr wird er in seiner Eigenschaft als Experte für ein bestimmtes Handlungsfeld interviewt. Meuser und Nagel (2002) setzten sich mit Experteninterviews als spezieller Anwendungsform von Leitfaden-

---

[21] (Kleinig 1988: 1; zitiert nach Lamnek 2005: 373)
[22] kommentiert nach Flick, U. (2007); direkt weiterführende Literatur: Bogner, A.; Litting, B. & Menz, W. (Hrsg.) (2002): Das Experteninterview – Theorie, Methode, Anwendung. Opladen: Leske & Budrich.

Interviews gründlich auseinander. Experteninterviews werden dabei in der Regel als Leitfaden-Interviews durchgeführt, da die in der Definition von Bogner und Menz (2002: 46; Flick 2007: 215) in ihrer Funktion beschriebenen Experten häufig nur unter einem gewissen Zeitdruck befragt werden können. Weiterhin schränkt die Konzentration auf den Status des „Sachverständigen" in einer bestimmten Funktion bei der Anwendung des Experteninterviews die Bandbreite der potenziell relevanten Informationen, die der Befragte „liefern" soll, deutlicher als bei anderen Interviews ein. Experteninterviews können, folgt man der Typologie von Bogner et al. (2002: 36-38), mit drei unterschiedlichen Zielsetzungen eingesetzt werden: zur Exploration, als systematisierendes Experteninterview und als theoriegenerierendes Experteninterview. Eingesetzt werden kann es als eigenständiges Verfahren, als Ergänzung zu anderen Methoden oder als komplementäres Verfahren im Nachgang zur eigentlichen Erhebung. Der theoretische Hintergrund des Experteninterviews ist die Rekonstruktion subjektiver Sichtweisen in einem spezifischen Ausschnitt. Im Kontext des Interviewzuschnittes auf Kinder scheint ein Experteninterview nicht geeignet. Dagegen sprechen mehrere gewichtige Fakten. Kinder gelten erstens allgemein nicht als Experten für bestimmte Bereiche. Ich würde dagegen halten – doch – zumindest für ihr originäres Kindsein. Zumindest die Kindheits- und Biografieforschung und die Erziehungswissenschaft haben sich inzwischen darauf eingelassen, kindliches Expertentum in den Blick zu nehmen und zu diskutieren. Zweitens muss bei Interviews mit Kindern immer (und ohne jedwede Ausnahme) die kindliche Persönlichkeit im Gesamt in den inhaltlichen und kommunikativen Blickwinkel genommen werden. Ein pars pro toto gibt es mit Heranwachsenden nicht. Damit fallen die zwei letztgenannten Typologieaspekte weg.

- Das *fokussierte Interview*[23] wurde in den 40er Jahren im Zusammenhang mit Kommunikationsforschung und Propagandaanalyse von Robert Merton, Patricia Kendall u. a. entwickelt (Merton & Kendall 1979 zitiert in Hopf 2007). Bei dieser Interviewform ist die Fokussierung auf einen vorab bestimmten Gesprächsgegenstand bzw. Gesprächsanreiz von elementarer Bedeutung. Dieser Gegenstand bzw. Anreiz kann beispielsweise ein Film sein, den die Befragten gesehen haben, ein Artikel, den sie gelesen haben oder eine soziale Situation, an der sie Teil hatten und die auch den Interviewern bekannt ist. Bereits hier bietet sich diese Form für Kinder und Jugendliche an. In der Erziehungswissenschaft

---

[23] Hopf 2007: 353

wird das fokussierte Interview beispielsweise angewendet, wenn Heranwachsende Aussagen zur Qualität ihres Unterrichts tätigen sollen. Fragen zum Einsatz bestimmter Methoden und Medien können ebenso eine Rolle spielen wie das Erleben bestimmter kommunikativer Elemente der Lehrerin oder von Mitschülern. Das Prinzip von Streitschlichtern beruht zu einem Teil auf fokussierten Interviews. Dabei werden zunächst die aktiv Beteiligten, danach die passiven Zeugen und/oder die Schüler, welche eingriffen, einzeln befragt. Zentral für diese Form des fokussierten Interviews ist der Versuch, Reaktionen und Interpretationen im Interview in relativ offener Form zu erheben. Ob dies gelingt, hängt von der Atmosphäre ebenso ab, wie von der aktuellen Emotionalität der Beteiligten – des zu interviewenden Kindes und dem Partner.

- Das *problemzentrierte Interview*[24] ist eine Variante des narrativen Interviews und zielt auf eine möglichst unvoreingenommene Erfassung individueller Handlungen und subjektiver Wahrnehmungen sowie Verarbeitungsweisen gesellschaftlicher Realität. Seine Instrumente sind ein Kurzfragebogen, der zur Ermittlung der Sozialdaten des Befragten dient, ein Leitfaden für die Forschungsthemen als Gedächtnisstütze und ein Orientierungsrahmen zur Sicherung der Vergleichbarkeit der Interviews. Darüber hinaus sind einige Frageideen zur Einleitung einzelner Themenbereiche und eine vorformulierte Frage zum Gesprächsbeginn enthalten. Die so genannten Ad-hoc-Fragen ergeben sich aus Stichworten im Leitfaden und werden notwendig, wenn bestimmte Bereiche ausgeklammert wurden. Zur Dokumentation dienen eine im Allgemeinen von den Befragten akzeptierte Tonbandaufzeichnung und die unmittelbar nach dem Gespräch erstellten Postskripte. Das problemzentrierte Interview ist ein „diskursiv-dialogisches Verfahren", das die Befragten als Experten ihrer Orientierungen und Handlungen begreift, die im Gespräch die Möglichkeit zunehmender Selbstvergewisserung mit allen Freiheiten der Korrektur eigener oder der Intervieweraussagen wahrnehmen können. Um seinen eigenen Erkenntnisfortschritt zu optimieren, kombiniert der Interviewer das Zuhören mit Nachfragen. Wir haben uns diese Praxis in vielen Interviews mit Kindern zueigen gemacht und partiell verändert.
- Das *Dilemma-Interview*[25] ist im Vergleich zu anderen teilstandardisierten Interviews in den Fragevorgaben und der Abfolge der Fragen relativ

---

[24] Witzel, A. 1985: 227-255
[25] erweitert nach Hopf, C. 2007: 352

stark festgelegt. Die Interviewerin präsentiert eine Erzählgrundlage. Der Interviewpartner muss nun Vorgehensweisen entwickeln, die auf moralischen Urteilen basieren[26]. Es entwickelte sich als Interview-Variante in der Tradition von Jean Piaget und Lawrence Kohlberg und dient insbesondere der Erfassung unterschiedlicher Stufen moralischen Urteilens. Bei der Auswertung der Dilemma-Interviews wird versucht, die Strukturen des Urteilens zu erfassen. Mit einem Katalog standardisierter Fragen und Nachfragen (Oser/Althoff 1992: 172 f.) sollen die jeweiligen Begründungen der Befragten so ausführlich und differenziert erhoben werden, dass die einzelnen Begründungen im Prozess der Interview-Auswertung unterschiedlichen Niveaus moralischer Urteilsfähigkeit zugeordnet werden können. Dilemmainterviews sind ein besonders gern und oft verwendeter Bestandteil von Längsschnittuntersuchungen in der Erziehungswissenschaft. Besonders in letzter Zeit werden Dilemmainterviews im Kontext des Philosophierens mit Kindern und Jugendlichen (PmKJ) genutzt, um Erträge sokratischer Gespräche oder „thinking in stories" abzubilden (Matthews 1992; Martens/Schreier 1994; Calvert 2008).

- Das *Dialogkonsens-Verfahren*[27] ist allgemein den subjektiven Theorien zuzuordnen. Es handelt sich dabei um ein Verfahren in zwei Schritten. Im ersten Schritt werden im Interview inhaltliche Konzepte erhoben, die in einem zweiten Schritt verknüpft in einer Grafik angeordnet werden. Die grafische Darstellung wird von der Versuchsperson selbst kreiert. Es entsteht hierbei ein Regelwerk, welches die im ersten Schritt gewonnen inhaltlichen Konzepte abbildet (Gastager 2007: 7). Die Visualisierung und vor allem die Kategoriebildung(-en) der im Interview geäußerten Denk-Richtungen erbringen für die Gewährsperson selbst, aber auch für die Interviewerin eine Klärung auf höherer Ebene. Gerade für Kinder ist ein solches „Vor-Augen-führen" des Gesagten für Zusatzinformationen und/oder neue Denkprozesse von großer Wichtigkeit. Die gemeinsame (Re-)konstruktion ist dann abgeschlossen, wenn sich die Untersuchungspartner einig sind – und zwar im Rahmen der Vollständigkeit, Richtigkeit, Zeitlichkeit und Darstellung. Dieses visualisierte Abbild der so genannten Innensicht von Kindern hat bei unseren eigenen Forschungen eine große Rolle gespielt und konnte in verschiedenen Phasen gewinnbringend angewandt werden (Trautmann/Schmidt/Rönz

---

[26] In den einzelnen Erzählvorgaben werden Entscheidungsprobleme vorgestellt. Das wohl bekannteste Beispiel hierfür ist das Heinz-Dilemma. Es geht um Medikamentendiebstahl in einer Notsituation. Die Befragten sollen immer begründet Stellung nehmen.
[27] basierend auf Bauer 2008

2009). Den Kindern half diese Konstruktion ihrer Aussageschwerpunkte, diese differenzierter zu kommunizieren bzw. die Differenz zwischen Gesagtem und Gemeinten zu klären bzw. zu minimieren. Das letzte Wort im Prozess des Dialogkonsens-Verfahrens hat – der „Sinnkonstituierung" durch den Handelnden entsprechend – die interviewte Person selbst. Die ist insbesondere dann notwendig, wenn die Dialogpartner sich nicht auf eine gemeinsame Sichtweise bzw. Interpretation einigen können (Lehmann-Grube 2000: 74 zit. in Bauer 2008: 80). Die Partner stehen in beiden Schritten in einem fortdauernden Dialog um ihre jeweiligen Sichtweisen darzulegen. Es wird stets das Ziel verfolgt, einen Konsens zu bilden[28].

- Das *biografische Interview*[29] hat – gerade auch in der Erziehungswissenschaft – eine hohe Popularität erlangt, da es als ideales Erhebungs- und Auswertungsverfahren zur Analyse der Vorgänge gilt, welche auch in den Sozialwissenschaften und der Pädagogik von hoher Relevanz sind. Dies sind meist institutionelle Verlaufsmuster, welche sich in quasi allen Lebensläufen finden – Bewältigungs- und Erleidensprozesse (Verlaufsformen), Motive, Handlungsintentionen und -schemata sowie Wandlungsprozesse. Die Grundlagen des biografischen Interviews sind ähnlich denen der Leitfadeninterviews (insbesondere des Experten- und problemzentrierten Interviews). Im Rahmen der qualitativen Bildungs- und Sozialforschung zielen alle diese Erhebungsverfahren vor allem darauf, Narrationen und Stegreiferzählungen über die soziale Handlungspraxis anzuregen. Bei Kindern darf meist der Umfang der Erzählungen und biografischen Rekonstruktionselemente nicht zu hoch angesetzt werden. Dennoch werden bei Interviewpartnern, die bereits über ein solides Maß an Reflexions- und Erinnerungsvermögen – gekoppelt mit sprachlicher Klarheit – verfügen, sehr interessante Ergebnisse erreicht (Riemann 2001: 217).
- Die Gelegenheiten für ein *Ethnographisches Interview*[30] entstehen häufig spontan und überraschend aus regelmäßigen Feldkontakten. Spradley (1979: 58 f.) definiert dazu folgendermaßen: „Am besten stellt man sich ethnographische Interviews als eine Reihe von freundlichen Unterhaltungen vor, in die der Forscher langsam neue Elemente einführt, um Informanten darin zu unterstützen, als Informanten zu antworten. Die ausschließliche Verwendung solcher ethnographischer Elemente oder

---

[28] für Interessenten zum Vertiefen: Scheele; Groeben, N. 1988
[29] nach Nohl, A.-M. 2008
[30] angelehnt an Spradley 1979 und 1980

ihre zu schnelle Einführung wird dazu führen, dass aus Interviews formale Befragungen werden. Die Beziehung wird sich im Nichts auflösen und Informanten beenden möglicherweise ihre Kooperation." Legt man diese begriffliche Näherung zugrunde, kommt diese Form für Interviews mit Kindern nicht in Betracht, zumindest wenn wir nicht in geografisch differente Felder gehen. Dennoch bleibt der Ansatz selbst dann interessant, wenn wir – in Großstädten mit hohem Migrantenanteil – zur Kenntnis nehmen, dass Kinder dort in sehr abweichenden Lebenswelten aufwachsen. In der Tat können Interviewkatarakte (vgl. das gleich lautende Kapitel in diesem Buch) von Kindern sehr differenzierte und fundamentale Aussagen zum Aufwachsen und Alltagsleben, zum Fremd- und Anderssein, aber auch zur Integration und Zugehörigkeit erbringen. In Abgrenzung zu den oben genannten „freundlichen Unterhaltungen" beinhalten Ethnographische Interviews nach Spradley (1979: 59-60) durchaus einen expliziten Zweck des Gesprächs. Das können ethnographische Erklärungen sein, in denen der Interviewer sein Projekt oder/und die Aufzeichnung bestimmter Äußerungen darlegt und ethnographische Erkundungen – beschreibende, strukturelle und kontrastive Fragen. Durch eine möglichst offene Rahmung stellt sich bei dieser Methode das allgemeine Problem der Herstellung und vor allem der Aufrechterhaltung von substanziellen Interviewsituationen. Kombiniert wird die Methode vor allem mit Feldforschungs- und Beobachtungsstrategien.

Nach dieser kurzen Kennzeichnung von Interviewformen, stünden logischerweise nun prinzipielle Auswertungsmethoden der Interviews zur Prüfung an. Benannt werden könnten unter anderen folgenden qualitativen Auswertungsverfahren:

- ➤ Hermeneutik
- ➤ Sozialwissenschaftlich-hermeneutische Paraphrase
- ➤ Objektive Hermeneutik
- ➤ Globalauswertung
- ➤ Psychoanalytische Textinterpretation
- ➤ Phänomenologische Analyse
- ➤ Sprachwissenschaftliche Verfahren (z.B. Diskursanalyse, Textanalyse, Analyse der Paraphrasierung usw.)
- ➤ Induktion
- ➤ Kodierung
- ➤ Qualitative Inhaltsanalyse

- ➢ Komplexe Inhaltsanalyse
- ➢ Typenbildung

Diese und andere Verfahren werden in der qualitativen Sozialforschung in großer Anzahl beschrieben[31] und würden – selbst bei nur kleiner Auswahl – den Rahmen dieser Veröffentlichung mühelos sprengen. Daher soll an dieser Stelle auf ein eigenes Kapitel dazu verzichtet werden. Stattdessen sollen weitere Unterscheidungskategorien für Interviews angerissen werden.

Kategorien im Prozess der Interviewdurchführung

Nachdem die Interviewformen hinsichtlich ihrer Standardisierungsdichte in ein System verortet wurden, will ich den Schwerpunkt der Betrachtung nun auf die Interviewdurchführung legen. Auch hier gibt es eine schier unübersehbare Fülle an Vorschlägen.

„Innere" Vorgehensweise

Im Allgemeinen werden diesbezüglich drei unterschiedliche Formen benannt. Das *neutrale Interview* legt die Schwerpunkte auf die aktive Erforschung von Meinungen und das produktive Suchen von Informationsketten unter Mithilfe des interviewten Kindes. Es herrscht sozusagen Waffengleichheit der Kommunikationspartner. In der Praxis baut die Interviewerin meist eine wertschätzende, freundliche Gesprächatmosphäre auf und führt persönlich, aber sachbezogen durch den Prozess. Es ist hilfreich, eher distanzierter vorzugehen, als von vorn herein eine zu große Beziehung zum Kind aufzubauen. Nicht wenige Anfänger versuchen, durch besonders „kumpelhafte" Art die Heranwachsenden zu aktiven Gesprächpartnern zu machen. Unseren Erfahrungen nach ist eher das Gegenteil der Fall. Wir haben eine ganze Reihe von Drittklässlern nach ihrem Interview durch Studierende gefragt, wie sie deren Professionalität als Fragensteller/innen einschätzen würden. Wir haben diese Aussagen später mit dem Video des Interviews verglichen. Zudem baten wir eine nicht an den Interviews beteiligte Gruppe von Studierenden, uns ihre Meinung über die Professionalität der Interviewer zu sagen. Interessanterweise deckten sich die Aussagen der Kinder und der Stu-

---

[31] für Interessenten:
- Lamnek, S. (1995): Qualitative Sozialforschung. Band 2. Methoden und Techniken. (3., korrigierte Auflage). Weinheim u. Basel: Beltz.
- Mayring, P. (2002): Einführung in die qualitative Sozialforschung. (5., überarbeitete und neu ausgestattete Auflage). Weinheim u. Basel: Beltz.
- Meuser und Nagel (1997)
- Prengel, A.; Friebertshäuser, B. (Hg.): Handbuch Qualitative Forschungsmethoden in der Erziehungswissenschaft. Weinheim und München.: Juventa.

dierenden fast aufs Haar (Bamberg/Schröder/Trautmann 2008: 50 ff.). Danach wollten die Kinder zwar alle interviewt werden, präferierten jedoch fast durchweg jene Kommunikationspartner, die ihnen freundlich, bestimmt und respektvoll entgegentraten, gute Fragen stellten („Wo man auch nachdenken kann.") und den Kindern Zeit zum Überlegen ließen bzw. nicht dazwischen fragten.

Das *weiche Interview* hingegen ist ein festgelegter Begriff. Das Gespräch wird vorrangig von den Grundprinzipien der Gesprächspsychotherapie bestimmt. Von der Interviewerin wird eine betont einfühlsame, entgegenkommende und emotional beteiligte Gesprächsführung abverlangt. Ziel des weichen Interviews ist es, dem „Patienten" Sprech-, Denk- und Erinnerungshemmungen zu nehmen und ihn zu ermutigen, substanzielle und aufrichtige Antworten zu geben. Viele Laien im Kommunikationsbereich verwechseln – auch *nach* der Lektüre grundlegender Begleitliteratur – die Begriffe ›weich‹ und ›freundlich‹. Das weiche Interview bedarf einer souverän auftretenden, sich selbst stark zurücknehmenden Fachperson, die kommunikativ kompetent, diagnostisch versiert und variantenreich den Patienten aufzuschließen vermag. Sie muss allerlei kommunikative Spielarten (Berne 1994) beherrschen und unter anderem transaktionale Prozesse kennen und bewusst einsetzen. Freundlichkeit ist dazu notwendig, allein jedoch nicht hinreichend.

Das *harte Interview* schließlich wird nicht im therapeutischen Bereich eingesetzt. Vielmehr ist es sowohl im Journalismus, aber auch in der Kriminalistik und im Justizsektor „zu Hause". Selbst der Kriminalfilm zeigt – mitunter verkürzt, selten real und nahezu immer mit instrumentellen Fehlern – das Prinzip ›good cop versus bad cop‹. Dieser böse Polizist geht stets autoritär bis aggressiv fragend ins Gesprächsfeld. Die Reaktionen des Gegenübers werden genau beobachtet und oft im Zusammenhang mit den Antworten anzweifelnd kommentiert. Der Interviewer hält das Tempo der Befragung hoch. Das bedeutet eine sehr rasche Abfolge von Fragen – auch auf die Gefahr hin, partiell mit Kettenfragen oder Fragekaskaden (vgl. Kapitel ›Fragen – Fragestellung – Fragefehler‹) nicht die Antwort in den Mittelpunkt zu stellen. Verhärtet sich der Aussagewillen der zu interviewenden Person (Trotz, Überforderung, Stress, Selbstmitleid, Aggression, Ersatzhandlungen usw.) gilt es, diese Abwehrmechanismen auszuschalten. Oft wird mittels Rollkommunikation dem Interviewten kaum Zeit zum (Nach-) Denken gelassen. Leugnungsversuche werden konsequent unterbunden, auch scheinbar korrekte Angaben wieder und wieder auf den Prüfstand gestellt. Dazu kommen Aussagen im Stile einer „springenden Schallplatte" – „Lügen Sie nicht" … „Sie sitzen in der Klemme" … oft auch mittels einer Ich-Botschaft: „Ich an Ihrer Stelle würde jetzt eine Aussage machen." Der „gute" (im Sinne von freundliche) Polizist hat in dieser Inszenierung die Aufgabe, einige Aussagen seines Kollegen abzumildern, gut zuzureden, Verständnis zu signalisieren und dennoch in der

Sache – nämlich eine wahrheitsgemäße Aussage zu machen – konsequent zu bleiben.

Aus diesen wenigen Aspekten ergibt sich bereits hier, dass harte Interviews bei Heranwachsenden prinzipiell keinen Raum haben[32]. Kindern würde dieser Stil und Ton von vorn herein den Mund verschließen. Es sei daher noch einmal vor extremen emotionalen Ausbrüchen seitens der Interviewer/in gewarnt. Dabei ist es zweitrangig, ob sich diese schmerzvoll („Es bricht mir ja das Herz, was du hier berichtest."), vorwurfsvoll („Das will ich doch gar nicht wissen, was du hier ablässt.") oder auch euphorisch („Waaaahnsinn ... so was Aufregendes ... erzähle rasch weiter ... wie spannend!") gefärbt sind. Das Kind wird aus seinem Gedankenkreis katapultiert, denkt über die neue basale Zwischeninformation nach und verliert wahrscheinlich den Faden.

Anzahl der zu Interviewenden

Die Einteilung nach der Anzahl der Interviewproband/innen ist im Kontext der Phasierung bereits angeklungen. Es wird zwischen *Einzel-* und *Gruppeninterview* unterschieden. Einzelinterviews nehmen dem zu Interviewenden den Gruppendruck und die personellen Verpflichtungen. Gruppeninterviews ermöglichen simultane Befragungen und den partiellen Austausch von Meinungen. Dabei entsteht sowohl Konkurrenz, als auch eine interdependente Initiativ- und Erinnerungssituation. Darüber hinaus gibt es so genannte *Gruppendiskussionsverfahren*, die sich in praxi meist als Expertenrunden ohne spezifischen Interviewer zeigen. Der Vorteil ist das nicht hierarchische ›brainstorming‹, welches die Breite, den Wirkungsgrad, die Tiefe und die Überzeugungskraft von Meinungen, Argumentationsketten oder Beweislagen testet.

Kontaktart

Hinsichtlich der Kontaktart wird zwischen *persönlichem, schriftlichem* und *telefonischem* Interview unterschieden. Im gleich lautenden Abschnitt wurde bereits in diesem Buch dazu Stellung genommen.

Anzahl der Interviewer

Meistens handelt es sich bei Interviews, die auch als solche benannt werden, um *Einzelinterviews*. Tandem-Interviews bestehen aus zwei Interviewern, die sich mit einer Gewährsperson befassen. Diese Methode ist heikel, schafft sie doch stets ein Übergewicht auf Seiten der Fragenden. Auch ohne den Einsatz der *harten Interviewvarianten* wird sich bei vielen Interviewpersonen Unsicherheit

---

[32] Von Interviews mit jugendlichen Intensivtätern unter konkreter Verdachtssituation einmal abgesehen.

breitmachen. Kinderinterviews sollten daher nach Möglichkeit nicht mit zwei aktiv Fragenden besetzt werden. Wozu aber dann Tandem-Interviews? Sie kommen in der Ausbildung zum Einsatz, wenn Novizen ihre „ersten Schritte" als Interviewer gehen und unter Umständen unsicherer sind, als ihr Gegenüber. Auch in der Supervision oder in Testkontexten wird die Methode gewählt. Als besondere Form gelten so genannte *Sandwich-Interviews*, wo sich zwei Interviewer/innen aus unterschiedlichen Themenbereichen dem zu Interviewenden nähern.

Aber auch *Hearings* sind dem Grunde nach Interviews – in Einstellungsgesprächen, Senatsanhörungen oder bei Professurbesetzungen. Grundsatz ist, dass sich eine heterogene Gruppe – mehrere Personen, die in einem gemeinsamen Arbeitsfeld tätig sind und/oder Entscheidungen treffen müssen – über eine Person, dessen Arbeit, seine Qualifikation oder seinen Sachverstand kundig machen.

Essenzielle Elemente von Interviews

Jedes Interview ist einzigartig. Selbst mit exakt demselben Leitfaden verlaufen Interviews mit zwei unterschiedlichen Menschen höchst eigenartig. Selbst zwei eineiigen Zwillingen offenbaren sich trennende Momente bei gleicher Fragestellung im gleichen räumlichen und zeitlichen Kontext (Rönz 2008). Es ist daher zu fragen, ob es prinzipielle Bausteine von Interviews gibt. Allgemein wird zwischen Makro- und Mikroplanung differenziert. In der *Makroplanung* sollte der zu bestreichende Themenbereich festgesetzt werden und danach wesentliche Möglichkeiten und Hauptrichtungen einer wahrscheinlichen (gewünschten und sich perpetuierenden) Ausdifferenzierung antizipiert (vorausbedacht) und unter Umständen auch durchgespielt werden. Erst danach kann eine Rang- und Reihenfolge erstellt werden, welche die Struktur des Interviewleitfadens bestimmen sollte. Auch hier sei vor einer Formalisierung des Verfahrens gewarnt. Auch im Interviewverlauf gilt: Der Mensch denkt und Gott (wahlweise die Situation, der Partner, die Zeit, die Erinnerung, äußere Einflüsse oder der Stromausfall) lenkt.

Elemente der *Mikroplanung* beschränken sich auf die endgültige Spezifizierung der Inhalte und die bindend präzisierten Fragenformulierungen. Die Mikroplanung sollte der Makroplanung nachgeordnet sein und sich zeitlich kurz vor der eigentlichen Untersuchung bewegen – jedoch nicht „fünf Minuten vor der Angst". Erfahrene Interviewerinnen verzichten meist darauf, Fragen präzise vorzuformulieren. Das bedeutet jedoch nicht, dass sie keine Mikroplanung absolviert haben. Vielmehr wissen sie sehr genau die abzufragenden Komponenten und können die Vernetzungsmöglichkeiten im Gespräch unmittelbar aktivieren. Dieses globale Vorgehen sei Interviewnovizen jedoch nicht empfohlen. Das folgende Beispiel zeigt, was eine ungenaue Fragestellung aufgrund ausgefallener Mikroplanung anrichten kann.

I.:	„Ich freu' mich auch, dass wir jetzt eigentlich mal hier sein können, in unserem Seminar mit Herrn T. Den kennt ihr ja schon. Und heute sind wir also gekommen, die Studenten, und wir wollten eigentlich heute, wir wollen und werden das auch tun, und wollen mit euch sprechen, beziehungsweise ich werden das tun. Mein Name, ich habe mir auch so ein Schildchen wie ihr gemacht, ist Markus M. Und ich bin auch ein bisschen aufgeregt im Moment, ich weiß auch nicht warum, das ist doch auch irgendwo ganz schön spannend. Vielleicht geht es dir auch so. Wir brauchen uns nicht beeindrucken zu lassen, auch nicht von der Kamera – hier das da. Da können wir beide ja mal winken. Wink mal in die Kamera. Da sind wir beide nämlich schon einmal auf dem Bild drauf."
K.:	„Hmmmm"
I.:	Und der Herr T. hat mir auch einige Sachen gesagt, was dich interessiert, über ..., worüber ihr sprechen wollt, und ich hab' mir daraus ausgesucht, eigentlich ein Thema, na ich dacht', ich sag' 's mal so: Freunde und Freundschaft. Und ich hab' mir vorgestellt, am Anfang überlegen wir beide jetzt jeder mal so 'ne gewisse Zeit lang, was uns dazu einfällt, ah, einfällt. Und wir beginnen dann einfach mit so einer Art Pingpong ...du sagst mal ganz kurz einen Satz so dazu, was dir dazu einfällt, so 'nen Gedankenblitz, eine Idee. Und wenn dir dazu absolut gar nichts einfällt zu dem Thema, dann sagst du einfach weiter. Ja. Und das ist gar nicht schlimm. Also überleg mal und, was du mit Freundschaft, Freunde, was du damit verbindest, mit dem Thema. Und da würd' ich sagen, fangen wir mal an.
K.:	„Zusammen spielen" ...(denkt nach)
I.:	(unterbricht) „Zusammen spielen, ja. Und nun lass uns mal darüber reden, jeder von uns beiden hat bestimmt Freunde, glaube ich. Und man hat auch, sagt man immer so schön, einen besten Freund. Aber was zeichnet so Freunde denn überhaupt aus, ansonsten noch? Wie sollen die eigentlich sein? Und das machen wir beide jetzt einfach so. Wir fangen einfach mal an. Fang mal an."
K.:	„Womit?"
I.:	Na, wenn du einen Freund hast. Hast du so 'nen Freund, sagen wir mal so? Erzähl doch jetzt mal so von deinem besten Freund, jetzt einfach. Jetzt hast du ja beschrieben, was du mit ihm tust, erzähl doch mal davon von eurer beider Freund-

schaft, vielleicht auch von jemandem, den du aus deiner Klasse
kennst oder auch von außerhalb. Hm, wollen wir darüber mal
sprechen?

K.:   „*Wovon?*"

I.:   „*Na, kennst du nun einen Freund oder nicht? Ich meine, wenn*
du keine Freunde hast, dann können wir das doch hier beenden
oder? Ich hab doch nur gefragt, ob du jemanden kennst, den du
kennst und ob der vielleicht dein Freund ist. Es kann auch ein
Mädchen sein. Freunde sind auch Mädchen, da ist gar nichts
dabei ...

Ich glaube, wir können das Interview auf sich beruhen lassen. Offenkundig wurde eine Makroplanung durchgeführt. Eine Mikroplanung fand jedoch nicht statt und der Interviewer verheddert sich in seiner eigenen Nicht-Vorbereitung, macht sprachliche und stilistische Fehler und beachtete nicht das Sprechverhältnis. Man könnte meinen, der Junge „horcht" den Interviewer mit seinen Fragen aus, getreu dem Ansatz: „Wer fragt, führt das Gespräch". Einige der hier gemachten (weiteren) Fehler sind Interviewanfänger/innen sicher vertraut, wenn auch nicht in dieser Schärfe. Es gibt eine ganze Reihe von Checklisten, Anleitungen und ›to do‹-Aufstellungen für einen ordnungsgemäßen Interviewverlauf. Einige davon wollen wir einmal näher ins Auge fassen.

Zunächst muss den Urhebern von Untersuchungen – gleich welcher Art – immer bewusst sein, dass jegliche Interviewsituation stets eine „künstliche" ist. Niemals findet ein solches Gespräch im nicht inszenierten Originalzusammenhang statt. Damit sind alle sekundären Minenfelder präsent. Das Interview kann zu einer kommunikativen Frage-Antwort-Szene verkommen. Das „einseitige Ausfragen" kann zu einer „Einsilbigkeit der Antworten" geraten, zumal, wenn die Interviewerin selbst nichts preisgeben mag bzw. darf und/oder kann. Diese Asymmetrie der sozialen Beziehung ist per se ein Dilemma, in welches die Methode direkt führen kann. In der Interaktion mit Kindern muss man die beiden Schwierigkeiten ins Auge fassen und in ihren Wirkungen gering halten. Wenige korrespondierende Bemerkungen, Hinführung zu den Leitfragen oder eine nonverbalwertschätzende Kommunikation in der Phase der Kinderantworten bewirkt bereits einiges. Auch lässt es sich meist einrichten, dass sich Interviewerin und das/die interviewte/n Kind/er einander nicht mehr ganz fremd sind. Vorbereitende Besuche, Hospitationen, Kontaktgespräche und das Studium geeigneter Dossiers sind in diesem Prozess hilfreich. Schließlich muss noch erwähnt werden, dass im Normalfall ein Interview sozial eher folgenlos bleibt, was im Zusammenhang mit Kindern und Jugendlichen so nicht anzunehmen ist. Denn erstens gehen die Kinder wieder in ihre soziale Gruppe (peers) hinein und müssen dort

90

unter Umständen „Farbe bekennen". Zweitens erhalten die interviewten Personen – so lange nicht die gesamte Gruppe als Gewährspersonen zur Verfügung stehen – durchaus einen Sonderstatus. Drittens schließlich kann – ob gewollt oder nicht – das Ergebnis von Interviews durchaus direkten Einfluss auf das weitere soziale Gefüge der Gruppe oder der Institution haben. Wenn beispielsweise die Lehrerin erfährt, wie kritisch einige ihrer Schülerinnen ihre didaktische Kompetenz bewertet haben, wird sie sich im Rahmen des Weiteren schulischen Zusammenseins mit hoher Wahrscheinlichkeit verändert zeigen. Wie – das soll hier nicht weiter vertieft werden.

Jürgen Bortz und Nicola Döring (2006) beschreiben eine dieser Checklisten (Bouchard 1976). Während einige der Fragen allgemein für jedes Interview gelten können, lassen sich einige davon direkt auf Kinder spezifizieren.

1. Ist jede Frage erforderlich?

Diese Frage allein ist stundenlange Diskussionen wert. Sie antizipiert die Wahrscheinlichkeit, überflüssige Fragen zu stellen, auf Nebenschauplätze zu gelangen und damit Zeit und Aufmerksamkeit zu vergeuden. Dennoch legen professionelle Interviewer/innen auch einmal eine völlig „quer" stehende Frage in den Strom des Interviews hinein, um neue Denkweg anzuregen. Bei Interviews mit Kindern sollte sehr genau darauf geachtet werden, denn deren Aufmerksamkeitskoeffizient ist begrenzt. Weniger ist mehr. Und eine gute Fragetechnik wiegt deren Quantität immer auf.

2. Enthält das Interview Wiederholungen?

Wir dürfen nicht zu rasch „ja" oder „nein" sagen bzw. hektisch am Leitfaden basteln. Grundsätzlich darf es keine Wiederholungen geben, wenn sie nicht im Drehbuch eine gewichtige Rolle spielen. Wenn Kinder eine wesentliche Einschätzung tätigen sollen, kann diese im ersten Drittel des Interviews stehen, und am Ende aus einem anderen Zusammenhang noch einmal erbeten werden. Sonst aber sind Kinder in diesem Fall brutal: „Das hast du mich schon mal gefragt" bzw. „Das hab ich dir doch schon gesagt".

3. Kann man die zu erfragenden Informationen auch auf eine andere Weise erhalten?

Einzelinterviews sind mit hohem Zeit-, Personen- und Materialaufwand behaftet. Für unreflektierte Aussagen oder eine Strichliste weiche man eher auf schriftliche Formen aus. Für statistische Informationen halte man sich an die Klassenbücher.

4. Sind alle Fragen einfach und eindeutig formuliert und auf einen Sachverhalt bezogen?

Eine essenzielle Frage. Dennoch sind unserer Erfahrung nach die Auffassungen über „einfach" und „eindeutig formuliert" sehr differenziert. Selbstverständlich dürfen keine Fragefehler (vgl. Abschnitt· Fragen – Fragestellung – Fragefehler) auftreten. Letztendlich bleibt jedoch immer ein Restrisiko. Schaut uns das Kind mit großen Augen an, scheint unsere einfache und eindeutig formulierte Frage das Hirn des Kindes nicht erreicht zu haben. Viel interessanter ist die Frage – was dann? Hektisches Nachsteuern bringt im Allgemeinen einen noch größeren Wirrwarr. Ein fragetechnischer Neuansatz schafft mitunter das ersehnte Aha-Erlebnis. Unserer Erfahrung nach ist ein Umlenken auf die Beispiel- oder Fallebene oft hilfreich, da dem Kind eine andere Verstehensperspektive angeboten wird.

5. *Sind die Fragen zu allgemein formuliert?*

Zweifellos werden im Leitfaden Fragen auftauchen, die zu einer spezifischen Sache hinführen sollen. Selbstredend müssen diese so allgemein sein, dass sie das Kind aufnehmen kann. Gleichzeitig müssen sie jedoch auch so konkret abgefasst sein, dass sie jedes Interviewkind aus seinem Erfahrungsfeld heraus bearbeiten kann. Verstöße dagegen enden oft im Schweigen oder in einer konfusen Allgemeinplatzdiskussion um die „Rolle der Bedeutung".

6. *Kann der Befragte die Fragen potenziell beantworten?*

Nicht nur die Erziehungswissenschaft geht davon aus, dass jeder Mensch hochgradig individuell ist. Insofern ist diese Frage eher überflüssig. Sie richtet sich an den Interviewer, seinem Gegenüber keine Fragen zu stellen, bei denen dieser ausschließlich spekulieren muss, deren Hintergrund er nicht kennen kann und/oder für die er kognitiv, emotional und/oder strukturell noch nicht kompetent auskunftsfähig ist.

7. *Besteht die Gefahr, dass Fragen den Befragten in Verlegenheit bringen?*

Diese Gefahr wird im Abschnitt ›Fragen mit unangenehmen und/oder diskriminierenden Inhalten‹ dieses Buches näher behandelt.

8. *Erleichtern Gedächtnisstützen oder andere Hilfsmittel die Durchführung?*

Die Frage ist eine so genannte Alternativfrage, auf die es im einfachsten Fall drei Antworten gibt. „Ja", wenn sich die Interviewerin ein eigenes, unverwechselbares Konzept von Inhalt, Ablauf, Zeitrahmen und antizipierten Antwortmustern gemacht hat. „Nein", wenn dies nicht der Fall ist und „vielleicht", wenn so etwas unter Umständen existiert, dessen Wirkungsgrad aber noch nicht getestet wurde. Ich vermute aber, dass diese Frage auch Eselsbrücken, Assoziationsketten, Mindmaps, Fragebilder und andere Mnemotechniken beinhaltet.

9. *Sind die Antwortvorgaben auch aus der Sicht des Befragten angemessen?*

Die Beantwortung dieser Frage (vor dem Interview) bedarf durchaus empathischer Momente bei der Interviewerin selbst und dem Team, welches das

Interview vorbereitet. Auch wenn es sich bei dieser Überlegung eher um den Bereich der schriftlichen Interviews dreht, müssen sie auch für mündliche Formen gelten. Grundsätzlich gilt: Kinder werden eher unter- als überschätzt. Demzufolge werden sie weitaus öfter – ob mit Fragen, Aufgaben oder Instruktionen – unter- als überfordert. Diese zwei scheinbar banalen Sätze umgreifen jedoch Bouchards Checkfrage völlig. Erstens sollte auch bei der Fragestellung ein prinzipieller Anspruch bestehen, den man im Prätest modifizieren kann. Beim schriftlichen Interview kann die Interviewerin immer ein kurzes ›briefing‹ für die Kinder nachschieben bzw. bereithalten. Da auch im mündlichen Interview mitunter Antwortvorgaben gemacht werden (müssen), gilt dasselbe Prinzip. Keinesfalls jedoch sollte sich die Interviewerin – unter anderem daher, dass sie keine Stille auszuhalten vermag – hinreißen lassen, dem Kind ständig mögliche Antwortmuster in den Mund zu legen oder gar zu suggerieren, wie es der folgende Ausschnitt exemplarisch zeigt.

I.:	*„Und welche Wünsche hast du gerade?"*
K.:	*(überlegt) ....*
I.:	*„Na vielleicht ein Spielzeug ...?"*
K.:	*„Hmmm ..." (überlegt weiter, es scheint, als ist das Kind durch diesen Einwurf von seiner eigentlichen Wunschformulierung abgebracht worden).*
I.:	*„Ich denke, du würdest eine Barbie gut finden, was meinst du?"*
K.:	*(schnauft) „Pah, da hab ich schon drei" ... (versucht, sich wieder zu konzentrieren).*
I.:	*(rasch) „Na, ich wollte ja nur ein Beispiel sagen, was ist jetzt mit Spielzeugwünschen?"*
K.:	*„Ooch du redest mir immer dazwischen ... Ich hab einen Wunsch, aber das ist so schwer, das zu formulieren ... Ich wünsch mit nämlich, äh ... na ja, das ist schwierig zu sagen ..."*
I.:	*(erwartungsvoll soufflierend) „Was Großes ...ein Pferd?"*
K.:	*„Nee ...ich wünsche mir, dass ...äh ... das keine Delfinbabies mehr in die Netze kommen ...also in die Netze, wo sie die anderen Fische fangen ...die Thune ... die haben Kiemen und können immer unter Wasser bleiben und die Delfine sterben, weil die Lungen haben und eher sterben, wenn sie nicht hoch können."*

I.:   *(enttäuscht) „Ach so, lass und jetzt noch mal auf richtige Wünsche zurückkommen, die man kaufen kann ..."*

Das Kind setzt sich hier eindrücklich „gegen" die Interviewerin durch. Dies ist nach unseren Erfahrungen aber die Ausnahme, wenn Erwachsene so penetrant, unempathisch und zielfixiert Antwortvorgaben machen.

10. Kann das Ergebnis der Befragung durch die Abfolge der Fragen beeinflusst werden?

Selbstverständlich sollte ein Interview immer einem Drehbuch folgen. Dem allgemeinen Verlauf von Interviews folgend (Anwärmen, Eisbrechen, Arbeiten, Auflösen, Verabschieden) muss gerade in der Arbeitsphase darauf geachtet werden, die Fragen in eine(r) in sich logischen Abfolge zu stellen. Kinder können durch die Plastizität ihres Gehirns und ihr teils fotografisches Gedächtnis sehr schnell Wiederholungen und Schleifen erkennen. „Das war doch schon" ... „Das hast du schon mal gefragt" oder „Das habe ich dir eben gesagt" sind nur einige der prompten Äußerungen, die selbstredend auch Einfluss auf folgende Fragen haben. Das Kind wird einen Teil seiner Energie verwenden, Sie wieder „auf dem falschen Fuß" zu erwischen. Im Extremfall spielt es ›Hab ich dich endlich, du Schweinehund‹ (vgl. das Kapitel: Kommunikative Spiele).

11. Sind die Fragen suggestiv formuliert?

An einigen Stellen wurde zu suggestiven Fragen bereits Stellung genommen. Unsere Erfahrungen besagen, dass es durchaus angezeigt sein kann, im zweiten oder dritten Drittel eines mündlichen Interviews wenige suggestive Elemente bewusst einzubauen. Das Kind und die Interviewerin befinden sich in der Arbeitsphase, sie sind vertraut und Sprech- bzw. Denkblockaden sind größtenteils gelöst. Das Kind hat begriffen, dass es darauf ankommt, nicht nur „ja" oder „nein" bzw. „weiß nicht" zu sagen, sondern laut zu denken. Wir benutzen wenige Suggestionen in der Forschungsgruppe, um das Kind zu opponierenden Aussagen zu bewegen.

12. Ist die „Polung" der Fragen ausgewogen?

Die Frage folgt dem Modell, wonach sich Interviews immer in einer Pendelbewegung um ein oder mehrere Themen vollziehen. Pendel schwingen zwischen zwei Umkehrpunkten in einer Amplitudenbewegung. Wichtig ist danach, sowohl Fragen in dieser und in jener Richtung im Interview anzusprechen, um dem Kind die Möglichkeit (und das Lernfeld) zu eröffnen, das Spannungsfeld zu bedenken und zu interpretieren. Richtig durchgeführt sind dies elementare Einführungen in dialektisches Denken.

13. Sind die Eröffnungsfragen richtig formuliert?
Eigentlich wissen wir es alle – auf den ersten Eindruck kommt es an. Dennoch „vermasseln" viele – nichtprofessionelle Interviewer – diesen Aspekt nachhaltig. Ohne mich jetzt auf viele beschämende Beispiele zu beziehen, sollen drei ›no go‹ Situationen aus dieser Sicht beschrieben werden. Erstens werden – gerade im Bereich von Schule – bereits vor der Eingangsfrage die Fronten so geklärt, dass Kinder nur noch begrenzt Auskunft geben wollen bzw. können. Eine Lehramtsstudentin interviewte einen Fünftklässler und die erste Aktion war eine Zurechtweisung vor der Kamera: „Sitz gerade, Sören". Unschwer, sich auszumalen, wie auskunftsfreudig der Junge im Gespräch war. Zweitens überschwemmen Interviewerinnen das Kind mit Eingangsfragen in Form einer Kette. „Ich freu mich, dass du hier bist – du sicher auch, du bist sicher aufgeregt, macht nichts – weißt du, was wir hier machen, ich kann's dir auch noch mal erzählen und womit wollen wir anfangen?" Die Studentin war danach gänzlich bekümmert, dass das Kind sie völlig entgeistert anblickte und schwieg.

14. Ist der Abschluss des Interviews genügend durchdacht?
Es gilt dasselbe wie unter dem Punkt 13. Vergessen wir nicht – das Kind hat eine achtbare geistige Leistung vollbracht und diese versprachlicht. Diese Leistungen sollten gewürdigt werden. Keinesfalls sollte das Interview daher von Hundert auf Null abgebremst werden. Wenn das Kind eben noch nachdenkt, wie es seine Position in der eigenen Klasse treffend beschreiben kann und danach mit einem einfachen: „So, das war's, du kannst wieder zurück in deine Klasse gehen" verabschiedet wird, ist dies problematisch. Ähnlich unpassend ist die Inflation von Dankes- und Superlativformen: „Du warst soooo absolut megasuper, ganz große Klasse, du hast uns irrrrre geholfen, gaaanz gigatoll, du bist der Beste …"
Beim Coaching unserer Interviewer/innen einigten wir uns auf die Überlegung, dass man das Kind so verabschieden sollte, wie wir uns selbst wünschten, nach einem soliden Arbeitstag verabschiedet zu werden.

Kriterien guter Interviews
Bereits in der Kommentierung der Checkliste von Bouchard wurden einzelne Kriterien guter Interviews angedeutet. Daher soll dieser Abschnitt lediglich einige weitere Gütekriterien andeuten.
Kommunikative Souveränität
Damit verbunden sind unter anderem Kategorien wie Fragestellung und Antwortverhalten, Vermeidung von Killerphrasen, Präsenz und Zurücknahme, eine non-direktive Gesprächshaltung sowie Stimmungshören.

Nichtbeeinflussung des Interviewpartners
Damit im Zusammenhang stehen Qualitäten wie z.B. kompetente Übergänge von unstrukturierten zu strukturierten Fragen, eine individuelle und flexible Handhabung des Leitfadens sowie der Verzicht auf bzw. die Zurückhaltung mit eigenen Bewertungen.

Spezifik der Zielgruppe und deren Sichtweisen
Besonders wichtig ist hierbei ein grundlegendes psychologisches Wissen über kindliche Denk- und Sprachkultur, der unverstellte Blick auf das herauszuarbeitende Problemfeld, eine gründliche retrospektive Introspektion, die Fähigkeit des Wechselns auf Beispiel- und Metaebenen und die Beachtung des Spannungsfeldes von Allgemeinem und Besonderem.

Die Einflüsse von Zeit, Raum und Biorhythmus
Beachtenswert sind Zeitpunkt und -raum des Interviews, die Vermeidung von Interviews in der „Stunde der toten Augen"[33] und in kleinen, engen Räumen ohne Charisma und „eigene Note".

Erfassung des individuellen Verständnisses
Damit im Zusammenhang stehen Vertiefungsprozesse einzelner Aspekte, die Betrachtung aller relevanten Aspekte und Themen – auch die divergenten. Interviewerinnen sollten für die Themen der Kinder offen und ohne Vorbehalte sein und sie ihre eigenen Schwerpunkte „freilegen" lassen. Unabdingbar ist eine explizite Bezugnahme auf das Ereignis, welches das Kind besonders berührt.

Gründlichkeit und Solidität
Diese beiden Qualitätsmerkmale können durch ein angemessenes Niveau von Tiefgründigkeit geschaffen werden. Interviewerinnen müssen mit ihrer kommunikativen Kompetenz die Gefühle der Kinder antizipieren (geistig vorweg nehmen) und fokussieren (in den Blick nehmen, darauf achten). Schließlich darf nichts hinzugefügt oder weggelassen werden, was im Interview geschieht. Die Auswertung könnte dadurch in Tiefe und Gewichtung beeinflusst werden.

Wir selbst haben in unserer Forschungsgruppe ›Heterogene Lerngruppenanalyse‹ (HeLgA) ein eigenes System an Qualitätsrastern für unterschiedliche qualitative Untersuchungsmethoden erstellt (Trautmann/Schmidt/Rönz 2009 und 2009a). Stellvertretend soll hier das Kompetenzrastermodell vorgestellt werden, welches direkt für Kinderinterviews entwickelt wurde und der Professionalisierung im Prozess der täglichen Arbeit dient. Vor einer Interviewsequenz erhalten die Studierenden ein eingehendes Coaching, welches die kommunikativen, sozialen und

---

[33] Gemäß dem allgemeinen Biorhythmus von Kindern wird diese in der Literatur in den Zeitraum von 13-15 Uhr verortet. Individuelle Schwankungen können auftreten. Das Problem entsteht, wenn Kinder erst nach dem Unterricht – z.B. in einer verlässlichen Halbtagsgrundschule, die bis 13 Uhr öffnet – interviewt werden können.

prozessualen Schwerpunkte von Interviews behandelt. In den Interviews selbst erhalten jene eine Supervision, die dies wünschen. Nach der Transkription und dem Studium der Videoaufzeichnungen schätzen die Interviewerinnen und Interviewer ihre eigene Entwicklung anhand des folgenden Kompetenzrasters ein.

Kompetenzraster ›Interview‹

Inhalte des Interviews	++	+	0	- -
Wissen – Können – Vernetzung (Hintergrund)	x	x	x	x
1. Ich kann wesentliche Inhalte meines Interviews strukturieren.				
2. Ich kann meine Schwerpunkte mit Fragestellungen koppeln.				
3. Ich weiß, wohin ich im Interview will.				
4. Meine Fragestellung ist präzise.				
5. Ich kann treffende Beispiele aus dem Kinderleben anbieten.				
6. Ich kann Bezüge zu anderen (Leit-)fragen herstellen.				
7. Ich kenne kindliche Denkmodelle.				
8. Ich kann Essenzielles und Informatives in Antworten trennen.				
9. Ich kenne unterschiedliche Kommunikationstheorien.				
10. Ich weiß um kindliche Interaktionsformen.				
Vorgehen – Durchführung	x	x	x	x
1. Ich fasse im Interview meine Gedanken klar in Worte.				
2. Ich beherrsche die notwendigen Instruktionsregeln.				
3. Ich kann Sachverhalte treffend wiedergeben.				
4. Ich kann mich im Interview wertneutral äußern.				
5. Ich beherrsche die Wissenschafts- und die Kindersprache.				
6. Ich kann empathisch (re-)agieren.				
7. Ich kann eine Problematik nachvollziehbar machen.				
8. Meine Gesprächsführung ist präzise.				
9. Ich kann Probleme, Richtungen und Vertiefungen erkennen.				
10. Ich beherrsche das aktive Zuhören.				
Stil – Form	x	x	x	x
1. Ich kann Sätze, die ich beginne, sinnstiftend zu Ende				

bringen.				
2. Ich kann mit Sprache Bilder bauen.				
3. Ich finde kindgemäße Metaphern und Beschreibungen.				
4. Ich kann Stille und Pausen sehr gut aushalten.				
5. Ich kann Fragen mit verschiedenen Stilmitteln ausdrücken.				
6. Ich verzichte auf Kettenfragen.				
7. Ich kann das Leistungsvermögen des Kindes einschätzen.				
8. Ich weiß, wie ich sprachlich auf Einwürfe reagieren muss.				
9. Ich kann im Interview auf Zwischenfälle adäquat reagieren.				
10. Ich kann im Gespräch bereits voraus denken.				
Äußeres – Inneres	x	x	x	x
1. Ich habe positive Gefühle vor und im Interview.				
2. Ich verspüre Spannung, aber keine Angst.				
3. Ich kann meine Emotionen unter Kontrolle halten.				
4. Ich kann die Zeit real einschätzen und strukturieren.				
5. Ich achte stets auf die Signale des Kindes.				

Probleme im Kinderinterview

In diesem Abschnitt will ich zwischen methodologischen, methodischen und strukturellen Problemlagen unterscheiden. Es gibt aber noch weit mehr – etwa inhaltliche, personelle oder modale „Schieflagen".

Kinderinterviews sind – wie alle Interviews – Teile qualitativer Erhebungsverfahren. Das grundsätzliche methodologische Problem, was sie vereint, ist die nur geringe Durchführungsobjektivität. Damit muss die Methode „leben" – gleichzeitig muss diese Differenz (etwa zu validen Testkonstruktionen) immer im Blick des Forschers bleiben.

Trotz bester Vorbereitung und sorgfältiger Durchführung kann das Interview bzw. Teile von ihm misslingen. Einige typische Verzerrungen, denen auch Kinderinterviews unterliegen, sollen kurz skizziert werden. Zweifellos besteht bei vielen Kindern auch die Tendenz zum simplen „Ja-Sagen" und dies unabhängig vom Inhalt. Offenbar nehmen uns eine ganze Reihe von Heranwachsenden einfach nicht ab, dass wir Erwachsenen wirklich etwas gründlich von ihnen wissen wollen, dass ihre Meinung wirklich gefragt ist. Damit im Zusammenhang beobachten wir im ersten Viertel von Kinderinterviews eine Neigung zur „raschen

Antwort". Beim absichtsvollen Verharren der Interviewerin bei diesem Problemkreis kommt in mehr als 90 Prozent der Fälle eine Korrektur oder zumindest eine
Differenzierung. Ganz wenige Kinder geraten während des Interviews in einen
Strudel der Fantasie. Sie erzählen „das Blaue vom Himmel" und geben dabei
mitunter durchaus absichtsvoll falsche Antworten. Andere Kinder kommunizieren mit der Interviewerin so eng, dass sie jedes Signal in Richtung einer „sozial
gewünschten" Antwort interpretieren, ganz nach dem Motto: „Was wird sie wohl
gern hören wollen?" Schließlich sei noch auf die Kinder hingewiesen, die auch
die beste Interviewerin nicht „aus der Reserve" zu locken vermag. Tatsächlich
scheinen einige Kinder meinungs- und antriebslos. Nachrangig ist, ob dieses
Phänomen aus Unsicherheit oder Verweigerung herrührt.
Aber auch die Interviewer und Interviewerinnen selbst stehen in einem Spannungsfeld von Problemlagen. So ist die Unterstellung einer konsistenten Einstel-
lungsstruktur bei allen Interviews illusionär, unter anderem da wir alle aktuellen
Momenten und habitualisierten Komponenten unseres Ichs unterliegen. Auch der
Ausdruck unserer eigenen Einstellungen und Bewertungen kommt – wenn auch
nicht primär gewollt – punktuell immer und immer wieder zum Vorschein.

Fassen wir kurz die Vor- und Nachteile der Methode zusammen: Kinterinter-
views liefern allgemein sehr viele Informationen über Einstellungen, Meinungen,
das Verhalten, die Beweggründe für das Handeln und/oder Entwicklungsaspekte
des Heranwachsenden. Nachteilig wirken sich neben dem hohen zeitlichen und
personellen Aufwand (Echtzeit) die erschwerte Abstraktion von dem eigentlichen situativen Handeln des Kindes aus. Auch der individuelle Stand der Verba-
lisierungsfähigkeit mancher Kinder ist noch nicht hinreichend.

Verarbeitung von Interviewergebnissen
Die Sichtung, Strukturierung und kategoriale Einordnung von *schriftlichen*
Interviews sei aus diesem Abschnitt heraus gelassen. Stattdessen konzentriere
ich mich wieder auf die mündlichen Formen. Im Allgemeinen gibt es viereinhalb
Arten der Auswertung und sekundären Nutzung.
Weit verbreitet ist die *wörtliche Transkription*. Dies macht zunächst viel Arbeit.
Insbesondere dann, wenn die Kinder kleine lebende Wortwasserfälle sind oder
sich mannigfaltige paraverbale Äußerungen zeigen. Für diesen Fall ist eher eine
kommentierte Transkription hilfreich. Dort nämlich wird – etwa nach dem Studium des Videos all jenes wertneutral kommentiert, was „neben dem Gesproche-
nen" noch abläuft. Dies kann mitunter ebenso aufschlussreich sein, wie die Äußerungen der Gewährsperson selbst. Mitunter konterkarieren die non- oder para-
verbalen Aussagen das Gesagte, manchmal kreuzt sich etwas in der Auslassung
oder beides lässt auf eine ungeheure innere Spannung schließen. Diese Passagen

können bei Folgeinterviews behutsam aufgenommen werden. Eine ganz ähnliche Form ist die ebenfalls *kommentierte Transkription* genannte Form, die jedoch im Unterschied zum eben angeführten die Notierung von Auffälligkeiten in den Mittelpunkt rückt. Diese Erweiterung sollte immer dann genutzt werden, wenn inhaltliche Verwerfungen, unerklärbare Zusammenhänge, Nebel, Spiele und/oder transaktionale „Entgleisungen" deutlich werden. Darüber hinaus werden zumeist weitere spezielle Elemente notiert – bis hin zu Signalen sozialer oder biologischer Art (Selbstbewusstsein, divergente Denkmuster und metaphorische Bildmächtigkeit im sprachlichen Austausch aber auch Wohlstandsverwahrlosung, Signale sexuellen Missbrauchs, „Hilfeschreie" usw.).

Viertens soll die *Etappenauswertung unter Supervision* skizziert werden. Diese Form wird in unserer Forschungsgruppe am intensivsten genutzt. Unsere Interviews finden stets unter Supervision statt. Die Interviewerin transkribiert zunächst das Interview mittels Tonband und übergibt dieses Transkript einer Kleingruppe von Auswertern. Diese diskutieren zunächst nur das verschriftlichte Interview – inhaltlich, formal und sprachlich. Danach wird das entsprechende Interview, welches zusätzlich zweiperspektivisch videografiert wurde, der Gruppe vorgespielt. Diese diskutiert nun etappenweise das Transkript und die zusätzlichen visuellen Informationen. Eine dritte Gruppe – die Supervisor/innen des „Originalinterviews" kennt die schriftliche Form nicht und beobachtet die diskutierende Arbeitsgruppe. Anschließend bekommt diese ein Feedback von den Supervisoren.

Auch ein *zusammenfassendes Protokoll* kann fünftens ein hinreichendes Verarbeitungsresultat sein. Dabei wird auf eine Transkription völlig oder teilweise verzichtet. Stattdessen sucht sich der Auswerter jene Teile des Interviews heraus, die zu Vereinbarungen, Erkenntnissen oder hervorzuhebenden Paradigmen führen können. Diese werden dem interviewten Kind überreicht und führen nicht selten zu „Agreements mit Zukunft" – beispielsweise Ziel- und Leistungsvereinbarungen, Lerntagebücher oder Mediationsabsprachen.

Interviewkatarakte

„Der Unterschied zwischen
falschen Erinnerungen und wahren
ist derselbe wie bei Juwelen:
Es sind immer die Falschen, die am echtesten,
am brillantesten aussehen."
(S. Dali)

Katarakte sind Stromschnellen innerhalb eines Wasserfalls. Werden Interviewsequenzen mit bestimmten Menschen geführt und ändert sich dabei der zu erfragende Inhalt nur zu einem Teil, sprechen wir von kataraktischen Interviews. Um es noch einmal akademisch zu definieren: Interviewkatarakte sind mündliche und/oder schriftliche Mehrfachinterviews mit derselben Person in unterschiedlichen Zeitintervallen und partiell variierenden Themenlagen.

Woraus begründet sich die Notwendigkeit, statt einem Interview mehrfach die Gewährsperson zu befragen? Welche Vorteile und welche Einschränkungen ergeben sich aus dieser Methode?

1. Wir stellten innerhalb unserer Forschung fest, dass erstinterviewte Kinder keine bedeutenden Beziehungen zum Interviewer aufnehmen konnten bzw. wollten. Offenbar waren die Umstände, die Anforderungen und das „Drumherum" so wichtig, dass nur wenige freie Valenzen für inhaltliche Vertiefungen bei den Kindern übrig blieben. Dieser Umstand ist zunächst für bestimmte Untersuchungen, etwa die einfache Ermittlung von Gewohnheiten durch standardisierte Interviews nicht wirklich relevant. Er wird es jedoch sogleich, wenn tiefere lebensweltliche Erfahrungen, Befindlichkeiten und/oder Entwicklungsprozesse durch Interviews sichtbar gemacht werden sollen. Hier reichen diese einmaligen, kurzfristigen Kontakte nicht aus. Dieser erste Unterschied zu Einmalinterviews weist eine ganze Reihe von sekundären Besonderheiten auf.

2. Die Unabdingbarkeit eines über den Erstkontakt hinaus gehenden, fortdauernden Umgangs mit der interviewten Person ist ein methodisches Problem und eine inhaltliche Chance gleichermaßen. Erst durch die sich wiederholenden Gesprächssequenzen werden einmal gegebene Statements klarer, tiefgründiger oder in sich verwickelter – durch Bezugnahme, Relativierung, Unterstreichung, partielle Negierung und/oder kommunikative Professionalisierung beider Interviewpartner.

3. Innerhalb des Interviewkataraktes ist zunehmend zu beobachten, dass sich das Sprachverhalten sowohl vom Interviewer, als auch von der interviewten Person wandelt. Während zu Beginn der Dialoge vom Pro-

banden eine eher defensive Gesprächshaltung vorauszusetzen ist, verändert sich diese im weiteren Verlauf hin zu einer progressiv-dominierenden Art und Weise. Anders gesagt – der zunächst zögernde Wenig-Sprecher mutiert mit der Zeit (respektive mit der Anzahl an Gesprächen) zum munteren Plauderer. Anzumerken ist, dass selbstverständlich retardierende Momente auftreten können, die meist der aktuellen Situation des Kindes entsprechen. Aktuelle Lust oder Unlust, pure Freude oder Betroffenheit, Sorge oder Lässigkeit sind daher nicht nur aus den Inhalten des Gesagten, sondern sofort mit dem Gesprächseintritt erkenn- und durchaus besprechbar.

4. In kataraktischen Interviews wechseln die Gesprächsaktivitäten permanent. Dies bedeutet *einerseits*, dass der Interviewer im Laufe der Beschäftigung mit dem interviewten Kind teilweise die Verantwortung über die Richtung des Interviews an den Interviewten abgibt. Dieser Verlust ist ein prinzipielles Strukturelement der Methode und kein Mangel. Dadurch, dass der interviewten Person Möglichkeiten gegeben werden, auch sich selbst zu informieren, nach- und zwischenzufragen und/oder die Richtung des Gesprächs mitzubestimmen, besteht nämlich *andererseits* zwischen beiden Partnern ein substanzielles Subjekt-Subjekt-Verhältnis. Im Gegensatz zu allgemeinen Interviews, in welchen meist die Rollen festgelegt sind („Ich frage und führe" – „Du antwortest und lässt dich führen"), können sich hier beide Dialogpartner um den Verlauf, den Inhalt, die Dynamik und die Formen der Interaktion sorgen.

5. Die Folgen sind absehbar. Im Verlauf kataraktischer Interviews kommt es durch diese sich verändernden Beziehungen der Protagonisten zu mindestens drei Phänomenen. *Erstens* benötigt der Interviewer nicht mehr „den Leitfaden" für die Führung des Gesprächs, da die interviewte Person mit der Zeit grundsätzlich weiß, worum es geht[34]. Diese fortschreitende Sicherheit, von sich zu berichten gibt der Dynamik des Erzählprozesses Impulse. Gleichzeitig hat diese Dynamik aber auch bedeutenden Einfluss auf das prinzipielle Verhalten des Interviewten. *Zweitens* kann der Interviewer durch die Wiederkehr und die Eigendynamik des Dialogverlaufes mannigfaltige körpersprachliche, mimische, gestische und/oder andere Signale auffangen, deren Deutung durch Wiederholung einfacher ist, als bei einmaligem Zusammentreffen.

---

[34] Damit soll keinesfalls der Meinung Vorschub geleistet werden, dass sich der Interviewer nicht mehr auf das Gespräch vorbereiten brauche, weil „alles von sich aus" laufe. Das Gegenteil ist der Fall. Interviewkatarakte benötigen neue, globalere Dimensionen der Planung hinsichtlich aktueller und mittelbarer Zielkomponenten, zur Gesprächssituation und zu dessen Verlaufsoptionen.

Selbstredend sind auch unerwartete Verläufe, das „Ausbrechen" aus der gewohnten Bahn der Interaktion stets denkbar. Darauf flexibel und wohlüberlegt reagieren zu können, gehört zu der neuen Qualität an Anforderungen, die das kataraktische Interview dem Interviewer abverlangt. Denn die Interaktion ist ja nach dem Interview nicht „vorbei", sondern wird nach einer Zeit wieder aufgenommen. Der Interviewer muss also etwas „dalassen". *Drittens* kann die wechselseitige Übernahme der Gesprächsführung durchaus für ein verändertes Grundverhältnis im Interview sorgen. Danach wird auch der Interviewleiter partiell befragt und sieht sich unvermittelt in der Rolle des Auskunftgebenden[35]. Das bedeutet für den Interviewer – der plötzlich zum Interviewten wird – überlegtes oder spontanes Reagieren, Ausführlichkeit, Prägnanz, Kürze, Ehrlichkeit und Berechenbarkeit. Keinesfalls ist das erzieherische Hinweisen auf die Grundform („Moment mal, ich bin es, der hier die Fragen stellt ...") dem weiteren Gehalt der Struktur förderlich. *Viertens* ergeben sich aus der eigenen und der kindlichen Auskunft sekundäre Denk- und Sprechanlässe für die weitere Ausgestaltung des Gesprächsrahmens. Diese Gesetzmäßigkeit bleibt in der Interviewpraxis häufig ungenutzt, weil der Zeitfaktor enge Grenzen setzt. Ein weiterer Grund ist die Motivation, durch eigene Offenbarung die Vorbereitung und geistige Auseinandersetzung mit der Sache und der Person voranzutreiben, ohne zu wissen „wohin das führt". *Fünftens* sei die Dialektik von Allgemeinem und Besonderem erwähnt. Das Kind wird kaum kategorisieren, sondern zunächst immer im spezifischen Bereich seiner Erfahrungen verbleiben. Es obliegt dem Interviewer, in der nächsten Interviewrunde Vorschläge zur Clusterung anzubieten. *Sechstens*: Kataraktische Interviews bedürfen ein Gutteil von Ruhe und Dynamik. Zeitschleifen für Besinnung, Nachdenken und Abwägen sind ebenso nötig, wie die Schnelligkeit flüssigen Berichtens und der Zuspitzung des Erlebten. In den gängigen Zeitintervallen des Unterrichts, die durch rasche Abfolge unterschiedlicher Tätigkeitssequenzen gekennzeichnet sind, scheint diese Methode daher kaum einsetzbar. Zudem machen institutionale und mediale Zwänge – Schulstundentaktung, Abholzeiten, Beginn von wichtigen TV-Sendungen – diese Form schwierig.

---

[35] Nach unseren Erfahrungen ergeben sich daraus zwingend zwei Grundregeln. Erstens gilt es, solche veränderten Führungsstrukturen unbedingt und grundsätzlich zuzulassen. Dadurch zeigen beide Protagonisten die Gleichgewichtigkeit ihrer Ansprüche. Zweitens müssen die gestellten Fragen, die Erzählanlässe und/oder die Impulse auch in der Art und Weise angenommen werden, wie sie vom (eigentlich) Interviewten erwartbar sind.

6. Die Technik der Fragestellung gehört zu den komplizierten, aber für die Ergiebigkeit des Interviews höchst nötigen Problemen des Interviews. Hier zeigt sich eine besondere Stärke des kataraktischen Vorgehens gegenüber dem einmal stattfindenden narrativen bzw. dem Leitfadeninterview. Fragen müssen bei Letztgenanntem sehr konkret gestellt werden (Wilk/Bacher 1994: 43), da sonst die Bezüge zu den erwünschten Daten verschwimmen können. Allgemeine temporale oder modale Bezeichnungen des Kindes („letzte Woche" – „manchmal" – „wenig" – „ein paar Mal") müssen meist konkret nachgefragt, im Auswertungsprozess jedoch meist relativiert werden. Andererseits können die interviewten Heranwachsenden aber oft selbst wenig mit Fragen anfangen, die ihnen eher schwammige Vorgaben liefern. Das Dilemma kann insofern aufgelöst werden, als dass in folgenden Gesprächen die Angaben immer wieder gewichtet werden („Lass uns noch einmal abschätzen ..." bzw. „Hast du noch einmal überlegt, wie viele ...."). Dabei bleibt die Technik des Fragens und der Impulsgebung für diese sich wiederholenden Interaktionsteile von eminenter Bedeutung (vgl. Kapitel ›Fragen – Fragestellung – Fragefehler‹). Weitere Erfahrungen aus unserer Praxis kataraktischen Vorgehens seien angedeutet:

- Auf umfangreiche Einstimmungsvorträge kann nach kurzer Zeit verzichtet werden. Stattdessen kommt ein einfaches Ritualgefüge zur Anwendung, welches dem Interviewten gestattet, sich relativ schnell „sicher" (angenommen) zu fühlen. Wir selbst haben uns im Team darauf verständigt, den immer wiederkehrende Anfangssatz: „Heute ist der ... und ich sitze hier mit ..." zu verwenden. Einerseits verschafft es dem Interviewer Zeit und Ort (insbesondere für die nachträgliche Verschriftlichung des Interviews). Gleichzeitig wird der interviewten Person die Sicherheit gegeben, dass es „wie immer" ist. Manche unserer Interviewten – insbesondere Kinder – gehen relativ rasch dazu über, diese Sätze selbst zu sprechen, sie geradezu zu inszenieren. Damit geben sie aber gleichzeitig ihr Einverständnissignal, wirklich bereit zu sein, sich grundsätzlich freudvoll in diese Art der Selbstdarstellung hinein zu begeben.

- Die Fragen bzw. Impulse der Interviewerin sollten ebenfalls immer kürzestmöglich sein. Hier kreuzen sich die guten Erfahrungen von mündlichen Leitfadeninterviews und den kataraktischen Formen. Unterschiede bestehen in der Zielgruppe. Während bei Erwachsenen durchaus länger übergeleitet bzw. kaschierend informiert werden kann, sollte dies bei Kindern und

Jugendlichen eher unterbleiben. Ebenso schwierig ist die Formulierung von Fragen, die der Interviewte als Eingriff in seine tabuisierte Welt und/oder Diskriminierung seiner Person bzw. seines Nahraumes verstehen kann. Derartig direkte oder codiert gestellte Fragen sind sowohl in der eigentlichen Formulierung, wie auch in der anschließenden Interpretation problematisch. Hier haben herkömmliche Leitfadeninterviews meist ihre Grenzen. Der Einsatz kataraktischer Interviews hingegen entschärft die Schwierigkeit – bedingt durch sequentielle Bearbeitung unterschiedlicher Problem- und Interessenfelder. Der Einbezug intimer und/oder zunächst tabuisierter Problembereiche wird durch „kleinere Dosen" verkraftbar. Der Interviewte kann durchaus wählen, ob er den Impuls aufgreift oder zunächst unbeachtet lässt. Gleichsam kann er in der Folge von weiteren Gesprächen diesen Faden wieder aufnehmen, vertiefen, verknüpfen oder sich aus der Distanz dazu äußern.

- Viele Personen benötigen zuerst Abstand von der direkt oder zufällig angesprochenen Problemlage. Dieser wird bei herkömmlichen Interviews nicht erreicht, denn was „zum Termin" nicht gesagt wurde, bleibt ungesagt – allerdings auch unbearbeitet. In der partiellen Wiederholung der Gesprächsschwerpunkte kann sich nun die mit der Überlegung manifestierende distanzierte Äußerung – peu a peu – auch sprachlich formieren. Daher sollte der Interviewkatarakt gerade in Beratungssituationen, aber auch in der Therapie einen festen Platz einnehmen.

- Die Impulse bzw. Fragen können selbstredend den Interviewten durchaus zu einer (für den Interviewer) unerwünschten Gesprächsrichtung animieren. Hier sollte möglichst jedoch nicht unterbrochen bzw. korrigiert werden. Auch dies unterscheidet die Technik von herkömmlichen Interviewformen. Durch die (gewünschte) Vernachlässigung des Faktors ›Zeit‹ in der Interaktion muss es gerade im kataraktischen Interview eher darum gehen, diese zunächst scheinbar „falsche" Reaktion für die „Rekonstruktion des Selbst" oder der Sache fruchtbar zu machen. Durch das Aufbrechen einfacher Frage-Antwort-Sequenzen kann der relativ zufällig zu Tage tretende Erzählaspekt durchaus Ansatz einer neuen biografischen Seite des Probanden sein. Ein späterer Aufgriff der „gewünschten" Information kann zu einem späteren Zeitpunkt – durchaus im Anschluss an die gegebene Auskunft erfolgen.

- Letztlich ist bei der Erteilung von Fragen das richtige Time-coaching von Bedeutung. Beim Training richtigen Frageverhaltens habe ich immer wieder feststellen müssen, dass Interviewer nur schwer in der Lage sind, das Ende einer Antwort, einer Mitteilung oder einer Erzählung intuitiv zu erfassen. Gerade bei Probanden, die einer anderen Generation angehörten, kam es immer wieder vor, dass zu schnell weitergefragt, zu hastig mit Impulsen gearbeitet und/oder ein Gesprächsansatz unterbrochen wurde. Die Gründe sind mannigfaltig. Es scheint die mitteleuropäische Gesprächsgegenwart der Postmoderne keine Kultur des Schweigens mehr zu besitzen. Das Aussetzen der Rede, das Nachdenken vor der Antwort, das Schweigen zwischen den Aussagen wird vielfach nicht als deren fester Bestandteil gesehen und noch weniger akzeptiert. Dadurch kommt es immer wieder zu schnellen Unterbrechungen dieser Schweigens- und Stilleperioden. Gleichzeitig empfindet der Gesprächspartner den raschen Impuls als Ende der Entäußerung und konzentriert sich auf den aktuellen Affekt. Die Folge sind oberflächliche, schnell geführte Gesprächsinteraktionen „ohne Tiefgang". Auch die unkonzentrierte Bejahung („Genau" ... „korrekt" ... „exakt") gehört in dieses Bild. Selbst Kinder müssen erst wieder erfahren, dass ihnen Zeit zum Nachdenken, Antworten und Ausloten gegeben wird. Interviewte Kinder werden im Laufe der Interviews zunehmend sprachlich umfänglicher – sie erreichen ihre „Betriebstemperatur". Damit einher geht eine nicht zu übersehende sprachliche Eloquenz, die Verbesserung der Ausdrucksfähigkeit. Es scheint, als müsse Heranwachsenden viel öfter Gelegenheit gegeben werden, sich wirklich längere Zeit tiefgründig und partnerschaftlich zu unterhalten. Vielleicht kann ein kleines Stück damit auch die so oft zitierte „Maulfaulheit" aufgebrochen werden.

7. Primäre Zielsetzung mündlicher Leitfadeninterviews ist meist die Klärung offener Interpretationsfragen von standardisierten Befragungen (Wilk/Bacher 1994: 44). Dabei werden meist wenig strukturierte Interviews geführt. Allein aus dieser Zielsetzung heraus lassen sich die unterschiedlichen Ansatzpunkt sehr genau unterscheiden. Während es bei verschiedenen Untersuchungsmethoden lediglich darum geht, aus vorherigen methodischen Varianten ermittelte Ergebnisse zu klären, eindeutig(er) zu machen, beschreitet das kataraktische Interview grundsätz-

lich neue Ansätze. In ihrer Bedeutung als Methode und Struktur wird es nicht zu einer *exklusiven* Ermittlung von Daten genutzt, sondern zu einer *sukzessiven*. Dabei auftretende Veränderungen, Verbindungen, Berichtigungen und Rückschlüsse der Interviewten sind dabei nicht ärgerliche Begleiterscheinungen, sondern gewollte und gewünschte Bestandteile der Methode.

8. Das narrative Interview ist für die hier vorgestellte Form Ausgangspunkt und Grundlage. Diese „erzählende" Form geht über die reine alternative Entscheidung und/oder die meist kurz gewünschten Frage-Antwort-Strukturen von Interviews hinaus. Der Dialogpartner wird ermuntert, von sich etwas erzählend preis zu geben. Freilich kann dies nicht durch eine einfache Frage („Wie war denn das, als du ...?") und noch weniger mit einer ad hoc Aufforderung („Erzähle einmal, wie du ...") initiiert werden. Eltern, Lehrer und Wissenschaftler bestätigen zumeist das Scheitern solcher Versuche. Daher ist auch begrifflich die „Erzählkultur" eine zunächst zu entwickelnde und später förderliche Dimension. Mit anderen Worten: Die Fähigkeit, anderen erzählend (sprach-)bildliche Einblicke in bestimmte lebensweltliche Befindlichkeiten zu geben, ist eine zu lernende Aufgabe[36].

---

[36] Im Unterricht der Schule erwünscht, ist sie wie alles Neue kompliziert zu erwerben. Einerseits gehört Gesprächskultur zu den unverzichtbaren Kriterien offenen Unterrichts (Wallrabenstein 1991; Trautmann 2009). Andererseits zeigen Untersuchungen, die sich mit dem Redeanteil von Schülern im Unterricht beschäftigen, dass zwischen Lehrern und Schülern asymmetrische Kommunikationsstrukturen bestehen (Trautmann 1997). Mit anderen Worten: Lehrer reden (zu) viel – Schüler sprechen (zu) wenig. Durchweg ausgleichend wirken jedoch Pausendiskussion und die informellen Gespräche während des Unterrichts („Schwatzen"). Eine grundsätzliche Kultur des Vor-der-Klasse-sprechens, die einhergeht mit der Kultur des Einander-länger-zuhören könnens ist aber höchstens in der Grundschule – und auch dort nicht durchweg – zu konstatieren.

Fragen – Fragestellung – Fragefehler

Die beste Frage nützt nichts,
wenn sie so lange dauert,
dass keine Zeit zum Antworten bleibt.

(Peter Ustinov)

Im Verlauf der Ausführungen wurde bereits an mehreren Stellen deutlich, dass gute, ertragbringende Fragestellungen das A und O guter Interviews sind. Dieses Kapitel widmet sich daher nach kurzer Systematisierung von Fragetypen der Isolierung falscher bzw. ungünstiger Fragen.

Zunächst soll ein Blick auf die *formale Ausdifferenzierung* zwischen offenen, halboffenen und geschlossenen Fragen genommen werden.

Offene Fragen sind jene Fragen, die mittels verbaler Antwort ohne Antwortvorgabe gestellt werden. Als Sonderform können offene Fragen mit numerischer Antwort ohne Antwortvorgabe gestellt werden. Die Interviewerin erwartet mit ihrer offenen Fragestellung die Antwort, die mit eigenen Worten formuliert wird, mitunter mit Hilfe gestischer und mimischer Elemente, metaphorisch, mittels Exkurs oder ohne und/oder unter Bezugnahme auf bereits Gesagtes. Bei Interviews mit Kindern sollte die offene Fragestellung die Regel sein.

Halboffene Fragen werden mitunter auch als Hybridfragen bezeichnet. Sie haben meist den Charakter einer geschlossenen Frage. Allerdings werden sie mit einer offenen Antwortmöglichkeit, einem Ventil ausgestattet, welches bei schriftlichen Interviews meist mit: „Was ich noch dazu sagen möchte: …", „Das will ich noch mitteilen: …" oder schlicht: „Sonstiges: …" bezeichnet wird. Im mündlichen Interview kann es von Vorteil sein, die interviewte Person zwischen mehreren Antwortmöglichkeiten wählen zu lassen und anschließend ihren Kommentar dazu zu erbitten. Gerade Kinder im Grundschulalter sind für jeden Methodenwechsel in der Interviewführung dankbar und lassen sich gern auf die Auswahl ein. Dabei sollte jedoch genug Zeit eingeplant werden, weil viele Heranwachsende sich viel Muße zum Abwägen der Entscheidung nehmen. Sie können allerdings später auch sehr präzise die Gründe ihrer Entscheidung mitteilen. Bei Pubertierenden ist die Sachlage meist anders. Dort sollten halboffene Formen genutzt werden, um näher an die Person heran zu kommen. Jugendliche geben – zumal vor einem Aufnahmegerät – nicht sehr viel von sich preis. Durch eine vorstrukturierte Antwortumgebung können sie der Interviewerin zumindest partiell Richtungshilfen geben. Bemerkenswerterweise haben Pubertierende jedoch eine ziemlich klare Vorstellung. In unseren Forschungen nutzten Dreizehn- und Vierzehnjährige sofort die Öffnungsklausel, wenn keine zu präferierenden Antwortmuster angeboten wurden. Im Folgenden wurden die zu interviewenden Personen sehr mitteilsam – die halboffene Form der Fragen war Impuls und

Gesprächsanlass, auch wenn darin zunächst keine substanziellen Entscheidungsebenen vorhanden waren.

Geschlossene Fragen schließlich sind Fragen mit bereits vorgegebenen Antwortmöglichkeiten[37]. Meist müssen die Probanden zwischen zwei Alternativen wählen. Es werden allgemein so genannte dichotome Fragen (ja – nein) und variable Alternativfragen unterschieden. Letztere haben mehrere Antwortvorschläge im Gepäck. Dabei kann es sein, dass diese Alternativen in einer Rangordnung stehen oder mehrere Antwortmöglichkeiten zugelassen werden.

Wahrscheinlich denken Sie nun wieder bevorzugt an schriftliche Interviewformen? Dort kreieren die Fragebogenhersteller tatsächlich meist eine Antwortliste, die aus mehreren Ebenen oder Richtungen besteht. Die dichotom-geschlossene Frage feiert gerade in mündlichen Interviews *fröhliche Urständ*. Dabei ist sie gleichsam ein Chamäleon. Oftmals wird sie als Zwischenfrage eingesetzt, weil die Interviewerin nervös, aufgeregt oder vom Thema abgekommen ist. Mitunter dient sie als Kompensation für einen eben aufgekommenen Aha-Effekt der Interviewerin oder sie dient – ganz profan – als Zeitschinder. Am Anfang eines Interviews eingesetzt, erbringt eine Alternativfrage meist nur eine Ein-Wort-Antwort – von „ja" über „vielleicht" bis „hmmm" oder „nein", „ooch" und „manchmal". Nicht selten bleibt das Aufnahmegerät bei der Wiedergabe stumm, denn der Befragte schüttelt nur mit dem Kopf oder nicht bzw. zieht die Schultern hoch. Das ist alles – Sie werden mir zustimmen – nicht wirklich ertragreich und bei manchen Interviewauswertungen frage ich mich: „Wozu dieser Vorgang?"

Dennoch muss ich an dieser Stelle eine Lanze für geschlossene Fragen – wohldosiert und in der Arbeitsphase des Interviews gestellt – brechen. Dort eingesetzt verändert sie ihre Wirkung, eine bestimmte – meist gegensätzliche – Richtung des Gesprächs vorzugeben. Dieser „Herkules am Scheidewege" verschwindet sehr oft, wenn im Fluss des Gesprächs gezielt eine Alternativfrage gesetzt wird. Im folgenden Beispiel geht es allgemein um Freundschaften. Der Interviewer fragte zunächst, wie das Mädchen Freundschaften schließt. Dann fokussiert er unvermittelt auf die vorher bereits am Rande verhandelte Geschwisterrivalität.

K.:   *„ ... und später haben wir dann noch ganz viel zusammen gemacht und so. Aber manchmal fang ich auch an, wenn ich sehe irgendwie, der ist ungefähr so groß wie ich oder die ist im glei-*

---

[37] Der Vollständigkeit halber sei auf Filterfragen verwiesen. Filterfragen gehören zu den geschlossenen Fragen und trennen die Klientel sinnvoll auf. Meist werden sie bestimmten Fragenblöcke vorgeschaltet, welche danach nur von einer Teilmenge der interviewten Personen beantwortet werden sollen („*Bei ‚ja' weiter mit Frage 15, bei ‚nein' weiter bei Frage 4*"). Filterfragen sind bei mündlichen Interviews unüblich und werden lediglich am Rande eingesetzt.

chen Alter, dann frage ich erst einmal ‚Wie heißt du?' und
‚Wollen wir etwas zusammen machen?', ‚Wie alt bist du?' und
dann lernen wir uns erst einmal kennen und dann können wir
anfangen Freundschaften zu schließen."

I.:   *„Haben Pina und du die gleichen Freundinnen?"*

K.:   *„Mh mh (schüttelt den Kopf). Das kann man nicht sagen, weil*
ich habe zum Beispiel Kim als beste Freundin und ... ehm ...
Pina hat eine Viktoria als beste Freundin und ... ehm Viktoria
ist schon auch meine Freundin, aber ehm ... nicht so wie meine
Schwester sie als Freundin hat. Und Kim ist auch nicht Pauli-
nas Freundin. Das ginge auch nicht, weil man zu seiner besten
Freundin mehr Vertrauen haben muss als selbst zur Schwester
... obwohl ich ja mit Pina ganz viel mache. Aber die habe ich
sozusagen ins Zimmer gelegt bekommen. Eine Freundin kann
ich mir selbst suchen und für die bin ich dann auch ganz allein
verantwortlich ..."

In Hinsicht auf *inhaltliche Ausdifferenzierung* von Fragen werden allgemein
Sach-, Verhaltens-, Wissens- und Einstellungsfragen unterschieden[38]. In der
Literatur gibt es noch einzelne Abstufungen, so etwa Prognose- oder Konjunktiv-
fragen. Beide sind nicht sauber zu einer der vier Kategorien zuzuordnen. Aber
auch die Kategorien untereinander weisen eine ganze Reihe von Übereinstim-
mungen auf. So beziehen sich sowohl Einstellungsfragen wie auch die Mei-
nungsfragen auf Aspekte wünschenswerter Prozesse, der Beurteilung und Gewichtung, sowie der Einordnung in Wertesysteme. Im einfachsten Fall wird dies
mit einfachen positiven, negativen oder indifferenten Aussagen erfolgen, wobei
die Interviewerin stets daran interessiert sein muss, solche Einstellungen, Normen und Überzeugungen mittels tiefer gehender Statements zu erhalten. Sach-
fragen scheinen lediglich beschreibend Dinge und Prozesse abzufragen, die ge-
schahen. Aus den kommunikativen Grundlagen ist uns jedoch bewusst, dass jede
Sachinformation auch eine Beziehungsseite hat. Darauf subtil zu achten – und

---

[38] In der Literatur werden oft im Zusammenhang mit schriftlichen Interviewformen noch die Klientel-
oder Eigenschaftsfragen genannt. Sie beziehen sich – der Name lässt darauf schließen – auf den
Interviewten selbst (personale, demografische, körperlich Eigenschaften: z.B. Alter, Bildungsstand,
Größe, Gewicht, Geschlecht, Beruf, Einkommen, Familienstand, Wohnort, ethnische Zugehörigkeit
u.ä.).

110

eventuell angemessen zu reagieren – macht die Professionalität von Interviewerinnen aus.

Verhaltensfragen spielen in die eben genannten Bereichen zweifellos mit ein, vertiefen aber die Erkundung nach den Motiven der Handlungen und des Verhaltens. Dabei sollen die Überzeugungen des Heranwachsenden hinsichtlich eigenen und fremden Verhaltens isoliert werden. Unterschieden wird dabei noch einmal in das reale Verhalten und/oder die Struktur der Bereitschaft, ein bestimmtes Verhaltensmuster zu zeigen.

Wenden wir uns nach der inhaltlichen nun der *funktionalen Ausdifferenzierung* von Fragen zu. Hier tritt der inhaltliche Gesichtspunkt zurück, weil die Frage „an sich" eine Bedeutung für Richtung, Tiefe, Fortgang oder Dynamik hat. Potenzielle Interviewerinnen sollten vorab gewarnt sein, derartige Fragen – die ja an die Knackpunkte des Interviews gesetzt werden – nicht allzu platt und durchsichtig zu betreiben.

Beginnen wir mit den so genannten Eisbrecherfragen. Dem Begriff nach sollen sie die Partner des Interviews zu dessen Beginn näher bringen, die für alle Beteiligten (an-)gespannte Situation entschärfen, mögliche Hemmschwellen senken und letztlich das Kind oder den Jugendlichen „ins Gespräch bringen". Nun ist das mit dem Eis so eine Sache. Jeder, der einmal Interviewer war, weiß um die Individualität jedes Interviewpartners. Mitunter wirkt eine oberflächliche Eisbrecherfrage eher „frostverstärkend". Bei anderen ist nur eine freundliche Bitte, Platz zu nehmen, im Grunde ausreichend für eine entspannte Kommunikation. Auch hier sei wieder empfohlen, nicht nach einem Leitfaden vorzugehen, der „diese Frage jetzt vorschreibt", sondern situativ angemessen zu (re-)agieren. Eine verbindliche Bemerkung und der Bezug auf ein interessantes Thema, zu dem das Interviewkind vermutlich etwas Substanzielles sagen kann geht ebenso, wie eine Selbstkundgabe des Interviewers. Das eigentliche Interviewthema kann dabei noch ausgespart bleiben, muss es aber nicht. Meist werden Eisbrecherfragen nicht qualitativ ausgewertet[39].

Auch inmitten eines Interviews kann eine Eisbrecherfrage ihren Sinn haben. Im folgenden Beispiel hatte sich ein Kind völlig „verrannt", eine einfache Überleitungsfrage war der Interviewerin zu riskant. Daher nutzte sie die Form der Eisbrecherfrage – mit einer Selbstauskunft als Erwartungshorizont.

K.:   „ ...und da konnte ich einfach nicht mehr, verstehst du, ich hab
              dann einfach keine Luft mehr bekommen, als wenn ich unter

---

[39] In schriftlichen Interviews wird auf sehr kurze Eisbrecherfragen Wert gelegt, da sie sonst die Länge des Fragebogens unnötig strecken.

meiner Decke stecke und die Decke lässt dich einfach nicht los
...(schnappt nach Luft) ..."

I.:   *„Sophie, ich kenne dich ja. Wie würdest du dich als Sportlerin*
        denn aber jemanden beschreiben, der dich noch nie gesehen
        hat. Der dich überhaupt nicht kennt?"

K.:   *„ (wird zunehmend ruhiger) ... Also als erstes würde ich mei-*
        nen Namen sagen so: ,Hallo, ich bin Sophie und bin neun Jah-
        re alt. Wie heißt du?' und so und ehm naja, dann berichte ich
        vom Ballett und dass wir viele Dehnungsübungen machen und
        dann lernen wir uns erst einmal kennen und dann nehme ich
        sie mal mit, denn Ballett ist unbeschreiblich (die Augen strah-
        len)."

Spezialisten werden bei diesem Beispiel diskutieren, ob es eine wirkliche Eisbre-
cher- oder doch nur eine *Überleitungsfrage* ist. Meines Erachtens kommt es bei
einer analytischen Bewertung auf den weiteren Gang des Interviews an. Die
nächste(n) Frage(n) entscheiden dies. Überleitungsfragen haben meist nur Erho-
lungsfunktion für die interviewte Person. Durch eine gedankliche Abgrenzung
soll das Kind oder der Jugendliche ein Thema innerlich „abhaken" und offen für
ein neues sein. Solche gedanklichen Abgrenzungen sind wichtig, aber nicht immer. Nach dem jetzigen Stand wäre unsere Beispielfrage noch eine für den
Übergang. Die Interviewerin nahm das Mädchen aus der für sie schwierigen
Erzählperiode heraus. Danach ging sie jedoch behutsam wieder hinein. Das
machte den Unterschied. Ausstrahlung und Kontext des Gesagten sollten noch
weiter „nachhallen", waren also gewünscht. Bei Überleitungsfragen soll genau
dies ausgeschaltet werden. Die vorhergehende Frage soll die Antwort auf eine
nachfolgende Frage nicht beeinflussen. Beispielsweise sollte nicht die sprachliche Darstellung einer misslungenen Klassenkonferenz mit der Folgefrage nach
der Kompetenz der Klassenleiterin gekoppelt werden. Auch für Überleitungsfragen gilt: Sie werden kaum qualitativ gewichtet. In schriftlichen Interviews fehlen
sie fast vollständig, wegen der unliebsamen Verlängerung des Bogens.
Obwohl *Filterfragen* meist ausschließlich im schriftlichen Interview Verwendung finden, soll kurz auf ihre Funktion eingegangen werden. Der Interviewpartner soll dabei lediglich jene Fragen beantworten bzw. Erkundungsabschnitte
bearbeiten, die ihn auch dezidiert betreffen. Im mündlichen Interviewleitfaden
kann dies durch bestimmte Entscheidungsfragen geschehen, nach dessen Ant-
wortmodalität sich dann das weitere Vorgehen richtet.

112

Filterfragen klären die genaue Voraussetzung für die (neue) Richtung des Interviews und verweisen direkt auf entsprechende neue Fragen bzw. folgende Abschnitte beim schriftlichen Interview im Fragebogen. Die damit einhergehenden Schwierigkeiten können in der entstehenden Komplexität und/oder Unübersichtlichkeit des Bogens ebenso liegen, wie an der fehlenden Motivation der Probanden. Auch das „Verlaufen im Bogen" ist möglich und erbringt nicht verwendungsfähige Ergebnisse.

Eine – sowohl für mündliche als auch schriftliche Interviews – interessante Form sind so genannte *Kontrollfragen*. Ihre Funktion besteht in der Feststellung falscher oder inkonsistenter Antworten im Gespräch bzw. beim Ausfüllen des Fragebogens. Die Modalitäten solcher Kontrollfragen können Wiederholungen und Lügen sein. Wiederholungsfragen werden z.B. im Interviewkatarakt fast ständig eingesetzt. Eine Frage wird – umformuliert oder mit nur unwesentlich veränderter Schwerpunktsetzung – angeboten. Bei Lügenfragen erkundigt sich der Interviewer entweder nach nicht existierenden Sachverhalten und Begebenheiten. Er kann auch nach universellen Vorgängen forschen, die jeder Mensch dieser Zielgruppe mit hoher Wahrscheinlichkeit bereits einmal absolviert hat.

Dieses Vorgehen hat jedoch seinen Preis. Zum einen ist die Wertung und Gewichtung falscher und/oder inkonsistenter Antworten uneinheitlich und sehr umstritten. Grundsätzlich muss auch mit einer grundsätzlichen Irritation der interviewten Personen gerechnet werden, was sich auf den prinzipiellen Verlauf des Gesprächsvorgangs auswirken kann.

Am Ende eines Interviews werden meist eine oder mehrere Abschlussfragen gestellt, die der interviewten Person das „Ende des Verhörs" signalisieren sollen. Dieser Fragetyp wird umgangssprachlich auch als Rausschmeißerfrage bezeichnet. Dabei soll zwischen den Gesprächspartnern ein gutes Gefühl verbleiben und sich der Eindruck verstärken, dass das Gesagte wichtig und profund war. Abschlussfragen gehen meist nicht in die Gesamtauswertung ein, sind im Einzelfall aber hochgradig interessant. Ein Kind, welches im Interview eher wortkarg und zurückhaltend wirkte, „drehte" bei der Rausschmeißerfrage erstmalig voll auf.

I.:   *„Jessica, gibt es etwas, was du mir noch abschließend über deine Klasse mitteilen willst?"*

K.:   *„No ...du hast mich noch nicht gefragt, was die Jungen immer dann machen, wenn Frau H. nicht im Zimmer ist. Das ist nämlich so. Die haben immer einen Plan. Und der geht so ..."*

Mehrfach wurde bereits auf die Qualität der Interviewfragen Bezug genommen. Tatsächlich ist es so, dass mit der Frage ein Kommunikationsprozess in Gang kommt, dieser Fahrt aufnimmt bzw. behält oder stockt, abbricht oder – im extremen Fall – zu Konfrontationen führt. Dieser Seite von Interviews soll sich jetzt näher zugewandt werden.

Fragefehler und ihre Wirkungen

Lehrer: „Welches ist wohl
die häufigste Antwort auf
eine Lehrerfrage in der Schule?“
Schüler: „Keine Ahnung.“
Lehrer: „Korrekt beantwortet.“

Nach der Untersuchung der Fragenformen wollen wir uns nun dem wohl interessantesten Kapitel der gesamten Interviewproblematik zuwenden. In Lehrerfortbildungen hat dieser Abschnitt niemals Konjunktur – alle Pädagogen und Pädagoginnen sind sich von vorn herein einig: Sie selbst fragen niemals falsch. Der Videomitschnitt des gelenkten Gruppengesprächs oder des Einzelinterviews belehrt sie dann schmerzhaft eines besseren. Leider wird sehr oft diese oder jene Schwäche mit der Tagesform, viel Arbeit, nachzuholendem Schlafdefizit oder einfach Pech erklärt. Das ist umso bedauerlicher, als es scheint. Wir alle fragen falsch, fehlerbehaftet oder inkongruent. Das ist aber auch nicht erschreckend, Furcht erregend oder schlecht, sondern die Norm. Menschen, die über eine längere Zeit druckreif fragen, sind selten. Auch sei festgestellt, dass an einer falsch formulierten Frage weder die Autorität des Interviewers noch das Selbstverständnis von Kindern scheitert. Wir alle müssen uns nur gewärtig sein, dass unsere Fragen Quellen von Missverständnissen sein können. Den Wert einer Frage erkennt man tatsächlich erst, wenn die Antwort vorliegt.

Im folgenden Abschnitt werde ich aus unzähligen Interviews jene Fragekonstrukte isolieren, die einem bestimmten Fehlertyp zugerechnet werden können. „Reine“ Formen gibt es aber auch hier nicht. Denn selbstverständlich kann die im Folgenden aufgeführte Liste ›falscher Fragetechniken‹ weder vollständig sein, noch ist sie ein „ehernes“ also unumstößliches Gesetz. Auch die gewählte Systematik ist hinterfragenswert, denn kaum eine Frage besitzt nur Anleihen einer einzigen Fehlerquelle. Beispiel: Eine den Interviewpartner diskriminierende Frage kann zudem suggestive Elemente beinhalten und in Form einer Nötigung gestellt werden. Wenn sie darüber hinaus auch noch Strukturfehler aufweist und das Fragewort am Ende steht wird klar, was ich unterstreichen will.

I: *„Robin, nun rück doch endlich mal raus, wer in eurer Klasse*
nie einen Spielpartner findet, ne, das willst du doch sagen und
für dich ist das wie?“

Die grundsätzliche Beziehung zwischen Interviewerin und Heranwachsendem wird immer dann leiden, wenn Fragehorizonte intime oder unangenehme Bereiche berühren, wenn sie machthierarchisch angelegt sind oder keine beantwortbaren Inhalte in sich bergen, weil sie lediglich provozieren sollen – durch Sarkasmus, Diskriminierung oder Gängelei. Daher ist es wesentlich, im Interviewprozess ständig ein wertschätzendes Klima ›inside‹ zu haben. Aus den Fragen, die Interviewerinnen an Schüler stellen, muss das gemeinsame Bemühen um Klärung, Lösungen oder eine Erkenntnis plastisch sein.

„Patzige Antworten" sind meist Resultat von merkwürdigen Fragen, die eher die Beziehungsebene streifen, als die notwendige Sachebene finden. Sie sind meist lediglich die Reaktion auf Vorhergegangenes. Vergegenwärtigen wir uns dies, kann die Korrektur das Gespräch in Gang halten.

Letztlich – fast keine Frageform ist an sich isoliert bewertungsfähig. Eine Alternativfrage kann – inmitten eines Interviews – zu einem narrativen Prozess führen, wie bereits angesprochen wurde. Am Beginn eines Interviews jedoch kann sie Einfluss auf den gesamten weiteren Gesprächprozess haben – insbesondere, wenn das Interviewkind intuitiv spürt, dass der Interviewer schlecht vorbereitet ist.

I.:	*„Na, du willst mit mir also ein Interview machen, nicht?"*
K.:	*„Nö"*
I.:	*„Ääh ... aber wir sitzen doch schön zusammen."*
K.:	*„Ich kann wieder in den Unterricht gehen, jetzt ist Sport."*
I.:	*„Na ... aber wir hatten doch verabredet ..."*
K.:	*„Du hast mit Frau K. abgeredet, dass du Interviews machen kannst. Aber mit uns hast du nicht geredet."* (steht auf, will gehen)

Schauen wir uns daher eine ganze Reihe von Fragemustern an, die dazu geeignet sind, den gewünschten Fluss von kindlichen Gedanken in produktive Richtungen zu lenken.

Alternativfragen

Bereits das Wort sagt es aus – die Beantwortung der gestellten Fragen hat im schlechtesten Fall lediglich drei Alternativen. Sie pendeln sich zwischen „Ja" oder „Nein" bzw. „Ich weiß nicht" samt aller immanenten Varianten ein. Im Unterricht mag eine solche Fragekonstruktion noch angehen, denn der Schüler hat auf diese Weise bereits zu fünfzig Prozent Recht.

Im Interviewprozess sollten diese nur verwendet werden, wenn es um eine wirkliche entscheidende Passage geht.

I.:   *„Mal klipp und klar Josi – ist der Unterricht in deiner Klasse*
             so, dass du dort wirklich etwas lernst?
K.:   *(überlegt ...wiegt den Kopf hin und her) „Ja ... doch ...ja."*

Weniger erfolgreich ist der Einsatz der Alternativfrage dann, wenn der Interviewer einen Impuls zu einer Argumentationskette oder einer selbstständigen Deklaration initiieren will. Trautmann (1997: 149) betont, dass nur wenige Kinder des grundschulischen Altersbereichs es ad hoc schaffen, die (eigentlich vom Frager) gewünschte Kausalerweiterung „Nein, aber ..." oder „Ja, weil ..." einzubringen. Als ein Grund werden die erst allmählich vom Kind aufzubauenden prozessimmanenten Denkstrukturen genannt, die ihm eine solche Fokuserweiterung ermöglichen.

In der Strukturanalyse von Fragen habe ich bereits darauf aufmerksam gemacht, dass eine wohl gesetzte Alternativfrage in der Arbeitsphase des Interviews durchaus narrative Folgehandlungen nach sich ziehen kann. Dennoch sollte der Gesprächsleiter es nicht darauf anlegen. Zumindest sollten sich Interviewer bei dem sparsamen Einsatz von Alternativfragen immer im Klaren sein, worauf dieser Impuls zielt – er wird kaum dem Erkenntniszuwachs dienen, sondern meist als Feststellung, der Bestätigung und/oder der Korrektur von Eindrücken, als Bekräftigung oder Widerspruchskonzept eingesetzt.

I.:   *„Hattest du das Heft denn vergessen?"*
K.:   *„Na ja .. ich meine, Mama und ich wir haben am Abend noch*
             was zusammen geschrieben, das war richtig gut, weil sie mal
             Zeit für mich hatte. Und am nächsten Morgen haben wir ge-
             schmust und das war genau so schön ... und da habe ich das
             blöde Heft vergessen. Und als Frau S. danach fragte, ist es mir
             eingefallen und die schönen Gefühle waren alle weg."

Zu höchst unbeabsichtigten Alternativfragen kommt es oft in emotional aufgeheizten Situationen. Dabei trifft auf den eigentlich in Gesprächen erwarteten Sachaspekt der immanente Beziehungsaspekt mit Wucht. Und mit der Wortwahl wechselt sofort die Richtung der Aussage, deren Antwort nicht befriedigt. Diese sollten in Interviews unbedingt vermieden werden. Die Situation kann durchaus in der folgenden Form eskalieren.

Die Interviewerin versuchte bereits mit mehreren Impulsen, Yenna einige Aussagen zu ihren Geschwistern abzufordern. Es ist mimisch und gestisch ersichtlich, dass Yenna gerade „dicht macht".

I.: *„Nennst du mir wenigstens die Namen deiner Geschwister?".*
K.: *(schweigt, schüttelt unmerklich mit dem Kopf, schaut zu Boden).*
I.: *(aufgesetzt munter) „Nun aber mal nicht so müde, hopp, die Namen deiner Schwestern und Brüder"...*
K.: *„Ich will nicht"*
I.: *„Oooch, das macht ja gar keinen Spaß mit dir, wenn du mir nichts sagst."*
K.: *„Kannst du mich nicht was anderes fragen?"*
I.: *„Gefällt dir unser Interview nicht, dann kann ich auch Schluss machen".*
K.: *„Ja .. Schluss!" (steht auf, lässt die Interviewerin verdutzt zurück)*

Fragen ohne Antworterwartung

Dass Interviewer vorder- oder hintergründig eigentlich nichts aus ihren Gesprächpartnern heraus bekommen wollen, scheint geradezu unmöglich. Denn damit hebt sich das Interview als Methode geradezu selbst auf. Dennoch kommt es immer wieder vor, dass in bestimmten Konstellationen die Kinder den Gesprächsführer in eine Situation bringen, wo dieser sich die Führung aus der Hand nehmen lässt. Solch eine Konstellation beobachten wir immer, wenn der Arbeitsspeicher des Interviewers leer ist und er nicht über die Souveränität oder das Instrumentarium verfügt, den Augenblick kompetent zu managen. Fast alle flüchten in diesem Moment in ein metakommunikatives Statement. Sie stellen eine Frage – eher an sich selbst – aber diese erfordert eigentlich gar keine Gegenreaktion und noch weniger eine sinnstiftende Antwort. Das Kind erkennt die veränderte Situation nicht, aber bearbeitet sie, indem es die Frage beantwortet. Im schlimmsten Fall wird die (naive) Antwort des Interviewkindes als vorlaute Reaktion gedeutet und das Eltern-Ich provoziert.

I.: *(am Ende des Interviews) „Hmm ...Ich frage mich, was ich eigentlich noch von dir wissen will ..."*
K.: *„Dann guck doch noch mal auf deinen schlauen Zettel."*
I.: *„Das musst du schon mir überlassen, was ich noch mache ..."*

Damit glaubt der Interviewer meist, die Herrschaftsverhältnisse am Tisch seien wieder hergestellt. Welch ein Irrtum.

Floskelfragen

Unbestritten ist, dass wir täglich mit unseren Mitmenschen floskeln, was das Zeug hält. Ebenso unbestritten muss jedoch sein, dass Floskeln im Interview nichts zu suchen haben. Denn – der Bereich ausschließlich rhetorisch (redekünstlich) gefärbter Fragenarsenale ist groß. Ebenso wird der Umgang zwischen Menschen durch eine ganze Reihe von rituellen Wendungen bestimmt bzw. mitbestimmt, die floskelhaften Charakter tragen. Der Unterschied: Zumindest der Interviewer sollte so spezifisch vorbereitet sein, dass er keine Ausflüchte benötigt, um Zeit zu gewinnen und/oder seine Gedanken (neu) zu ordnen und/oder das Gespräch zu strukturieren.

Kinder reagieren auf Floskeln meist abwehrend. Das kann den gesamten Interviewkorpus angreifen und sogar zerstören. Die folgende Interviewerin wollte – so das Nachgespräch – „einfach nur freundlich" sein und das Eis brechen.

I.:	*„Hallo du kleiner Mann!"*
K.:	*(entrüstet) „Ich geh in die dritte Klasse" ... (bleibt stehen)*
I.:	*(leicht verwirrt) „Äh ... setz dich ... wie geht es dir?"*
K.:	*„Willst du das wirklich wissen?"*
I.:	*„Ja ...ja, natürlich ..."*
K.:	*„Okay ... mein Papa ist weggegangen, ich hab ne Schwester die nervt, ne Mama, die nie zuhause ist und raucht und jeden Monat 'nen neuen Papa. Ich will eine Katze und krieg keine. Mama nimmt mich nicht mit auf den Dom[40] und ich krieg kein Taschengeld ..." (Interviewerin unterbricht)*
I.:	*„Äh, ich wollte mit dir über den Mathematikunterricht sprechen ..."*
K.:	*„Ich denk, du willst wissen, wie es mir geht?"*

Das Subtile an mancherlei Floskeln ist, dass jüngere Schulkinder sich nicht ernsthaft selten aufgefordert fühlen, Antworten auf dieserart Fragen zu geben. Sie hören lediglich den Fragesatz plus die dazugehörige Modulation und wissen, dass man antwortet, wenn jemand etwas fragt. Da die meisten Floskeln lediglich dem Eisbrechen, der Überleitung und/oder der Strukturierung von Zeit bzw. der Disziplinierung des Gesprächspartners („Hast du mich verstanden?") dienen, haben sie „so" rein gar nichts in Interviews verloren. Hier wird der Unterschied

---

[40] ›Dom‹ ist der Begriff für den Jahrmarkt in Hamburg.

zwischen der Theorie („Setze Eisbrecherfragen am Beginn des Interviews ein") und der Gesprächspraxis (siehe obiges Beispiel) deutlich.

Ironie-, Sarkasmus- und Kränkungsfragen

Eine absolute *no-go area* sind jene Interviewfragen, die in einer eher verletzenden Art und Weise ausgesprochen werden und ironische oder sarkastische Elemente beinhalten. Zugestanden sei fast allen Interviewerinnen und Interviewern, die mit Kindern arbeiten, dass sie nur selten bewusst offen kränken wollen. Dennoch erstaunen uns bei der Durchmusterung von Interviewprotokollen die vielen kleinen und mittelgroßen ironischen Attitüden für die es meines Erachtens nach zwei plausible, wenn auch nicht hinnehmbare Erklärungen gibt. Die erwachsenen Interviewer müssen sich gegenüber den Kindern „größer machen". Und: Die Erwachsenen besitzen beim Interview (und zweifelsfrei auch darüber hinaus in Schule und Sportverein) einen Defizitblick gegenüber dem Heranwachsenden. Während ältere Schüler/innen im Interview sehr wohl die in der Frage mehr oder minder versteckten Botschaften erkennen und komplementär (oder konträr) sprechhandeln, können Grundschüler/innen meist noch nicht in vollem Maße die „ungesagte Botschaft" entschlüsseln. Vorwiegend reagieren die Kinder naiv auf solche Fragen und dieses Vorgehen wird vom Interviewer wiederum falsch gedeutet. Derartige Missverständnisse können zu (spannenden und) gespannten Dialogsituationen führen.

I.:	*„Wie kommst du denn darauf?"*
K.:	*„Na, ich habe mir gedacht ... wenn Frau G. immer mit uns solche Arbeitsblätter macht, da wird sie doch auch gewusst haben, dass ..." (Interviewer unterbricht)*
I.:	*„Das will ich doch gar nicht wissen ...."*
K.:	*(erstaunt) „Aber du hast doch gefragt, wie ich drauf ..." (Interviewer unterbricht)*
I.:	*„Du musst nicht den Oberschlauen mimen, der auf alles eine Antwort hat."*

Zwei weitere unkommentierte Auszüge aus Interviewprotokollen mit Kindern sollen die Tendenz weiter konturieren.

I.:	*„Rosina, du hast mir so viel erzählt, ich kann damit bloß nichts anfangen. Du spielst hier den Wörterwasserfall. Vorschlag: Wäre es möglich, dass du dein Gehirn einschalten kannst, wenn ich dich was frage?"*

I.:	*„Du bist immer so kritisch mit deiner Lehrerin, Bastian. Nun – würdest du hier im Interview vor der Kamera mal deine eigenen Denkfähigkeiten brillant zu Potte kommen lassen?"*

Suggestivfragen

Ein Interview wird mit hoher Wahrscheinlichkeit von eher minderer Qualität sein, wenn der Interviewer oft auf suggestive Elemente zurückgreift. Gerade Kinder am Beginn ihrer Schulkarriere werden suggestive Fragen im Sinne des Interviewers „zu Willen" beantworten. Der Ertrag des Gesprächs ist so etwas Ähnliches wie Bedarfsforschung – das Resultat der Forschung entspricht dann der hypothetischen Prognose.

Dennoch darf auch hier die Suggestion – eingesetzt in homöopathischer Dosis und vereinzelt – nicht ausschließlich negativ bewertet werden. Innerhalb des Gesprächs kann es bestimmte Problemlagen geben, wo die Interviewerin zu einem Aspekt Stellung beziehen muss. Dies kann dann suggestiv erfolgen – jedoch nicht einer „billigen Zustimmung" des Kindes wegen. Vielmehr kann es herausgefordert werden, nach der Stellungsnahme tiefer in die Gründe der Entscheidung vorzudringen oder eine Relativierung vorzunehmen.

I.:	*„Ich habe jetzt sehr viel über deine Freundinnen gehört. Gibt es da Abstufungen, ich meine ... eine beste Freundin, eine zweitbeste und so weiter? Wie kann ich mir das vorstellen?"*
K.:	*„Hmmm ... es gibt so was bei mir. Meine allerbeste Freundin ist natürlich Denise (lacht) ... das ist klar. Mit der kann ich am allerbesten zicken und verstehe mich am engsten mit ihr. Manchmal sehen wir uns nur an und wissen beide, was die andere denkt. Das ist wirklich so, Mit den anderen Freundinnen habe ich zwar auch viel Spaß, aber es ist nicht so elektrisch."*
I.:	*„Aber du kannst doch nicht wirklich die gleichen Gedanken haben, wie Denise ... das geht doch gar nicht, das kann es gar nicht geben, wirklich."*
K.:	*„Kannste glauben. Das geht. Und wie sogar. Nämlich ... ich denke mir das ja nicht aus, weil wir immer hinterher drüber sprechen. Wir wissen genau, wann wir uns angeschaut haben. Das merken wir uns. Und wenn wir ungestört sind, dann sagt Denise immer das und das habe ich dabei gedacht und ich sage dann immer: ,Donnerwetter genau dasselbe habe ich auch im Kopf gehabt' und umgekehrt. Das war gestern erst wieder so, willste hören? ..."*

Wenn aber die Interviewfrage in ihrer inhaltlichen Zielrichtung suggestiv auf das
›Ich-Selbst‹ des Heranwachsenden drückt, wird ihr Einsatz prinzipiell problematisch. Schafft die Frage Bedrängnis, verengt sie die individuelle Meinungsbil-
dung oder lässt sie keine eigenen Wertsysteme zu, taugen die Fragemuster nichts
bzw. bedienen lediglich auf billige Art das Ego des Fragers.

K.:   „ ...und das hat uns bei Sport nicht so gefallen. “
I.:   „Aber sonst ist Frau Sch. eine gute Lehrerin? “
K.:   „Na ja ... mal so und mal so. “
I.:   „Nicht wahr, sie meint es gut mich euch? “
K..   „ ...“

Letztlich sind Suggestivfragen beim Eisbrechen, in Überleitungsphasen und dem
Gesprächsabschluss unangenehm präsent.

K.:   „ ... und jetzt weiß ich nichts mehr (lächelt). “
I.:   „Danke ...und natürlich hat dir das Interview sehr gefallen? “

Nötigungsfragen
Fragen mit inhärentem Nötigungspotenzial werden von Kindern durchaus als
drohend empfunden. In Interviews treten sie immer dann auf, wenn sich zwischen dem Heranwachsenden und der Gesprächsleiterin atmosphärisch etwas
zusammenbraut. Tatsächlich verlässt das Gespräch dann die Ebene der Sachen
und Prozesse und wird beziehungstechnisch „aufgeladen". Einige Beispiele von
Interviewerfragen sollen dies illustrieren. Die Kontexte, die zu den Mustern
führten, lasse ich hier außer Acht. Dennoch wäre es ertragreich, sich das „Zu-
sammenballen" einer derartigen Gemengelage analytisch näher anzuschauen –
spätestens um eine Wiederholung vermeiden zu helfen.

I.:   „Das ist doch wohl nicht deine Meinung, das kann ich ja nicht
                      glauben, dass du so einer bist, sag was. “

I.:   „Ich helfe dir gleich mal auf die Sprünge, willst du diesen
                      kompletten Lügentext hier weiterverfolgen? “

I.:   „Du willst doch bitte nicht noch weiter auf Herrn B. rumtram-
                      peln, da ist jetzt aber eine Relativierung fällig ... und los? “

Noch einmal – all diese eher krassen Interviewsituationen haben eine ganz eigene Geschichte. Es steht uns daher nicht an, sie von fern zu bewerten, sondern

darauf zu achten, dass die Interviewerin immer auch ihre Moderatorinnenpflicht zum Ausgleichen diffiziler Situationen wahr und ernst nimmt.

Unbeantwortbare[41] Fragen

Ich bin sicher, dass Sie bereits ahnten, dass die im eben beendeten Abschnitt beispielhaft gestellten Fragen kaum eine befriedigende Antwort erbrachten. Lassen wir uns daher auf eine zweite Ebene ein, die ihren Ursprung ebenfalls in ansatzweise gestörten Beziehungen hat, mitunter aber auch lediglich aus der Unprofessionalität der Interviewerin gespeist wird.

Andererseits ist es nahezu kaum zu glauben, dass es überhaupt unbeantwortbare Fragen gibt, sehen wir einmal von spekulativen oder esoterischen Ebenen ab. Im Interview wie in der unterrichtlichen Kommunikation kommen jedoch immer wieder Fragen auf, die Kinder und Jugendliche kognitiv nicht hinreichend beantworten können. Unbeantwortbare Fragen sind sozusagen rhetorisches „Gestrüpp" des Gesprächsleiters – einerseits unverzichtbar für ihn, um „sein Gespräch" am Laufen zu halten, andererseits immer auch Fallstrick für sein reagierendes Gegenüber. Wenn das Kind nicht merkt, dass sich der Folgedialog auf der Beziehungsebene abspielt, können sich üble Szenarien entwickeln. Bei älteren Schüler/innen folgen meist frostige Reaktionen auf solche Floskeln. Einige unterschiedliche Interviewausschnitte sollen dies illustrieren, wobei ich wiederum auf die Entstehungserklärung des Umstandes verzichte.

K.:   *„Ich sag es noch mal, ich weiß wirklich nicht, wie das war. Ich bin doch da viel kleiner gewesen und erinnere mich nicht mehr."*

I.:   *„Denk, nach, denk nach ... ich verstehe gar nicht, warum das bei dir so fest sitzt?"*

K.:   *„Das kann gar nicht festsitzen, wenn ich es nicht im Kopf habe."*

I.:   *„Nun werde mal nicht frech hier, du willst wohl, dass wir gleich Schluss machen?"*

K.:   *„Gut, dann gehe ich jetzt wieder zu Bio ..."* (steht auf).

I.:   *„Sitzen geblieben, du denkst wohl du bist die Größte?"*

K.:   *„Nee ... das ist Isabella, die ist schon 1,70 ..."*

Wir ersparen uns den weiteren Verlauf zu begutachten. Souverän, wie die Schülerin auf der Ebene des Erwachsenen-Ichs bleibt und die zwischen Kindheits-

---

[41] Vollkommen sinnkorrekt müsste es heißen: Von-den-zu-Interviewenden-möglichst-zu-überhörende-Fragen.

und Eltern-Ich changierende Interviewerin auspendelt. Ich habe zum Abschluss des Abschnitts einige weitere dieser unbeantwortbaren Fragen, wie sie im Interview zu hören sind, kommentarlos zusammengestellt.

I.:   *„Franziska, du machst mich noch meschugge. Weißt du, was dann geschieht?"*

K.:   *„Dann hört das hier auf."*

I.:   *„Das wollte ich vorhin von dir wissen...Junge, warum kannst du denn nicht ein bisschen mitdenken?"*

K.:   *„Sie haben vorhin zu mir gesagt – nicht denken, antworten."*

Zweifelfragen

Auch diese Form spielt sich größtenteils auf der Beziehungsebene ab. Wir finden sie im Interview an jenen Stellen, wo den Kindern bestimmte Aussagekompetenzen abgesprochen werden. Hintergrund ist der bereits mehrfach angedeutete Defizitblick auf das Lebewesen ›Kind‹. Kurioserweise bezeugt doch gerade ein Interview, dass man den Gesprächspartner für eine kompetente und souverän agierende Gewährsperson hält. Dieses Axiom wird im Gesprächsprozess mitunter negiert – unter anderem daher, weil wir individuelle Ausprägungsmuster wahrnehmen, die daran zweifeln lassen. Meist folgt dann – als Resultat eigenen Ärgers auf den Status quo – recht schnell der Schwenk auf die Beziehungsebene. Mitunter geschehen solche Provokationen bereits in der Eisbrechphase.

K.:   *„Soll ich das Mikro einschalten."*

I.:   *„Geht los, Finger weg, du weißt mit Sicherheit nicht, wie das funktioniert, oder?"*

Wir sollten solche scheinbar unbedeutenden Äußerungen bei der Supervision und Analyse von Interviews, aber auch im Prozess selbst nicht als Bagatellen abtun. Sie zeigen nicht nur eine aktuelle Reaktion, sondern spiegeln eine prinzipielle Haltung zum Gesprächspartner wider. Als wir Lehrerinnen einer Klasse baten, die Kinder in Kleingruppen zu einem sachunterrichtlich-philosophischen Thema zu interviewen, freute sich die Hälfte der Klasse, die anderen schauten eher verstört drein. Viel später – bei der Auswertung der Videobänder – wurde uns die Ursache dafür klar. Die „strahlende Hälfte" wurde von einer Kollegin interviewt, die souverän und motivierend die Kinder als Lernsubjekte ansah. Die Interviews der anderen Kinder wiesen eine ganze Reihe von Zweifelfragen auf, welche diese Lehrerin stellte. Einige davon sind hier zu lesen.

I.:	*„Ihr wisst selbstredend noch nicht, wovon ich heute etwas wissen will und ich erwarte mir auch nicht viel davon. Oder habet ihr schon etwas von ... gehört?"*
I.:	*„Wie das zusammenhängt, wird von euch natürlich nicht erfasst?"*
I.:	*„Es gibt wie immer niemanden, der eine Ahnung hat ...?"*

Derartige Zweifelfragen sind meist Teil einer nach unter gerichteten demotivierenden Spirale. Die Interviewerin traut ihrem Gegenüber etwas nicht zu – zu fragen ist, warum sie sich dann danach erkundigt – und der Interviewte „spielt mit" und will (bzw. kann) es tatsächlich nicht (mehr). Diese Sätze würgen, als kommunikative ›Killer‹, jedes Gespräch ab. Kinder und Heranwachsende lernen derartige Systematiken rasch.

Fragen mit unangenehmen und/oder diskriminierenden Inhalten
Bedauerlicherweise wissen einige Zeitgenossen nicht, wann sie einem anderen Menschen zu nahe treten. Das liegt einerseits an den betreffenden Personen selbst und andererseits an den Umständen ihres Zusammentreffens. Auch im Interview kann rasch eine Schamschwelle übertreten werden, ohne dass die Interviewerin dies merkt. Diese „plötzlichen" Fehltritte sind kaum zu antizipieren (geistig vorwegzunehmen).
Diskriminierende Fragen werden täglich in einen Reihe von Interviews gestellt, ohne dass andere davon Notiz nehmen. Erst in der Analyse oder der Supervision kommt der Punkt zur Sprache. Mitunter haben aber die beiden Gesprächspartner davon kaum etwas bemerkt. Es ist also ein sehr persönliches Gefühl, was verletzt und wie es gekränkt wird. Wer allerdings mit solchen Fragen bloßgestellt und/oder in eine bestimmte Ecke hinein manövriert wird, dessen Intimsphäre und Würde ist missachtet. Meist agieren Interviewer lediglich tumb und einfältig. Die Effekte sind allerdings im Einzelfall gravierend. Grundsätzlich gilt für ein Interview: Fragen, welche die Intimsphäre von Kindern und Jugendlichen berühren, müssen vermieden werden. Wenn sie für den Interviewertrag essenziell sind, sollte nicht innerhalb einer Interviewgruppe oder einem Plenum darüber verhandelt werden.

K.:	*„ ...und mit dem vertrage ich mich nicht so gut, denn der ist später in unsere Familie gekommen."*
I.:	*„Später? Hat dein Papa noch ein Kind auf der Wildbahn gezeugt?"*

Wir wollen uns besser nicht ausmalen, wenn da ein Pubertierender gesessen hätte. Grundschulkinder beantworten sogar dieserart Fragen noch relativ offen, naiv und unbefangen. Jugendliche blocken diese Art Fragen (und nicht selten das gesamte Interview) meist sofort ab.

K.:   *„ ...und im Landschulheim ... da ging es richtig ab. Wir haben am Tag ungeheuer viele Wanderungen gemacht und abends da sind die Jungs immer in die Zimmer der Mädchen geschlichen. Wir haben gequatscht ohne Ende."*

I.:   *„Und Michel ist da auch mitgegangen? Ich meine, der riecht doch drei Kilometer gegen den Wind?"*

Strukturfehler in Fragen

Während wir in den vorangegangenen Abschnitten eher die inhaltlichen Schwächen von Fragen angeschaut haben, soll nun Aufbau, Struktur und Zielrichtung näher beleuchtet werden. Wenn wir in der Forschungsgruppe Strukturfehler bei Interviewfragen analysieren, fällt uns häufig auf, dass diese meist in den Ebenen „passieren", wo Leitfäden partiell verlassen werden, die aktuelle Neugier den roten Faden übertrifft oder die Aufregung der Interviewerin obsiegt.

Solche strukturschwachen Fragen kommen recht holzschnittartig daher, wirken meist plump gestellt, sind richtungslos oder gar unverständlich. Interviewerinnen sind bereits von ihrer Rolle her Vorbilder in Gebrauch und Vollzug der Sprache. Sie müssen daher immanent auf den korrekten Gebrauch der Fragewörter, den Aufbau der Frage und den Wirkungskreis achten. Ich habe bereits 1997 die in den „neuen" Medien verbreiteten „Journalistenfragen" kritisiert, an denen sich vielfach bis heute noch nichts geändert hat.

„Wenn ich einmal fernsehe, dann verblüfft mich immer wieder die offenbar mangelhafte Ausbildung einiger Reporter/innen insbesondere im Sport- und Talkshowbereich. Mit konstanter Penetranz fragt man dort so, dass das Fragewort erst am Ende auf"taucht". Und mit permanentem Erschrecken reagieren die Befragten, die natürlich gar nicht darauf vorbereitet waren, dass aus einer vermeintlichen Aussage plötzlich eine Fragestellung wird." (Trautmann 1997: 157)

Wie soll ein armer Fußballspieler („Ja gut ... ich sach mal ...") auch anderes reagieren, wenn ihm der Reporter in der mixed-zone gnadenlos das Mikrofon unter das Kinn hält und fragt: „Und sie konnten beim Pass den Ball noch wie kontrollieren?"

Parallele Erschreckenseffekte erzielen Interviewer bei Kindern, wenn sie in eine scheinbare Aussage urplötzlich – aber eben am Ende – ein Fragewort platzieren. Das Resultat – so zeigen unsere Videos – ist vorhersehbar. Die Heranwachsenden versuchen nach kurzem Erschrecken, aus dem Gehörten eine Frage zu rekonstruieren, was aber in mehr als der Hälfte der Fälle im Schweigen endet. Übrig bleibt eine leicht misstrauische Grundaufmerksamkeit, die auf die Wiederholung eines solchen Überfalls wartet. Einige Beispiele von *Reporterfragen* aus Interviews sollen dies noch einmal illustrieren.

I.:   *„Du hast gesagt, dass dein Bruder und du immer sehr gerne miteinander gespielt haben. Ich kann mir gar nicht vorstellen, dass es da nicht auch Konkurrenzsituationen gab... die durch wen zustande kamen?"*

I.:   *„Noch mal zum Sportverein. Du hast viermal Training in der Woche und kannst das alles in allem wie verkraften?"*

Falsche Fragewörter

Ich habe lange überlegt, ob dieser Abschnitt überhaupt in ein Werk mit angemessenem wissenschaftlichen Anspruch hinein gehört. Nach dem Durchblättern der Interviewsequenzen des vergangenen Halbjahres jedoch habe ich mich dafür entschieden. Interessanterweise haben viele meiner Studierenden – auch wenn sie bereits mehrere Interviews führten – hie und da immer wieder falsche Fragewörter auf der Agenda. Ich habe sie nach den Gründen gefragt und mehrere bedenkenswerte Antworten erhalten. Danach „erzeugt sich" ein falsches Fragewort:

- unter akuten Stressmomenten, insbesondere dann, wenn die Vorbereitung des Leitfadens nicht ausreicht und/oder in eine unvorbereitete Richtung hin überschritten wird.
- bei einer scheinbar belanglosen „Plauderei" zwischen zwei leitfadengestützten Feldern – beim Umschalten von Anspannung in Entspannung und umgekehrt.
- in kurzzeitigen Phasen „kognitiven Bandsalats" – wenn die Interviewerin geistig umschaltet, um zu anderen Gesprächsschwerpunkten zu gelangen.
- in emotional aufgeheizten Situationen, wenn die Interviewerin gleichzeitig um Fassung, die Rettung des Gesprächsvorhabens und um den richtigen Ansatz dazu „ringt".

I.:   *„Wir können deine Erlebnisse mit dem Fahrrad einmal beenden. Mich würde noch einmal interessieren, wie du es damals*

126

*empfunden hast, als du neu in die Klasse der anderen Schule
gekommen bist. Wer ... äh wie viel ...hmmm ... nein wodurch
ist es dir da gegangen?"*

In Interviews und anderswo gilt bei diesen Strukturverstößen: „Einmal ist keinmal und zweimal ist Vorsatz". Eine lächelnd vorgetragene Korrektur, verbunden mit wenigen selbstironischen Bemerkungen hebt die Gesprächsatmosphäre und macht beide Partner „locker". Dazu muss jedoch die kommunikative Großwetterlage stimmen. Ist es im Gespräch bereits mehrfach zu (ungewollten oder inszenierten) Konfrontationsmomenten gekommen, agiert die Interviewerin bereits nicht mehr aus einer gelassenen Grundstimmung heraus.

K.:   *„ ... und da hat sie es einfach verbockt. So und nun ist Ruhe
hier, ich will nicht noch ne Frage dazu hören ... das ist mir
hier eh schon Ralle, Alte."*

I.:   *„Was ...wer ist denn in dir gefahren, wo soll ich denn ... also
wie viel ist denn hier noch weitermachen? ..."*

Zu vermuten ist, dass sich mit der einsetzenden Unklarheit der Fragen für die zu interviewenden Kinder und Jugendlichen ein eher negatives Gefühl aufbaut. Es kommt zu fragenden Blicken, schweigender Unsicherheit und im Extremfall zu Abbruchswünschen.
Interviewer sollten sich in diesen Phasen rasch wieder in den Griff bekommen und zielgerichtet zur produktiven Dialogphase zurückkehren. Allerdings ist das oft leichter gesagt als getan. Unsere Interviewtranskripte weisen eine ganze Anzahl von Fällen auf, wonach sich das falsche Fragewort noch ans Ende der Frage mogelt und die gesamte Performance konterkariert. Zwei Beispiele mögen das abschließend verdeutlichen.

K.:   *„War gut, ja ... hab ich aber schon zweimal gesagt."*
I.:   *„Hmm, das hat dir gefallen ... von ab wie?*

K.:   *„Und Franzi ist nachts immer raus geschlichen ... im Nachthemd und ohne Schuhe und ich habe gedacht ... Toilette, das
dauert ja lange ... und als sie nicht wiederkam, da habe ich
nicht weitergeschlafen, sondern mir Gedanken gemacht, wo sie
steckt."*

I.:   *(schaut sehr gespannt) ...*
K.:   *„ ..."* *(schweigt, grübelt)*

I.:	„Und dann hast du ... gemerkt ...woran ... äh ...wie jetzt ... suchtest du dort hier wo sie?"
K.:	„Hä? (verzieht Gesicht) ... Was ist das denn?"

Das letzte Exempel beinhaltet neben den falsch postierten und fehlerhaft ange-
wendeten Fragewörtern bereits Elemente einer Fragekette. Dieser und anderen
Strukturschwächen gelten die nächsten Abschnitte. Abschließend sei betont, dass
wir nicht billig auf derartiges „Stammeln" blicken sollten. Keiner von uns ist in
bestimmten Situationen vor derartigen kurzen Filmrissen gefeit. Es kommt primär darauf an, wie man sie managt. Und dies tangiert wieder und wieder die
Frage nach den Machtverhältnissen im Interview. Die Grundfrage, in welchem
Verhältnis beide Dialogpartner stehen, entscheidet. Sind sie im Sinne des Wortes
Partner, so bleiben diese Fehler Episoden. Beherrscht der Interviewer sein Gegenüber – etwa weil er erwachsen ist – so wird das Kind bzw. der Heranwachsende
sehr viel dafür tun, dieses Machtgefüge aufzubrechen. Strukturschwächen oder
Fragewortfehler sind sensible Punkte, wo er „einhake(l)n" kann.

Schwächen im Fragenaufbau
Der Unterschied zwischen Strukturfehlern und Aufbauschwächen ist ebenso
gering wie deutlich. Erstere stiften durch das Verstellen oder Vertauschen des
Fragewortes Unsicherheit. Letztere weichen die Frage als solche auf, da sie meist
Aussagen signalisieren. Bei solchen indifferenten Fragesubstrukturen erkennt
das interviewte Kind eine Frage nicht, nur unvollständig oder sehr spät als sol-
che. Vom bereits besprochenen Mangel ›Fragewort am Ende‹ weicht diese
Gruppe durch kein deutlich artikuliertes Fragegerüst, sondern durch eher diffuse
Andeutungen ab. Während sie in den großen Dialogbereichen Arbeitsplatz, Leh-
re, Unterricht, Elternhaus und den Gleichaltrigengruppen (Peers) sehr oft auszumachen sind, erleben wir sie im Interviewkontext zunehmend seltener. Ein
Grund ist die vorwiegend partnerschaftliche Form der Gesprächsgestaltung ohne
Kreuztransaktionen und Spiele. Ein zweiter Grund mag die gute Vorbereitung
der Interviewerinnen und Interviewer sein, deren Leitfaden solche Malaisen gar
nicht erst aufkommen lassen. Und dennoch „rutscht" Gesprächsleitern immer
mal wieder die eine oder andere schwache – und damit undeutliche – Frage heraus. Meist geschieht das in einem Dunstkreis von Interesse, emotionaler Betroffenheit und erzieherischen „Einsprengseln".

I.:	„Klasse, Daniela, prima Idee. Was machen wir denn dann in solch einem Falle stets, wenn wir so was haben?"

I.:   „*So, dann lass uns mal anfangen. Für dich ist das einsichtig, oder? Es ist alles okay, denke ich. Stopp, nichts ist klar. Warum wohl nicht?*"

Kettenfragen

Erinnern wir uns an unsere Schulzeit, so fallen uns sicher mühelos mehrere Lehrerinnen und Lehrer ein, die dem Unfug des Kettenfragen-Stellens huldigten. Vielleicht verfolgten diese Zeitgenossen nicht einmal böse Absichten gegenüber den ihnen anvertrauten Kindern. Sie versuchten lediglich möglichst viele Informationen, Hinweise und Tipps in ihre Frage hinein zu packen. Nach der Devise „Je mehr, desto besser" traktierten sie die Aufmerksamkeitspotenziale bis zum Abwinken. Aber auch heute, im Zeitalter tiefen Wissens um den Wert und die Qualitätsmerkmale von Instruktionen sowie die Merkfähigkeit des Arbeitsgedächtnisses scheint sich nichts Wesentliches zu ändern.

Dabei stören die *Frageketten der Kettenfragen* sukzessive die Analyse, den individuellen Erinnerungsprozess und die Strukturierung der Antworten. Kettenfragen sind schlicht hemmend für Gedanken.

In Kettenfragen bündeln sich Fragewörter, -inhalte und -richtungen unzulässig hoch. Jede einzelne Teilfrage muss vom Interviewpartner aufgefasst und verarbeitet werden. Gerade unerfahrene Interviewer, die ihre perfekte Vorbereitung zeigen wollen, „erschießen" ihr Gegenüber mit einer Reihe stracks vorgetragener Fragen, die alle unmittelbar auf das arme Kind bzw. den bedauernswerten Jugendlichen einprasseln.

I.:   „*Alles klar, können wir anfangen? Gut, dann stelle ich dir die erste Frage. Wie bist du in die Klasse gekommen, welche Erfahrungen hast du mit deinen Mitschülern gemacht, kamst du gut im Stoff mit, erhieltest du Hilfe, und wenn ja – entstanden bei dir schnell geschlossene Freundschaften und wie hast du empfunden, dass die Lehrer wussten, dass du von Klasse 5 in die Klasse 7 gesprungen bist?*"

Wir sehen bereits hier eindrücklich, dass man dieses (wohlgemerkt mündlich vorgetragene) Konvolut an Fragen gar nicht behält und noch weniger systematisch und tiefgründig beantworten vermag. Der eigentliche Erkenntniswert der Frage geht nahezu vollständig verloren. Das Kind muss sich fast ausschließlich auf die Durchdringung des Fragedickichts richten. Alle Energien zur Beantwortung werden durch den Aufmerksamkeitshorizont gebunden. Am Ende wissen wahrscheinlich beide – Interviewerin und Heranwachsender – gar nicht mehr, wie die Eingangsfrage lautete. Erwähnt der Jugendliche dies auch noch süffisant, umwölkt sich nicht selten das Gesprächsklima nachhaltig.

I.: *„Marcel, du bist Klassensprecher und organisierst mit Denise die Morgenkreise in eurer Klasse. Wie kam es dazu, bist du zufrieden mit der Funktion, wie klappt die Zusammenarbeit, erhaltet ihr ein Coaching und gab es Momente, wo du aufgeben wolltest?"*

K.: *„Büschen viel auf einmal." (lächelt)*

I.: *„Wir haben ja nicht viel Zeit und ich bin sehr neugierig (lächelt etwas unsicher). Also fang an ..."*

K.: *„Womit?"*

I.: *„Na, mit der ersten Frage." (legt den Kopf schief)*

K.: *„Okay, wenn sie die noch mal genau so hinkriegen wie eben, dann sage ich zu jedem der Punkte aus."*

Die Reaktion der Interviewerin soll hier einmal außen vor bleiben. Wir erkennen die Tücke von Kettenfragen. Der Gesprächsleiter entlädt sein Arsenal an Fragen. Das Gegenüber kann sowohl die Menge, aber noch weniger die inhaltliche Tiefe aufnehmen. Noch problematischer wird es, wenn der Gesprächleiter sich selbst noch bei den Fragestrukturen verhaspelt.

I.: *„Das klingt interessant. Lass mich dazu mal eine weitere Frage stellen. Weißt du noch, also von damals, da könntest du mir doch sagen, was da in dir vorging, ich will mal sehen, ob du das aus deiner heutige Sicht auch so siehst, also frage ich erst mal, wann hast sich das bei dir eingeprägt ... nein, zuvor ... was ist denn der einschneidendste Moment gewesen, als du mit Kathi gebrochen hast und was ist da in dir abgelaufen und wie beurteilst du das heute und hast du noch Kontakt zu ihr, wie beeinflusste das dein Leben?"*

Grundsätzlich muss im Interview gelten: „Salamitaktik" geht vor globaler Welteinschätzung. Die Wissenschaft kennt eine ganze Reihe strategischer Vorgehensweisen, induktive, deduktive, breitbändige, hoch auflösende, den Fokus verengende und erweiternde usw. Es kann von einem theoretischen Niveau aber nicht auf die konkret-praktische Dialogebene geschlossen werden. Doch der Interviewer muss alle Möglichkeiten des Frageneinsatzes und ihrer Variierung nach Bedarf kennen. Grundsätzlich aber muss er versuchen, Einzelfragen so zu platzieren, dass sie „ins Wasser plumpsen, wie ein Stein" und entsprechende

130

kreisförmige Gedächtnis- und Erinnerungswellen nach sich ziehen, die das Gespräch für beide Seiten zu einem fruchtbaren Erlebnis machen.

Kaskadenfragen

Einige Kapitel vorher wurde das kataraktische Interview als ein partiell wiederkehrender Fragenpool klassifiziert, dessen Vorteil darin besteht, mit dem Interviewpartner über eine Reihe von Gesprächen hinweg die Festigkeit von Argumenten, Einstellungen und Überzeugungen abzubilden.

Wenn ich hier von Kaskadenfragen als Fehlerkategorie spreche, hat das eine mit dem anderen nur partiell etwas zu tun. Vorausgeschickt werden muss, dass die in einem kataraktischen Interview auftretenden Fragen keine Kaskadenfragen sind – zumindest hoffentlich.

Kaskadenfragen sind strukturschwache (Ketten-)fragen, die in einer partiell unverständlichen Formulierung enden und meist eher Statementcharakter besitzen als wirkliches Erkenntnisinteresse auszudrücken. Im konkreten Fall sieht das so aus, dass der Interviewer – vor bzw. nach einer möglichen Fragestellung – selbst lange Erklärungssequenzen „wasserfallartig" abgibt.

I.:   „So ein Interview ... ich mache das ja nicht zum ersten Mal ...
          ist auch immer Gelegenheit, dass ich auf mein eigenes Leben
          blicke. Also ich frage dich nach deinen Lieblingsbüchern und
          da denke ich selbst an meine Schmöker in den Siebzigern ...
          warum sind die heutigen Bücher nur so schlecht verarbeitet,
          bei uns hatten die noch echte Klebefalze ... und wenn du mir
          gleich deine Lieblingsschriftsteller sagen wirst, dann kenne ich
          die vielleicht gar nicht ... sag mal deine Lieblingsschriftsteller?
          Und dann erst Schauspieler? Interessierst du dich für Schauspieler? Ja, jede Jugend interessiert sich dafür, die Mädchen
          mehr, die Jungen weniger ... ist es nicht so?"
K.:   „Jou."
I.:   „Siehst du, wir verstehen uns ..."

Sie haben es bereits erahnt. Eine besonders perfide Form der Kaskadenfrage ist die Kopplung vieler kleiner Entscheidungsfragen (Alternativfragen) hintereinander. Derartige Monologe haben dann kaum noch ernsthaft erkundenden Charakter und tragen kaum etwas zum Ertrag bei.

Schlimmer noch – das Interview „dreht sich" sozusagen um Letztlich sinniert die Interviewerin über das Dasein und die Welt und der Heranwachsende hört zu (oder eben auch nicht).

Für das Interview gilt daher, um Kaskadenfragen zu vermeiden:

131

- eine kurze, präzise Frage mit durchschaubarer Struktur, möglichst mit offenem Charakter, weitere Detailfragen in der Hinterhand,
- kaum selbstreflektierende Ausflüchte zum Fragenbereich,
- keine belehrenden Momente einflechten,
- sich als Person stark zurücknehmen,
- stets das Sprachgewicht bei der zu interviewten Person halten,
- eine pathetische Rück- und Nabelschau gehört in kein Interview.

Abschließend noch einen Sonderfall zur Kaskadenfrage. Hier beschwört der Jugendliche diese Form geradezu herauf.

I.: *„Wann hast du die Schule beendet und mit welchem Abschluss?"*

K.: *„Welche jetzt?"*

I.: *„Na die letzte äh, die Schule, von der du jetzt kommst – wann war die zu Ende und was hast du dann gemacht?"*

K.: *„Ich denk', ich soll dir sagen, was ich für 'nen Abschluss gemacht habe?"*

I.: *„Ähm, mhhh ... ja, das hatte ich vergessen zu fragen. Wie dumm von mir (schaut zu Boden) also ähm, was war das für eine Schule, in der du warst und wie ging es dir, als du sie verließest und ...(lächelt unsicher) was hast du für einen Abschluss gemacht und erzähl mir mal, wie war das so dort?"*

K.: *„Zuerst war ich uff 'ner Grundschule, wenn du das wissen willst. Da gab es aber keeen Abschluss."*

I.: *„ ... die letzte, die letzte wo du warst ..."*

K.: *„Hast du nich gefragt in deiner letzten Frage ... (grinst)."*

Erinnern wir uns: Der Jugendliche spielt mit der Interviewerin das ›Schlemihl‹-Spiel. Er antwortet nur auf die ihm aktuell angenehmen Teile der Fragenkaskade und lässt sein Gegenüber ins Leere laufen. Gemäß dem Grundsatz – „Wer fragt, führt das Gespräch" – hebelt er alle ungeschickten Versuche der Gesprächsleiterin, die Richtung vorzugeben, erfolgreich aus.

Leerfragen

Leerfragen sind Fragen mit nicht erkennbarer, unpräziser, sinnwidriger oder frei flottierender Fassungskraft. Deren Ungenauigkeit kann sich auf inhaltliche und formale Ebenen beziehen. Zeitliche Ebenen, Gründe oder Perspektiven werden unklar benannt oder der Vermutung anheim gestellt.

Im Interview eher selten, treten Leerfragen in didaktischen Vollzügen öfter auf, als man denkt. Im Unterricht, an der Werkbank oder im Kontext von Prüfungen wollen Lehrpersonen und/oder Prüfer auf einen bestimmten Begriff hinaus, eine ganz eigene Definition hören. Da die Frage jedoch „ins Leere" zielt, wird die anschließende Kommunikation zum nur selten heiteren Ratespiel unter der Überschrift: „Wer findet diesen unter Umständen gemeinten Begriff". In Prüfungssituationen setzen diese schauerlichen Leerfragen die Kandidaten arg unter Druck und bilden nicht selten den Beginn einer Misserfolgsspirale. Zwei Beispiele aus didaktischen Situationen sollen die Problematik beleuchten.

Die Lehrerin zu Kindern einer vierten Klasse beim Thema ›Gesunde Ernährung‹: „Wie muss Nahrung sein[42]?" Die Kinder rieten munter drauflos:

- lecker? (*ooooch nee*)
- gesund? (*mpffffss*)
- nachwachsend? (*möööönsch...pass doch mal auf*)
- fest? (*neee*)
- flüssig? (*äh wo*)
- mit Cerealien angereichert? (*grffz*)[43]

Unabhängig davon, dass hier Einwortantworten präferiert – ja geradezu herausgefordert – werden, erbringt ein solches Wirken denkbar wenig, für Lehrerinnen ebenso, wie für Kinder. Kommen dazu noch solche Bewertungen, wie ich sie in die Klammern gesetzt habe, ist der ganze Vorgang problematisch.

Auch im Interview gibt es sie, die unklaren oder gar nicht erkennbaren Fragerichtungen. Selbst ich erwische mich aber auch im Seminar immer mal wieder dabei. Wesentlichstes Merkmal des Gegenübers ist Schweigen, Rätseln oder eine eher verkniffene Mimik. Wie kommen diese Leerfragen zustande? Mitnichten ist es so, dass sie ein Zeichen von Dummheit oder Naivität sind, das Gegenteil scheint mir der Fall zu sein. Erstens: Intelligente Erwachsene antizipieren Vorgänge. Es kann geschehen, dass ein solcher vorgedachter Prozess mit einer Frage endet, das Gegenüber jedoch noch gar nicht so weit (mit-)gedacht hat und daher den Kontext (noch) nicht erfasst. Zweitens wird tatsächlich auf einen Schlüsselbegriff rekurriert, ohne den es im Interview oder im didaktischen Prozess nicht weitergehen kann. Drittens bildet die Frage den wünschenswert zu erfragenden Inhalt unklar oder schlicht falsch ab. Viertens schließlich – ich spreche pro domo

---

[42] Die Auflösung der Lotterie: Gewünscht wurde der Satz: „Nahrung muss kalorienreich sein" (was bei näherer Analyse indes außerordentlich problematisch ist).
[43] Der Leser sollte nicht glauben, dass das Drama nicht noch weiterging. Alle möglichen Attributionen (gekocht, roh, gebacken, gewaschen, keimfrei, aus dem Garten, aus dem Bio-Laden, garniert ...) kamen zur Sprache, die Lehrperson wurde immer nervöser.

– führt lautes Denken fast unmittelbar in die Kavernen von Leer- und Statementfragen.

Viele meiner Studierenden bauen sich während des Kurses zu Interviews eine
Kladde mit „universellen Fragemustern" für alle möglichen Situationen. Einige
davon sind die folgenden:

I.:   „Wie bewertest du das, was wir eben miteinander besprochen
             haben?"
I.:   „Was schließt du aus dem von dir eben Gesagten?"
I.:   „Versuchst du bitte einmal, dein Gesagtes unter eine Über-
             schrift, ein Motto oder ein Sprichwort zu stellen?"
I.:   „Wie ordnest du das eben Gesagte in dein grundsätzliches
             Problem mit X. ein?"

Wir finden partielle Alternativfragen, Unbeteiligte können einige der Erkundigungen als Leerfrage deuten. Diese Fragen erbringen meist immer einen schönen
Ertrag. Ihre Sinnhaftigkeit besteht darin, dass sie innerhalb eines Denk- und
Verarbeitungsprozesses gestellt werden und nicht monolithisch aus einer Situation „fallen". Die interviewte Person wird geistig gefordert und darf in mehreren
Ebenen antworten – u.a. deklarierend, problematisierend, erklärend, erörternd
oder nur distanziert beschreibend.

Derart offene Frage- und Aufgabenstellungen sind die Kehrseite von sinnleeren
Fragen. Der Interviewer darf dabei nur nicht auf *die* eine und einzige Antwort
festgefahren sein. Die Kinder und Jugendlichen docken an individuell bedeutsamen Punkten an und arbeiten durchaus produktiv die gestellte Aufgabe ab. Die
Erträge (begriffliches Ein- und Zuordnen, logisches Schließen, Ableiten kausaler
Abhängigkeiten, Gewichten von Argumenten, Urteilen) überstrahlen die Gefahren (Abschweifen, Oberflächlichkeit, Themenverlust) bei weitem.

Statementfragen

Wie es der Name schon sagt – hier wird weniger etwas erfragt, als vielmehr die
eigene Auffassung kundgetan. Vielfach mag die Absicht einer punktuellen Fragestellung erkennbar sein, diese wird jedoch durch Stil und Ton rasch ad absurdum geführt. Statementfragen haben grundsätzlich eine primäre Funktion zur
Selbstkundgabe.

I.:   „Ich bekomme von dir immer nur einzelne Wörter als Antwort.
             Nie sprichst du mehr als einen Satz mit mir. Habe ich dir etwas
             getan? Es muss an mir liegen. Meinem eigenen Jungen würde
             ich sagen: ‚Mach die Kiefer auseinander' aber das kann ich ja

134

bei dir nicht, oder doch? Was mache ich nur? Wollen wir es
noch mal probieren, ich muss doch ein Ergebnis haben, wie
kriege ich dich nur dazu, etwas zu berichten? ... "

So sehr sie im Kontext von Vorlesungen, Empfängen oder „runde Geburtstagen" auch gewünscht bzw. gefürchtet sein mögen – im Interview haben sie grundsätzlich nichts verloren. Denn die stehlen Zeit, verwirren die zu interviewende Person und muten transkribiert sehr seltsam an.

Dennoch – keine Regel ohne Ausnahme. In einem eher schwierigen Interviewkontext mit einem spätpubertierenden Jugendlichen wandte eine Studierende das Mittel der Statementfrage klug, maßvoll und mit verblüffendem Ergebnis an. Ein kurzer Ausschnitt soll das „Umschwenken" der Heranwachsenden unterstreichen.

K.:   *„Und die Lehrstelle habe ich eben auch nicht gekriegt, wegen*
            der Alten, der hat mich so angemacht, ej ... "

I.:   *„Die Welt ist ungerecht, die Menschen sind schlecht, die Um-*
            stände grauenhaft und kein Licht am Horizont. Heul, schrei,
            kreisch. Warum nur trifft dich das und nicht jemanden ande-
            ren? "

K.:   *(grinst breit) „Na ja, Vieles von der Kacke habe ich mir ja*
            auch selber eingebrockt ... ich meine, ich habe immer viel zu
            schnell aufgegeben, weil ich dachte, den Stress tust du dir nicht
            an, das muss ich mir nicht bieten lassen ... "

Erinnern wir uns an die kommunikativen Modelle. Die Jugendliche schmollt im Kindheits-Ich und die Interviewerin präsentiert die Bilanz im Erwachsenen-Ich-Statement mit leicht ironischen Kindheits-Einsprengseln. Das Mädchen kann dies akzeptieren und wechselt nun selbst auf das Erwachsenen-Ich und gibt Fakten, Daten, Hintergründe preis. Genau dies aber ist ein Ziel von Interviews.

Frageantworten
Kehren wir wieder zurück in die Niederungen – zum Interview, welches scheinbar unproblematisch vonstatten geht. Gar nicht einmal vereinzelt lesen wir in den Transkripten seltsame Wendungen – Fragen, auf die die Fragerin selbst antwortet.

Das in einer Frage formulierte Problem wird anschließend durch die Interviewerin – die jetzt eigentlich still bleiben müsste – sogleich selbst beantwortet.

I.:   *„Werfen wir doch noch einmal einen Blick auf die räumliche*
          Situation, als du Kind warst, wie war die? Ich denke sie war
          hervorragend – ein großes Kinderzimmer, Platz und wenig
          Lärm, denn du warst ja der Einzige.“

Konstatieren wir, dass die Interviewerin laut denkt und somit ihre eigenen Erkenntnisse aus den voran gegangenen Phasen des Interviews dazu nutzt. Wenn
wir fragen, wozu dies nutzt, fällt die Antwort schwerer. Offenkundig ist die
Interviewerin eben „aus ihrer Rolle gerutscht“. Dieser Fall „ins laute Denken“ ist
per se gar nicht kritikwürdig, im Gegenteil. In Verbindung mit der Aufgabe
jedoch ist Kritik angemessen. Das Gegenüber wird selbstredend beeinflusst, es
braucht keinen eigenen Ansatz zu finden, sondern lediglich bejahend zuzustim-
men und selbst wenn die Gesprächsleiterin provozieren wollte, kann sie dies
prononcierter, als oben gezeigt.
Interessanterweise können sich aber auch beide Gesprächpartner mitten im Inter-
viewgeschehen, sozusagen dialogisch, auf der Ebene der Selbstkundgaben treffen und Frageantworten präsentieren.

I.:   *„Du hast ein Album mitgebracht und da willst du mich durch-*
          navigieren ... ach Fotoalben sind das Gedächtnis für die Au-
          gen ... ich habe auch welche, würdest du dich freuen, die mal
          zu sehen? Wieso hängen die Menschen nur so an Alben?“
K.:   *„Ich häng da nicht dran, meine Mutter hat mir gesagt, ich soll*
          die mitbringen ... nee, Papa hat es gesagt oder? Warum sollte
          ich die eigentlich mitbringen? Ach so, weil ich ne komplizierte
          Familie hab ... nee, kompliziert nicht ...wie war denn das?
          Vielschichtig? Komplex! War es komplex?“
I.:   *„Wollen wir uns jetzt darüber unterhalten? Ich denke nicht.*
          Worüber denn? Wo waren wir? Ach ja bei deiner Schwester
          (schlägt das Album wahllos auf). Wo ist sie hier zu sehen?“

Wir wollen hier aus dem Dialog heraus gehen und vier Dinge festhalten:
- Die Tendenz zu lautem Denken ist offenkundig eine verbreitete, wert-
  neutrale Eigenschaft.
- Im Interview hat dieses Sinnieren, wenn es nicht professionell und ziel-
  bezogen eingesetzt wird, keinen Raum.

136

- Interviews bedürfen weitgehend asymmetrischer Kommunikationsstrukturen[44] – Interviewerinnen fragen kurz, knapp und präzise und die interviewten Personen antworten mehrdimensional, mit Vor- und Rückblenden und grundlegend (zumindest in der Wunschvorstellung des Interviewers).

- Kommt es doch einmal zum Frageantwortverhalten seitens des Interviewers und reagiert die interviewte Person darauf, so bedarf es eines gelassenen Umgangs mit der Antwort. Keinesfalls sollte auf der Beziehungsebene operiert werden.

Rumpffragen

Es ist nun an der Zeit, nach den eher ausufernden Fragen die andere Seite der Normalverteilung zu betrachten. Dies sind die Rumpf- und Einwortfragen. Beide kommen eher „ruppig" daher, obwohl eine derartige Atmosphäre im Interview gar nicht vorherrschen muss. Rumpffragen besitzen in der Regel kein Fragewort. Bereits der in der Modulation gespeicherte Aufforderungscharakter wirkt oder wird durch Füll- und Stützwörter ausgeprägt.

In unseren Forschungen bemerken wir gerade bei den Rumpffragen zwei interessante Tendenzen. Kennen sich Interviewerin und Kind nicht, so bleibt der Anteil von Rumpffragen sehr gering. Völlig anders zeigt sich die Sache, wenn der Interviewer den Heranwachsenden aus anderen sozialen Kontexten heraus kennt. Bitten wir beispielsweise Lehrerinnen und Lehrer, Sozial- oder Sonderpädagogen um Hilfen bei unseren Interviewkatarakten, so bemerken wir in bestimmten Fragesektoren eine auffallende Häufung von Rumpffragen. Offenkundig glauben die Interviewer, dass lediglich ein mikroskopischer Impuls ausreicht, um Antworten zu initialisieren.

I.:   *„Und dann habe ich noch eine Frage zur Betreuungszufriedenheit, und das muss jetzt von dir kommen ...?"*[45]

I.:   *„Theresa und du habt also euren Freundschaftsbund ... ja was nun?"*

---

[44] Im Gegensatz beispielsweise zu anderen dialogischen Prozessen wie dem Unterricht. Dort wird seit langer Zeit für eine Dialogkultur geworben, die auf ähnlich- bzw. gleichgewichtige Sprechanteile zwischen Lehrenden und Lernenden abzielt.

[45] Zur allgemeinen Ehrenrettung muss gesagt werden, dass zu dieser Frage keine Person aus dem Bereich als Interviewer eingesetzt wurde, zu dessen Betreuungsqualität der Jugendliche Stellung nehmen sollte.

Jugendsprache kopiert diese Rumpfkommunikation, wobei die Struktur sprachlicher Fragen und Antworten fast komplett entfällt und sich die Protagonisten nur noch „in Satzfetzen", gekoppelt mit mimischen und gestischen Versatzstücken ausgetauscht wird.

Ein-Wort-Fragen
Der maximale Verzicht auf eine Struktur ist die Verkürzung des Fragenrumpfes auf ein Wort. Ist es ein treffendes Fragewort, passt alles. Es geht nicht darum, die Ein-Wort-Fragen zu verdammen oder gar als destruktiv zu geißeln. In jedem Interview haben sie ihre Berechtigung, zumal sie der gewünschten Asymmetrie des Dialoges zugute kommen. Im folgenden Beispiel haben wir uns im Rahmen einer Übung Interviewpassagen angeschaut, die produktive Ein-Wort-Fragen enthielten. In einem zweiten Schritt vervollständigte die Forschungsgruppe diese zu einem freundlich-kurzen Fragekonstrukt.

K.:   *„Wir konnten uns dann nicht einigen, und da haben wir gelost."*

I.:   *„Wie?" (...ging es weiter?... habt ihr das gemacht?... muss ich mir das vorstellen?... ist es ausgegangen?...)*

K.:   *„Mit Schere, Papier, Stein, Brunnen – das war so lustig, Hella und Fatma waren immer gleich, es halt lange gedauert, dann hat Fa gewonnen und musste nicht in den Teich steigen."*

I.:   *„Und?" (... was geschah dann?... wie ging die Sache aus?... was willst du nun berichten?...)*

In diesen Szenen hatten die Ein-Wort-Fragen ihre Berechtigung, wenn man auch über deren Häufung zweifellos geteilter Meinung sein kann. Als Zwischenimpuls oder gewolltes Setzen eines Reizwortes steht die Ein-Wort-Frage daher nicht in der Kritik.
Ein-Wort-Fragen jedoch, die ohne einen direkten bzw. indirekten inhaltlichen Zusammenhang zum aktuell Gesagten, zur Lebenswelt oder den Vorerfahrungen gestellt werden, verwirren oft und beenden damit partiell die Kommunikation. Die Heranwachsenden können den vorgebrachten Begriff entweder nicht oder ungenügend (bzw. in nicht gewünschter Richtung) assoziieren und setzen sich damit nicht selten der (ab-)wertenden Beziehungsebene des Interviewers aus.

K.:   *(hat eben intensiv und freudvoll über ihr Verhältnis zu ihrem eigenen Körper berichtet) „Und nun kannst du mir ne neue Frage stellen." (lächelt erwartungsvoll)*

I.:	*„Hygiene?"*
K.:	*„ .... ???? .... was?" (macht fassungsloses Gesicht, greift sich an die Nase ...die Augenbewegungen werden heftiger)*
I.:	*„Hygiene?"*

Wir wissen nicht, was die Interviewerin antrieb, mit nur einem Wort die freudvolle Grundatmosphäre zu zerbrechen, indem sie immer und immer wieder nur das eine Wort fragend wiederholte. Später stellte sich heraus, dass das interviewte Mädchen den zu kommentierenden Begriff gar nicht kannte, sich jedoch nicht nachzufragen traute. Das Resultat ist – wie hier exemplarisch skizziert – zumeist Verunsicherung. Diese ist aber eines der schlechtesten Voraussetzungen für ertragreiche und dialogisch-konstruktive Interviews. Daher: Weniger ist mehr, aber zu wenig ist nicht mehr verständlich.

Gegenfragen
Ähnlich verzwickt ist die Kommentierung von Gegenfragen – jedoch eher auf inhaltlicher, als auf formaler Ebene. Für das „gemeine" Interview scheint klar – eine(r) fragt und eine(r) antwortet. Im philosophischen Gespräch beteiligt sich der Frager an der Geburt neuer Erkenntnisse und Fragestellungen (Maieutik)[46]. Doch im „alltäglichen Alltag" kommt es auch zu Kollisionen auf der Beziehungsebene. Wir hörten bereits davon und konnten mehrfach konstatieren, dass Interviews immer inhaltlichen Schaden nehmen, wenn einer der Partner die Sachebene zuungunsten mannigfaltiger Beziehungskämpfe verlässt.
Daher gelten jene Gegenfragen – die statt einer Antwort auf eine bereits gestellte Frage erteilt werden – als problematisch, wenn sie die Inhaltsdimensionen verlassen und (be-)urteilende Funktionen einnehmen. Manche dieser Gegenfragen sind starke Kommunikationskiller, deren Gebrauch eine Weiterführung des Gesprächs auf gleichgewichtiger Ebene fast unmöglich machen.

I.:	*(bereits am Beginn leicht hektisch) „... jetzt habe ich dir das erklärt. Und mit deiner Sportaktivität fange ich jetzt an."*
K.:	*„Muss ich jetzt nur darauf antworten oder kann ich auch was zu was anderem sagen?"*
I.:	*„Wir sind doch nicht in der Krippe oder? Du hast eben nicht zugehört wie?"*
K.:	*(leicht verblüfft) „Doch, aber ich wusste nicht, ob die Frage ..."*

---

[46] Als Begründer dieser „Hebammenkunst neuer Gedanken" gilt Sokrates. Im so genannten sokratischen Gespräch wird u.a. durch substanzielles Fragen versucht, den Menschen von seinen Gedanken zu entbinden, d.h. Klärungen oder Erkenntnisse zu erlangen.

I.:	*(unterbricht genervt) „ ... Du kannst wohl gar nicht abwarten? Lass mich doch erstmal 'ne Frage stellen aber so viel Ruhe bringst du nicht mit oder?"*
K.:	*„ähm ... doch ... warum sind Sie denn so wütend?"*
I.:	*„Geht's noch? Warum kannst du nicht mit mir mal anfangen? Wenn du hier nicht die Spielregeln einhältst, was soll ich denn da noch machen?"*

Unschwer ist hier zu erkennen, dass das Kind nun keinerlei Antrieb mehr hat, nachzufragen bzw. dieserart Gespräch weiter fortzusetzen. Gleichgültig, was die Kollegin zu dieser Eskalation getrieben hat – ein solcher Verlauf darf nicht einmal Novizen passieren.

Es muss aber nicht – wie hier – die große Keule sein. Einige Auszüge aus Interviewtranskripten sollen zeigen, dass das Prinzip der Gegenfragen gern zur sublimen Disziplinierung des Gegenübers genutzt wird – immer dann, wenn er selbst die Fragerichtung umgekehrt und etwas erfahren will.

K.:	*„Sie haben so gelacht, als ich das erzählt habe. War das bei Ihnen im Leben auch so ähnlich?"*
I.:	*„Das, mein Lieber, geht dich nun wirklich nix an."*
K.:	*„Das liegt wahrscheinlich daran, dass ich die Jüngste bin. Meine Geschwister vor mir mussten ziemlich leiden, vielleicht damit ich alles viel eher machen durfte."*
I.:	*„Wo hast du denn plötzlich diese Klugschieterei her?"*
K.:	*„Also auf diese Schule würde ich nicht noch einmal gehen im anderen Leben. Glauben Sie an Wiedergeburt?"*
I.:	*„Glaubst du an den Weihnachtsmann?"*

Über- und unterfordernde Fragen

Eine Fehlerebene ist in diesem Kapitel noch gar nicht angeschnitten worden. Sie beinhaltet Fragen, die aufgrund des gewählten Sprachcodes und/oder der korrespondierenden Begrifflichkeiten ihr Ziel der Verständigung und des Dialogs verfehlen. Das korrespondierende Bonmot läse sich dann etwa so: „Der Aphorismus stößt leise auf. Der Witz rülpst". Mit anderen Worten – Interviewer müssen die Sprache der zu interviewenden Heranwachsenden nicht nur verstehen, sie müssen sie auch partiell sprechen (lernen). Dies jedoch funktioniert etwa dann gar nicht, wenn beispielsweise ein Philosophieprofessor – ausgestattet mit einer exzellenten wissenschaftlichen Hochsprache – eine Zweitklässlerin über die Rudimente ihrer animistischen Weltauffassung befragt. Wir können daher festhalten, dass eine der häufigsten Ursachen unverstandener Fragen in der unangebrachten, weil für die Zielgruppe unverständlichen Wahl der eingesetzten Begriffe liegt. Selbstredend betrifft das sowohl den Kauderwelsch als überforderndes und die Babysprache als unterforderndes Element. Die Sprachwahl und die Begriffsauswahl, derer sich die Interviewerin bedient, ist unbedingt auf die zu interviewende Altersgruppe zuzuschneiden. Darüber hinaus bedarf es des individualisierenden Blickes, da die Heterogenität zwischen Vierzehnjährigen mehrere Monate bis Entwicklungsjahre umfasst. Schauen wir uns zwei kontrastierende Beispiele an, um die Problematik deutlich zu erkennen.

Aus einem Interview mit einer *Erstklässlerin*:

I.:   *„Wie hast du deine Einschulung reflektiert ... äh konntet ihr da metakognitiv in der Familie mal drüber diskutieren?"*

K.:   *„ ...???..."*

I.:   *„Ich meine, hmm ...na erörtere mir doch mal die ganze Sache induktiv ..."*

Aus einem Interview mit einem *siebzehnjährigen Gymnasiasten*:

I.:   *„Und ich möchte, dass wir ganz offen miteinander sprechen und nicht mauern. Ich brauch kein „backe-backe-Kuchen-Gespräch" sondern Fakten, Fakten, Fakten."*

K.:   *(lächelt) „An mir soll es nicht liegen."*
          ... (elf Minuten später)

I.:   *„Du patschst mir mit deinen Schweißgriffeln gerade auf meine Vorbereitung ... weißt du, wir machen hier oben weiter, oben ist hier (zeigt auf den Fragekomplex) und da kannst du mal die Glubscherchen wandern lassen, vermagst du das schon?"*

Es muss nicht bezweifelt werden, dass solche „Fragen" sowohl durch das Stellen selbst und die sprachbegleitenden Umstände als Erniedrigung empfunden werden. Erstaunlicherweise erhalten wir in der Supervision oder bei Interviewauswertungen fast immer die gleichen Antworten, wenn wir nach den Gründen für solche „Ausbrüche" fragen.

- „... wollte mal einen Scherz machen ..."
- „... die Situation war so angespannt, da wolle ich die mal locker machen ..."
- „... einen Spruch ... was tut der schon ..."

- „ …ich wurde völlig überrascht von der Reaktion, das habe ich nicht vorher gesehen, dass der das so persönlich nimmt …"
- „… das Leben ist hart, ich musste so was früher auch einstecken lernen …"

Pluralis majestatis

Streng genommen ist der Pluralis majestatis eigentlich gar kein typisches Frage-konstrukt. Ich habe mich entschlossen, ihn hier – wenn auch am Ende – mit aufzunehmen, weil er sich im Interview entwickeln kann. Besonders gut „wächst" die Wahrscheinlichkeit, dass eine Interviewerin mit ihm beginnt, wenn die Großwetterlage im Interview heiter bis sonnig und das Kind eher jung als postpubertär ist. Und bereits hier zeigt sich wieder die Polarität des Ansatzes. Das Sprechen in der Mehrzahl ist an sich nicht verwerflich, weil es ein durchaus freundvolles „Wir-Gefühl" erzeugen kann, in dem auch Fragen und Antworten zu einem erfüllenden kommunikativen Kunstwerk erblühen können. Insbesondere bei jungen Grundschüler/innen bestärkt das „Wir wollen mal schauen, was wir da machen können" ein Bewusstsein, dass Lehrerin und Kinder gemeinsam die aktuellen Lebens- und Lernprobleme angehen.

Adelt sich jedoch die Hilfs-Mehrzahl in die kaiserliche Mehrzahl (p. majestatis), ist sofort Vorsicht geboten, dass ein Großteil der Kommunikation nicht (wieder) auf der Beziehungsebene verhandelt wird und damit profunde Störungen mit sich bringt.

I.:   *(hat der Sechstklässlerin breit erklärt, wozu das Interview dient und wie es verlaufen soll. Das Mädchen schien diese Informationen nicht zu benötigen und wollte – so deutete ihr Mimik und Gestik an – rasch anfangen) „Das war der Anfang. Wie haben wir denn all diese Infos verdaut?"*

K.:   *„Ich muss gleich würgen, wenn das so weiter geht."*

Im Einzelfall würde es sicher heißen können: „Dumm gelaufen". Doch Vorsicht, diese Tendenzen aus der Position des „Herrschenden" zu agieren, sind verbreiteter, als wir allgemein anzunehmen bereit sind. Hier das Beispiel einer dreizehn-jährigen Schülerin, die das Problem auf ihre eigene Weise bewältigt.

K.:   *„Ich weiß nicht, ob ich den Mut dazu hätte."*
I.:   *„Wären wir den vernünftig, wenn wir das tun würden."*
K.:   *„Haben sie das auch schon mal erwogen?"*
I.:   *„Hä, wieso ich? Du stehst hier zur Debatte."*
K.:   *„Weil sie ,wir' gesagt haben …"*

142

I.:	*„Hab ich nicht."*
K.:	*(leicht sarkastisch modulierend) „Dann waren wir wohl einen Moment unaufmerksam."*
I.:	*„Genau."*

Selbst bei den Gesprächen mit Grundschulkindern „rutscht" den Interviewern der Pluralis majestatis heraus. Dort richtet er allerdings nur scheinbar geringen Schaden bei den Kindern an. Analysieren nämlich bereits junge Menschen naiv den Sprachinhalt und geben „entsprechende" Antworten, liegt meist Ärger in der Luft.

I.:	*„Huhu ... wir wollen aufwachen ..."*
K.:	*„tuut ... tuuut ...tuuut"*
I.:	*„Was soll denn das Moshe?"*
K.:	*„Das war dein Wecker, damit du auch wach bist ..."*

Fassen wir zusammen: In den zigtausend Interviews, die täglich in den unterschiedlichsten Arbeitskontexten durchgeführt werden, können sich stets auch fehlerhafte Strukturen und Verläufe einschleichen. Dies ist nie zu vermeiden und stellt im Wesentlichen auch kein Problem dar, wenn

- beide Teilnehmer auf einem partnerschaftlichen Kommunikationsniveau agieren, das heißt, der eine den anderen nicht zu beherrschen trachtet.

- sich keiner der Partner bewusst der ›dirty tricks‹ der Kommunikation bedient um die Vorherrschaft über die Beziehungsebene zu erringen.

- Kindern und Heranwachsenden das Recht zur naiven oder verschmitzten Nachfrage ebenso eingeräumt wird, wie man sich dies als Interviewer selbst heraus nimmt.

- kommunikative Patzer und Schnitzer unaufgeregt einräumt, korrigiert werden oder der Gesprächsleiter einen sprachlichen Neuansatz unternimmt.

- Interviewer/innen sich ständig der Potenzen ihres sprachlichen und nichtsprachlichen Kommunikationsinstrumentariums bewusst sind und dieses immanent professionalisieren.

Dreizehn Professionalisierungsansätze für Interviewer/innen

Wenn eine Situation für eine Person real ist,
dann ist diese Situation in ihren Konsequenzen real.
(Theorem des hl. Thomas)

Auch bei der Interviewdurchführung gibt es keine Meisterlehre, kein simples „Nachmachen, bis man es kann". Auch das rezeptive Dabei-Sein, so zeigten unsere Projekte, ist kein Garant, bestimmten Irrungen nicht zu unterliegen und sattsam Fehler zu machen.

Daher will ich noch einmal wesentliche Lern- und Erfahrungsfelder nennen und einige Übungsformen anregen.

1. Sprachsicherheit erlangen und ausbauen

Geist scheint in dieser Welt in ausreichendem Maße zur Verfügung zu stehen. Jeder glaubt, genügend davon zu besitzen. Ich weiß nicht, wann und wo ich diesen Aphorismus gelesen habe, staune jedoch immer wieder über seinen universellen Wahrheitsgehalt. Ähnlich scheint es, zumindest bei Erwachsenen, mit der Sprachsouveränität zu stehen. Hören wir Politikern zu, so erscheinen uns manche ihrer Lösungsansätze zumindest nachvollziehbar. Ich fordere meine Studierenden auf, ein solches dreiminütiges Polit-Statement einmal vollständig zu verschriftlichen. Der Effekt im nächsten Seminar ist quasi mit Händen zu greifen. Die unterschiedlichen „Übersetzungen" gehen von Hand zu Hand, Lachen ertönt, diese und jene eher unschmeichelhafte Bemerkung fällt und letztlich sehen wir ein, dass die einen nichts sagende Sprechblasen erzeugen und andere sehr strukturiert und anschaulich argumentieren.

> ➢ Anregung: Transkribieren Sie eine Minute eines im TV mitgeschnittenen Monologes Ihrer Wahl.
> ➢ Lesen Sie danach die Übersetzung und markieren Sie alle sinnhaften Passagen.
> ➢ Denken Sie dann über das Verhältnis von Aussage und Nicht-Aussage nach und eruieren Sie Gründe dafür.

Eine wirkliche Erweiterung unseres Sprachbewusstseins umfasst eine ganze Reihe von Effekten:

- Wir müssen Sprache individuell für uns „mundgerecht" (eigentlich „gehirngerecht") machen. Am besten gelingt dies, wenn Sprache in innere Bilder übersetzt wird.

- Ein Abdriften in bildlos-abgehobene Sprachsphären geschieht meist dann, wenn wir selbst keine Vorstellungen von der Sache haben, die wir übermitteln wollen.
- Zwischen „sagen" und „meinen" und „glauben, ausgedrückt zu haben" bestehen Unterschiede. Dieses Bewusstsein stets bei sich zu führen entlastet.
- Schließlich konstruieren alle Beteiligten ihre individuelle Auffassung von dem, was angekommen ist. Der Einbau von sichernden Elementen im Interview (oder einer universitären Lektion) gibt allen Beteiligten hinreichend Sicherheit, zu verstehen bzw. verstanden worden zu sein.

Aber auch ganz einfache Übungen zum Frageninhalt und zur Fragetechnik lassen sich durchführen. In einem meiner Seminare arbeiten wir mit den folgenden Aufgaben. Dabei müssen Partner zunächst zu zweit die Vorgaben erfüllen, danach schriftlich niederlegen. Das Plenum beschäftigt sich abschließend mit den Erträgen, den Auffälligkeiten und den Schlussfolgerungen. Ich habe Ihnen einige Formate zusammengestellt[47].

- Spielen Sie mit Ihrer Partnerin ein „Frage-Antwort-Spiel" bis zum Abbruch. Ergründen Sie anschließend gemeinsam die Gründe, warum es derartige Spiele in Interview- und Gesprächssituationen zu vermeiden gilt.
- Versuchen Sie drei kürzestmögliche, sinnvolle, beantwortbare und grammatikalisch korrekte Fragen an Ihre Partnerin zu stellen.
- Konstruieren Sie zwei Doppelfragen. Diskutieren Sie in Ihrer Gruppe den Wertverlust, der beim Stellen einer Doppelfrage auftritt/auftreten kann.
- Antworten Sie zweimal auf eine Frage Ihrer Partnerin mit einer Doppelverneinung. Analysieren Sie anschließend gemeinsam die Qualität der Antwort.
- Suchen Sie sich einen komplexen Sachverhalt aus den hier ausgelegten Zeitungen. Zerlegen Sie Ihren Fall in möglichst viele Einzelfragen. Diskutieren Sie in der Arbeitsgruppe sinnstiftende und unsinnige Fragen-

---

[47] Die Aufgaben werden nicht hintereinander und nicht in einer Seminarsitzung gestellt & gelöst. Sie sind integraler Bestandteil einer hochschuldidaktischen Methodenkiste.

formate. Bringen Sie danach als Gruppe drei Grundregeln für Interviewfragen mit ins Plenum.

Abschließend stelle ich Ihnen noch ein Arbeitsblatt vor, welches den Novizen
gestattet, Fragetypen zu unterscheiden und im Interview produktiv zu mischen.

Name, Vorname, Matrikel ....

Semesterübergreifendes Interviewthema:
....
....
....

Notieren Sie zu folgenden Fragen ein selbst gewähltes Beispiel. Bearbeiten Sie
anschließend Ihr Interviewthema, in dem Sie je einen Fragetyp beispielhaft ein-
bauen.

Informationsfrage
....
....
....

Meinungsfrage
....
....
....

Aufgabenstellung
....
....
....

Suggestivfrage
....
....
....

Provokationsfrage

....

....

....

Offene Frage

....

....

....

Ergänzungsfrage

....

....

....

2. Auf die Zielgruppe einstellen

So unglaublich es klingen mag – für nahezu alle professionellen Interviewer ist jedes Interview „das Erste". Dahinter steckt die Achtung vor dem, was geschieht. Jeder Mensch, der interviewt wird, gibt etwas von sich preis. Die Verpflichtung des Gesprächsleiters besteht darin, so viel gute Informationen zu erhalten, wie unter den gegebenen Umständen möglich sind. Und – einen sorgsamen Umgang mit dem Interviewten und der Information sicherzustellen.

Daher ist es unabdingbar, sich auf das Individuum und die Zielgruppe, derer es entspringt einzulassen. Im Einzelfall heißt das für mich selbst, mich mit angesagten Daily soaps, Telenovelas, Kosmetika, Schauspielernamen und Teenagerbands zu beschäftigen, bevor ich Zwölfjährige zu ihren Freizeitaktivitäten befrage. Diese Feldkenntnisse gestatten es mir, mitzureden, wenn auch aus der Perspektive eines zeitweilig interessierten Laien. Das Interesse – welches selbstverständlich nicht oberflächlich sein oder geheuchelt werden darf – bricht den Kommunikationsstrom positiv und lässt mich nicht gänzlich „alt aussehen".

Grundsätzlich sollte am Beginn einer zielgruppenspezifischen Interviewvorbereitung das *Brainstorming* bzw. eine *Planungskonferenz* stehen. Dabei ergibt sich eine ganze Reihe von inhaltlichen und formalen Fragen, zu denen Hintergründe ermittelt werden sollten. Diese *Recherche* bezieht sich sowohl auf die Personengruppe, wie auch auf das thematische Umfeld.

>   Beispiel:
>   Bei einem umfänglichen Interviewprojekt mit konfessionellen Jugendlichen über den Wert und das Gewicht der Konfirmation müssen sich die

147

Interviewer/innen sowohl über die kognitiven, sprachlichen, körperlichen und sozialen Entwicklungskorridore von Achtklässlern informieren, frühere Studien zu Initiationsprozeduren sichten, die „anderen Seiten" recherchieren (Pfarrer, atheistische Peers, katholische Heranwachsende, Initiationsrituale in anderen Religionen) etc. pp.

Aber auch der *Hintergrund* des Projektes muss eine Rolle spielen, soll die Zielgruppe optimal abgebildet werden. Dazu gehört unter anderem die Beschäftigung mit dem Konzentrations- und Aufmerksamkeitslevel, dem Sprachverständnis und den aktuellen Befunden der Wissenschaft zum Thema bzw. zum Personenkreis.

> Beispiel:
> Erstklässler können kaum ein sechzigminütiges Interview schadlos überstehen oder vor einen dreiseitigen Fragebogen gesetzt werden. Fünfzehnjährige Jungen werden mit hoher Wahrscheinlichkeit eine Reihe jugendsprachlicher Elemente in ihre Antworten einflechten. Nach einer Medienkampagne wird eine veränderte Wahrnehmung oder ein verändertes Meinungsbild über ein bestimmtes Phänomen vorliegen, als dies ohne öffentliche Aufmerksamkeit der Fall gewesen wäre.

Erst danach sollte sich die Interviewerin bzw. ihr Team jenen *speziellen Aspekten* widmen, die im Zusammenhang mit den geplanten Interviews stehen. Dies können bestimmte Schwerpunkte im Leitfaden sein oder jene Fragestellungen, die sich im Prozess der Recherche ergeben haben.

3. Ständiges (Selbst)feedback schaffen

Ich – als Gesprächsleiter – sehe mich im Interview stets als ›man in the mirror‹. Dieses Bild hilft mir, sensibel die (Re-)Aktionen meines Gegenübers zu verfolgen und zurückhaltend deuten zu können. Für ebenso unabdingbar halte ich die Rückkopplung eigener sprachlicher Äußerungen zum Empfänger. Dies bezieht sich sowohl auf gestellte Fragen, geht aber auch darüber hinaus. Es umfasst fast alle interviewbezogenen Interaktionen. Formal kann dies jede Interviewerin durch ein Arsenal an Feedbackäußerungen „trocken" und vorab üben.

> Beispiele von Feedbackangeboten für 16-18jährige Jugendliche:
> * *„Habe ich Ihnen das Vorgehen verständlich gemacht?"*
> * *„Brauchen Sie noch Informationen, bevor wir beginnen?"*
> * *„Sie zögern noch ... wobei kann ich noch helfen?"*
> * *„Haben Sie etwas dagegen, wenn wir es (so oder so) machen?"*

- *„Sagen Sie mir gleich, wenn Ihnen etwas unklar erscheint."*

Es darf jedoch keinesfalls der Eindruck entstehen, dass diese Angebote nur Bekundungen sind, um die interviewte Person für eine Weile „ruhig zu stellen". Daher muss der oben genannten Trockenübung noch die Bewährung im Alltag folgen. Das Üben derartiger empathisch konturierter Feedbackmomente bringt sogar in großen Universitätsseminaren einen grundsätzlich veränderten Umgang miteinander mit sich. Die Teilnehmer/innen – so mein von vielen Studierenden gestützter Eindruck – gehen nach einer Weile sorgsamer miteinander um.

Die wahrhaftige Durchführung ständigen Feedbacks darf naturgemäß auch vor der eigenen Person nicht haltmachen. Ob jemand in sich „hineinhört" oder andere Selbstcheckstrategien ersinnt – inhaltlich sollte sich der Blick auf folgende Bereiche richten:

- Werde ich (noch) verstanden?
- Fühlt sich mein Partner wertgeschätzt?
- Habe ich sprachlich und/oder inhaltlich „abgehoben"?
- Kann mein Interviewpartner mit dem von mir gewählten Sprachlevel kompetent umgehen?
- Was ist (aktuell oder grundsätzlich) unverständlich?
- Was bleibt nach dem Ende unseres Gesprächs unausgesprochen?
- Sind meine Fragen anspruchsvoll genug?

Im Zusammenhang mit permanenter Feedbackkultur steht gewiss die Selbstkontrolle an erster Stelle. Interessanterweise ist der Interviewer für sich selbst bereits eine Fehlerquelle. Er wirkt auf die Interviewpartner ebenso individuell, wie diese auf ihn. Bei manchen Dialogpartnern stimmt die Chemie nicht, andere verdüstern durch einen ›lapsus linguae‹ die kommunikative Atmosphäre. Jeder Mensch verfügt über eine lediglich *selektive Wahrnehmung* und *interpretiert Antworten* nach seinem biografischen Erfahrungsmuster.

Allein die Analyse dieser wenigen Erkenntnisse macht uns demütig gegenüber dem Allmachts- oder zumindest dem Allwissenheitsanspruch, den wir mitunter als Maßband an uns selbst oder andere anlegen. Denken wir uns noch zusätzliche „Fehlerquellen" dazu, die im Verantwortungsbereich des Interviewers liegen (Abweichen vom Wortlaut der Fragen, Verlassen der Stichprobenvorgabe, Methodenwechsel …), wird die Notwendigkeit, sich selbst in diesen Prozessen ständig „im Auge" zu haben, deutlich.

4. Partnerschaft – nicht Gegnerschaft

Es klingt so verständlich, wird aber tagtäglich millionenfach unterwandert. Ein Abgleiten in die Beziehungsebene stört die Kommunikationsebene massiv.

Selbstredend – so lernen die Gymnasiasten in Klasse 11 – kann gar keine Botschaft ohne Beziehungsaspekt übermittelt werden. Dennoch vergiften „Beziehungssprüche" Partnerschaften, Freundschaften, Klassenräume, Lehrerzimmer und manches gut begonnene Interview.

Allerdings fällt es schwer, den Ansatz von der Arbeitspartnerschaft zu predigen. Wir benutzen zur Verdeutlichung Spiel- und Darstellungsaspekte. Eines davon sei hier vorgestellt.[48]

Haus – Baum – Hund

Dies ist ein Interaktionsspiel, bei dem Klärungsprozesse zwischen Arbeitspartnern erfolgen.

Spielvorschlag:

Jeweils zwei Personen sitzen gemeinsam am Tisch. Vor ihnen liegt ein A 4 Blatt. Sie halten gemeinsam einen Stift. Der Leiter sagt die Aufgabe: „Zeichnet gemeinsam ein Haus, einen Baum, einen Hund – ohne ein Wort miteinander zu reden." Achtung: Die Verlockung, miteinander zu reden ist groß. Die Leiterin sollte alle Versuche sofort unterbinden.

Folgeaufgaben:

Zum Beispiel gemeinsam einen Künstlernamen darunter zu schreiben, den drei Zeichnungen eine Note zu geben, einen abschließenden Satz unter die Zeichnung zu schreiben usw. Auch hierbei darf kein Wort gesprochen werden.

Didaktischer Hintergrund:

Die Übung zeigt eindrücklich die eingeschränkte Kommunikationsphase in einer willkürlich ausgewählten Partnerschaft. Es dominieren Fragen, wie: „Wer führt von Beginn an die Interaktion?", „Was geschieht innerhalb der Handlung?", „Wie werden Konflikte geregelt?" Es geht hier um die persönliche Durchsetzungsfähigkeit jedes einzelnen im gemeinsamen Tun, um die Fähigkeit, partielle Führung auszuhalten oder mit dem „Gegner" ein ›Gentlemans Agreement‹ zu finden, welches partnerschaftliches Arbeiten ermöglicht (Trautmann/Trautmann 2004: 61).

Plenum:

Sprechen Sie über die Möglichkeiten und Grenzen des Mit- und Gegeneinanders in kommunikativ eingeschränkten Situationen. Erweitern Sie diese Erkenntnisse auf die Modalitäten Ihrer Interviewleitung.

---

[48] Weitere mannigfaltige Beispiele in Trautmann, H.; Trautmann, T. (2004): 50 Unterrichtsspiele für die Kommunikationsförderung. Band II – Sekundarstufe. Donauwörth: Auer.

5. Global denken – lokal (ver-)handeln

Dieses – von mir aus der Umwelterziehung entliehene – Motto bezieht sich sowohl auf die bereits erwähnte Einlassung auf die Zielgruppe, als auch auf die ganz gegenwärtige Interviewsituation. Die Interviewerin muss wesentlich mehr über den Gesprächspartner, sein Umfeld und die gesellschaftlichen Verhältnisse „dahinter" wissen, als Name, Geschlecht und Alter. Sie muss die Wirkung ihrer Fragen im Auge behalten und ihr Gegenüber schützen können. Denn die Resultate von Interviews kommen in irgendeiner Form – ob als Statistik geschrumpft oder in einer ausgedehnten Einzelfallstudie – an die Öffentlichkeit. Diese reagiert – maßvoll oder unmäßig, vielleicht auch (nur) mit Ignoranz.

Dies alles muss für die Interviewerin bewusstseinsprägend sein, wenn sie den Interviewakt plant und durchführt. Ihr Rollenverständnis muss so klar sein, wie es individuell sein darf. Jedes Interview ist ein in Szene gesetzter Dialog bzw. Polylog – z.B. bei Gruppendiskussionen. Diese „Bühne" verlangt der Interviewleiterin mindestens vier Kompetenzen ab: Sie muss ihren Status annehmen, dessen Rollenportfolio verstehen und ihre Drehbuch ausführen. Viertens muss sie immanent dafür sorgen, dass ihr Gegenüber verschiedene Rollen einnehmen darf und darüber spricht.

Diese *lokalen Verhandlungen* verlangen Interviewleiterinnen eine ganze Menge ab. In ihren Rollen muss sie variabel sein – unter anderem empathisch, kommunikativ, zurückhaltend, nachdenklich, partiell naiv und immer kontrolliert.

6. Persönlichkeit schlägt Status

Professionalität kommt nicht von ungefähr und schon gar nicht von allein. Die versiertesten Reporter haben „klein" angefangen. Die wirklich Großen ihres Fachs vereint mindestens eines: Sie lassen nie unnötig den Chef „raushängen". Dies ist der Kerngedanke des fünften Tipps. Was bedeutet dies aber in der Interviewpraxis?

Als Interviewleiter führen Sie *de jure* das Gespräch. Ihr Status steht fest. Sie müssen daher nicht zusätzlich noch an jeder möglichen Stelle zeigen, dass Sie der Alphamensch am Tisch sind. Ab jetzt muss de facto ihre Persönlichkeit dafür sorgen, dass dies auch so bleibt.

Mit einem umfänglichen Wissen über den Interviewgegenstand und den ersten Leitfragen im Kopf lassen sich die ersten Sekunden gut überstehen. Der „Rest" besteht in der Schaffung und Erhaltung eines produktiven Arbeitsklimas, welches im Idealfall bis zur Verabschiedung anhält. Stichworte dazu sind unter anderem eine freundliche Ausstrahlung, höfliche Umgangsformen und ein ungekünsteltes Dialogverhalten. Aktives Zuhören, Interesse und Aufmerksamkeit werden im weiteren Verlauf des Gesprächs immer wichtiger (Ist das Glas leer?

Wird eine Pause benötigt? Kann ich selbst noch hinreichend folgen? Versteht mich der Proband noch?)

Es ist kein Ausdruck von Persönlichkeit, mit der zu interviewenden Person Verbrüderungsszenarien zu gestalten. Andererseits ist eine (zu) starke Distanz ebenfalls eher hemmend, denn gesprächsförderlich. Der einfachste Ratschlag wäre, so zu sein, wie immer, nur noch in allem ein bisschen mehr. Aber wenn Sie im Alltag ein schlecht sozialisierter Choleriker sind? Das eröffnet die nächste Frage. Was also, wenn es Ihre Persönlichkeit nicht vermag, das Interview souverän zu gestalten? Wir alle kennen diese Situation(en) sattsam. Solche Personen ziehen sich auf ihren Chef-Status zurück und herrschen von oben herab, ohne Legitimation durch die Persönlichkeit. Der Volksmund, wie auch der Aphorismus hat dafür einige deftige Weisheiten bei der Hand:

„Herren können nicht lange denken, aber schwer vergessen. "

„Früher glaubte ich, ein Chef müsse klug sein. Heute weiß ich, dass Intelligenz bei Chefs zumindest nicht schadet." (C. Schmidt)

7. Ziel- und Wegeklarheit

Wenn die Interviewleiterin weiß, was und wohin Sie in ihrem Gespräch innerhalb des (meist vorgegebenen) Zeitrahmens will, so ist ihr eine gewisse Ziel-. Und Wegeklarheit nicht abzusprechen. Beherrschen Sie darüber hinaus noch das notwendige methodische Instrumentarium, so sind das wesentliche Merkmale hoher Gelingenswahrscheinlichkeit. Dabei lohnt es kaum, alle Fragen im Kopf zu haben. Wenn wir im Wesentlichen wissen, worauf es im Interviewverlauf „ankommt" sind meist Vorhaben, Ziele, Methoden und mögliche Verlaufsvarianten gut vernetzt. Darauf lassen sich die Fragerichtungen aufbauen und selbst bei der Diskussion von Nebeninformationen lässt es sich wieder „zum Punkt kommen". Zielklare Interviewer/innen haben grundsätzlich bessere Voraussetzungen, das Wesentliche im bearbeiteten Interviewmaterial kommunikativ zu bearbeiten. Vor einigen Jahren habe ich in einem anderen Zusammenhang bei Ilse Hilzinger (1987: 98 f.) einige bemerkenswerte Vor- und Nachdenkaspekte für „hilfreiche" Gespräche gefunden, die ich inzwischen für meine eigene Interviewtätigkeit erweitert habe.

a. **Beginne kein Interview, ehe du und das Team klar darüber sind, warum du es führst.** (Auftrag, „Leit-Fäden", rote Fäden, Strukturierung, Substrukturierung, Vermeiden des „Schwätzens")

b. **Achte auf das, was der andere zulässt.** (erste Eindrücke, „Türen eintreten", Theorie der „einen Klinke", Ermutigung, Öffnung, Macht der Stille, Warten-können, Manipulation)

c. **Beachte unbestechliche nonverbale Zeichen.** (Gestik, Mimik, Körpersprache, Proximetrie, Körperspannung)

d. **Der Satz vor dem ersten Satz ist die Ouvertüre.** (Rolle, Rollendistanz, Achtsamkeit, Themenanklang)

e. **Es geht primär immer um den Anwesenden.** (Informationen, eigene Befindlichkeiten, Gewisses-Vages, Anwesende-Abwesende)

f. **Es gibt primär nichts Unwichtiges.** (Selbstgewichtung, verdeckte Aussagen, individuelle Bezugsebenen, unter Umständen Entscheidungsvermeidung über „Wichtiges")

g. **Verwechsle nicht subjektive und objektive „Wahrheit".** (subjektives Erleben versus Ereignis, Deutungsmuster, Interpretationsfehler, Konflikt, Gefühlskopplung)

h. **Beachte die Verhältnismäßigkeit der Reaktionen.** (Entsprechung, „Maßhaftigkeit", Status-Rolle, Ausfallen)

i. **Aktualkonflikt und Grundkonflikt unterscheiden.** (biografische Muster, Ansatz und Lösungsversuch, Symptomatik, Beruhigung)

j. **Prüfe eigene Frageformate und Erkenntnisse stets an dem, was der/die andere sagt.** (Vermeidung schneller Schlüsse, nicht vergleichbare Lebens- und Beziehungsgeschichten, Unverwechselbarkeit der Biografie)

Drei Prozessfallen werden mit solchen (und anderen) Netzen verhindert – dass der Interviewer vage bleibt (mangels Background), dass er sich vorwiegend selbst darstellt (weil er eigene Defizite überblenden will) und dass er in ein Fairnessdilemma gerät. Gerade das letzte fällt bei Beachtung der ›lex linguae‹ nahezu völlig weg.

8. Gemeinsamkeit macht stark

Gute Interviewer zeichnen sich durch verschiedene Persönlichkeitsdimensionen aus. Niemand aber kann alle diese Anforderungen in Gänze bewältigen. Daher hat es sich als sehr wirksam erwiesen, Interviews als Team vorzubereiten, durchzuführen und auszuwerten. Da Interviews vorbereitet, durchgeführt, nachbereitet und ausgewertet werden müssen, finden sich – das ist zumindest unsere Erfahrung – rasch die geeigneten Spezialkräfte für die Arbeit am „Dies" und „Das". Sprachlich souveräne Interviewerinnen werden von peniblen Rechercheuren gecoacht. Visuell gut trainierte Kamerafrauen untersuchen mit prozessual versierten Supervisoren geeignete Szenen zur allgemeinen Besprechung. Flink und gründlich arbeitende Transkriptschreiber korrespondieren mit den Fachleuten für die inhaltliche und kategoriale Auswertung. Grundsätzlich für alle, die an Interviews arbeiten, müssen folgende Eigenschaften als gesichert gelten:

- sehr gutes Beobachtungsverhalten
- zurückhaltende, aber präzise Deutungs- und Interpretationsfähigkeit
- grundsätzliches Interesse an anderen Menschen
- psychische und physische Robustheit
- situative Anpassungsfähigkeit und Variabilität im Prozess der Gestaltung
- gute bis sehr gute Allgemeinbildung
- kreatives Sprachverhalten
- Fähigkeit zur Selbstkontrolle
- Angemessene Kritik- und Selbstkritikfähigkeit und -toleranz

9. Auf kleine Signale achten

Einige der oben genannten prinzipiellen Eigenschaften beziehen sich auf die Erkennung und Deutung der so genannten sekundären Kommunikationssignale. Wenn wir sagen: „Es geht mir gut." ist unschwer zu erkennen, dass sie die Unwahrheit sagen, wenn Sie dies mit schmerzverzerrtem Gesicht, gebückter Haltung und „hängenden Schultern" tun.

Auch im Interview ist es notwendig, permanent zu überprüfen, ob die Aussagen der Kinder und Jugendlichen „stimmig" übermittelt werden. Ich gehe gleich auf die Erkennung möglicher unwahrer Äußerungen ein. Zuvor jedoch einige prinzipielle Beobachtungspunkte, die der Interviewer immer im Blick haben sollte. Die Mimik ist ein differenziertes und hoch individuelles Ausdrucksmittel. Bereits Grundschulkinder verfügen über teils ausgeprägte mimische „Signalfrequenzen". Besonders die Augen verraten Einiges über die aktuelle Befindlichkeit (Strahlen, Flackern, Augenzittern, Auspendeln). Unterstützt (oder teilweise konterkariert) wird die Rede auch durch gestische Elemente. Hier gilt das gleiche – bestimmte gestische Verstärker zeigen Interviewern an, hier noch einmal „tiefer" nachzufragen. Permanente Fingerbewegungen, das Wackeln mit dem Oberschenkel oder das „Knacken" der Mittelhandknochen signalisieren etwas in Verbindung mit dem Gesagten. Keinesfalls sollten nur aufgrund dieser Zeichen profunde Ferndiagnosen gestellt werden.

154

Aber auch die Kontrolle der eigenen Signale wird von der Interviewerin gefordert. Daher: Wer sich authentisch präsentiert, verbraucht viel weniger Kontrollenergien, ganz abgesehen einmal von jenen Kräften, die für die Installierung gespielten Verhaltens benötigt werden (Maslow 1973: 1977). Grundsätzlich darf die Interviewleiterin nicht einen Begleitkommentar murmeln, währen die Gewährsperson das Wort hat. Mit sehr weichen Signalen kann sie jedoch die Frage-Antwort-Konstellation steuern (Finger-auf-die-Uhr-legen – komm zum Ende; einladende Handgeste – verweile mit deinen Gedanken, vertiefe sie). Interviews leben von der Vielschichtigkeit der beteiligten Personen, dem gemeinsamen Erfahren von Stimmungen, Meinungen, Auffassungen und Konflikten.

Unwahre Äußerungen sind in der Regel nur im Zusammenspiel aller am Interview Beteiligten ansatzweise zu erkennen. Die korrespondierenden Signale zur Sprache sind uneinheitlich, die Sprachmelodie verändert sich, meist redet die Person schneller. Sind Fragen im Interviewportfolio, die sich gegenseitig ausschließen, kann auch auf dieser Ebene nachgespurt werden. Mögliche Ursachen für Falsch-Aussagen gibt es eine Reihe, sie können aktuell begründet oder bereits in der Persönlichkeit verfestigt (habituell) vorliegen. Schauen wir uns einige davon kurz an:

- *Bewusste, absichtliche Irreführung* – sehr selten, kaum im Bereich von Kindern zu finden.
- *Inszenierte Irreführung* – selten, eher bei Jugendlichen, die sehen wollen, ob sie stringent sind oder „ertappt" werden.
- *Selektive Erinnerung* – fast überall, weil Erinnerung rekonstruiert und biografisch gebeugt wird.
- *Themenspezifische „Schwierigkeiten"* – öfter zu beobachten, meist dann, wenn zu große Nähe vorhanden ist oder die Emotionen sehr stark werden.
- *Verklärung* – eher selten, stärker im Kontext „verflossener" Personen.
- *Rationalisierung* – typabhängig, Verkürzungen oft im Jugendbereich, in Phasen, wo der Gesprächspartner (noch) nicht im Interview angekommen ist.
- *Persönliche Aversion* – fast nie im Kinderbereich. Bei Jugendlichen dann, wenn die Chemie nicht stimmt oder der Interviewleiter eher pädagogisch ungeschickt agiert.
- *Vorhandensein von Kamera und/oder Tonband* – selten im gesamten Verlauf, manchmal werden am Beginn „Räuberpistolen" oder Fantasiegeschichten angeboten. Dies verliert sich meist im Verlauf des Dialogs.
- *Prinziplelle Ablehnung der Methode* – nahezu ausschließlich im Jugendalter, vorwiegend bei Pubertierenden.

In diesem Zusammenhang können Sie die Übung: „Eine Lüge" einsetzen.

> Spielen Sie: **Eine Lüge**

„*Eine Lüge*" ist ein kommunikatives Beobachtungsspiel zur Ermittlung sachlicher Fehler und/oder zur Erhöhung von Konzentration und Aufmerksamkeit

Spielvorschlag:

Zu einem vorgegebenen oder erdachten Thema, einer persönlichen Idee, einem Seminarschwerpunkt oder einem Lesestück erdenkt sich jede Teilnehmerin drei Aussagen. Zwei davon müssen wahr sein, eine davon ist als Lüge konstruiert. Die Person wird nach vorn gebeten, setzt sich auf einen Stuhl und trägt die drei Aussagen frei vor (nicht ablesen lassen!). Die ganze Gruppe oder ausgewählte Personen raten bzw. ermitteln den falschen Anteil.

Folgeaufgabe:

Begründen Sie ihre Wahl mittels ihrer Beobachtung aus Sprache und nichtsprachlichen Signalen.

Variation: Probieren Sie die nächste Runde ausschließlich mit dem Thema ›Persönliches‹.

Didaktischer Hintergrund:

Es geht nicht um das Lügen prinzipiell, sondern um die begrenzte Möglichkeit, Lügen zu entdecken. These: Diese entlarven sich zumindest partiell – sachlich, mimisch, körpersprachlich, stimmlich oder anders. Darüber hinaus bietet sich ›Eine Lüge‹ selbstverständlich an, auch Sachwissen zu ermitteln.

Beispiel: „Eine der drei folgenden Aussagen ist unwahr." Thema: Hamburg

- *Hamburg hat mehr Brücken als Venedig.*
- *Hamburg hat keinen Leuchtturm.*
- *Hamburg bedeutet auf chinesisch „Burg der Chinesen".*

Plenum:

Bringen Sie alle diskutierten Lügen-Indikatoren in ein von Ihnen persönlich favorisiertes Schema.

10. Selbstkontrolle beherrscht Selbstbewusstsein

Das Verhalten des Interviewers war bereits mehrfach ein Teil unserer Diskussion. Der Professionalisierungstipp will das Verhältnis vom Bewusstsein „vom Selbstbild her" betrachten. Das korrespondierende Fragenpaar lautet: Wie sehe ich mich selbst – wie sieht mich der/die andere?

Für die Interviewführung ist dies von essenziellem Interesse. Sie können nur unter besonderen Umständen und beim Vorhandensein spezieller Charaktereigenschaften ein hartes Interview – ein *Verhör* mit dem Ziel spontaner Antworten, möglichst eines Geständnisses – durchführen. Hingegen wird ein Mensch mit einem Alpha[3]-Selbstbild kaum ein weiches, von Sympathie getragenes, beziehungslastiges Interview führen mögen und können.

Was ist also ratsam? Eine unkommentierte Zusammenstellung soll Anregungen geben, welche von den folgenden Essentials mit dem individuellen Selbstbewusstsein des Lesers bzw. der Leserin vereinbar ist und was sich solide prozessbegleitend kontrollieren lässt.

Ein kompetentes Auftreten – mindestens am Beginn des Interviews und das Ausstrahlen von Ruhe, Wärme und einer gewissen Toleranzbereitschaft[49] öffnet grundsätzlich die Tür zu einem guten Dialog. Auch das interessierte Nachfragen, Bestätigen, positiv gefärbte nonverbale Botschaften sowie grundsätzlich aktives Zuhören belassen die Atmosphäre in der Arbeitsphase konstant produktiv. Mit einer Portion Selbstbewusstsein kann auch einmal eine Denk-Pause länger ausfallen, als Sie es sich sonst zugetraut hätten. Allerdings muss permanent kontrolliert werden, ob es sich nicht um eine Stockung oder den Beginn einer Verwerfung handelt, in der die interviewte Person nicht weiter kommt bzw. will.

Formulierungen zu vertiefen („Erläutere mir das mal bitte näher …") und zu erklären („Wie meinst da das genau?"), sowie die Technik des Resümees („Habe ich das richtig verstanden, dass du …") helfen der Interviewerin bei der inneren und äußeren Strukturierung.

Blickkontakt sollte unaufdringlich gehalten werden und sparsam mit Stimuli umgegangen werden. Dabei kann das universelle „*hmm*" gerne durch kurze Einwürfe abgelöst werden („ist klar …", „ich verstehe …"). Mimik und Gestik sollte sehr zurückhaltend als „neutrale Aufmerksamkeit" präsentiert werden. Kaum etwas ist verblüffender, als ein sich brüllend vor Lachen auf die Schenkel schlagender Interviewer.

Damit sind wir noch einmal bei ›No-go-areas‹, die unbedingt der strikten Selbstkontrolle unterliegen müssen. Gedankengänge des zu Interviewenden dürfen ebenso wenig unterbrochen werden, wie eine – auch minimale – Zurückweisung von Gedanken und Äußerungen erfolgen darf. Zur Qualität der Fragen wurde bereits ausführlich etwas gesagt. Ihr Selbstbewusstsein sollte sich abschließend in zwei weiteren Bereichen der Selbstkontrolle unterordnen. Machen Sie niemals einen Witz auf Kosten Ihres Gegenübers, auch wenn er „scheinbar passt" und Ihr Gegenüber sich bis dato robust gezeigt hat. Seien Sie auch nicht schlagfertig und werden Sie nicht plump vertraulich.

---

[49] Sieht man von dem eben bezeichneten Verhör und dem Spiel ›good cop – bad cop‹ einmal ab.

11. Interviewer wird man durch Interviews

Sollten Sie bis hierher durchgehalten haben, liebe Leserin, verehrter Leser, so kommt jetzt ein entlastender Abschnitt. Nachdem ich aufgezählt habe, was sich ziemt und sich nicht schickt, skizziere ich nun den allgemeinen Werdegang zu einem solide arbeitenden Interviewer. Ich kann dies in einem Satz tun: „Üben, üben und nochmals üben".

Es lohnt sich jedoch, noch etwas differenzierter zu encouragieren. Der Übungs-prozess – wenn er didaktisch angelegt wird – sollte mit scheinbaren Kleinigkei-ten beginnen – Terminabsprache, Auswahl und Gestaltung des Raumes, Überle-gungen zu einem Leitfaden, Verständigung über organisatorisch-technische und mediale Unterstützung.

Deren Absolvierung bringt bereits kleine Erfolge und motiviert für Künftiges. Unter Umständen können die Anfänger einem realen Interview beiwohnen und danach die wesentlichsten Abschnitte noch einmal Revue passieren lassen. Ist dies nicht der Fall, kann ein erstes bekannt werden mit der Methode auch medial erfolgen. Ich benutze diese Möglichkeit nur sehr selten, da diese der individuel-len Wahrnehmung noch größere Grenzen setzt, als das Original im authentischen Wirkungszusammenhang.

Die dabei zu erarbeitenden Wesensmerkmale guter Interviews können unter Übungsbedingungen zeitnah ausprobiert werden. Dabei ist zu gewährleisten, dass jede und jeder ihren/seinen eigenen Interviewstil findet und sorgsam profes-sionalisiert. Einige Übungsschwerpunkte sollen stellvertretend genannt werden.

Übung der Mehrdimensionalität

Bei mehrdimensionalen Fragen entscheidet letztendlich der Interviewte, auf welche Dimension er antwortet. Da der Interviewer zunächst nicht weiß, auf welche Dimension gerade geantwortet wird, sind die Ergebnisse meist wertarm.

> ➤ Konstruieren Sie zwei mehrdimensionale Fragen zu folgendem Thema:
>   ...
> ➤ Stellen Sie diese Fragen einem Kommilitonen Ihrer Wahl und fixieren Sie die Ergebnisse (Aufnahmegerät – Transkript).
> ➤ Geben Sie die Verschriftlichung einem Mitglied der Gruppe mit einem von Ihnen gestellten Auswertungsauftrag.

Übung der Suggestionsvermeidung

Bestimmte Formulierungen von Fragen legen der zu interviewenden Person eine bestimmte Antwort nahe („Ist es nicht so ....", „ Meinst du nicht auch, dass ...").

> ➤ Tragen Sie in der Gruppe 12 Fragemuster für Suggestionen zusammen.
> ➤ Formulieren Sie die Fragen so um, dass die prinzipiell antwortoffen sind.

158

Übung zur Formulierungsverschärfung

Scharfe Formulierungen können Kinder und Jugendliche von der Zustimmung abschrecken. Es geht darum, Abfassungen in einer weicheren und schärferen Form ausdrücken zu können.

➢ Denken Sie sich eine Frage zu einem beliebigen Thema aus und schreiben Sie diese auf. Tauschen Sie anschließend die Zettel miteinander.
➢ Formulieren Sie diese Frage eine Idee schärfer. Geben sie den Zettel anschließend weiter.
➢ Nach vier bis fünf Runden – Plenum, Austausch und Erkennung der Regelhaftigkeit bei Zuspitzung.

Auf ähnliche Weise können „scharfe" Fragen peu a peu „aufgeweichtt" werden.

Übung zur „Tust Du ..." und „Kennst du..." Falle

Bei der Benutzung von Alternativfragen kann der Gegenüber mitunter nicht einschätzen, ob die Frage prinzipiell oder temporal gemeint ist. Kennen und tun kann heißen – *immer, einmal, oft ...* von *schon mal mitbekommen* bis *auswendig.*

➢ Beantworten Sie alle diese Fragen einzeln.
• *Warst du schon einmal frech zu deinen Eltern?*
• *Kennst du jemanden, der Drogen nimmt?*
• *Kaufst du beim Discounter ein?*
• *Küsst du Mädchen?*
• *Gehst du ins Kino?*
➢ Sprechen Sie in der Gruppe über die kumulierten Häufigkeiten, die Erkenntnisebene, inhärente Fehlerquellen bei der Auswertung dieser Fragetypen und gangbare Alternativen.

Übung zur Klassifikation

Ein Novizenfehler besteht darin, statt einer offenen Fragestellung dem Kind Antwortmuster oder Klassifikationshilfen zu geben. Damit verschenkt man sich einerseits die Verbreiterung der Varianz, wie man sich automatisch andererseits Klassifikationsfehler einhandelt.

➢ Ziehen Sie sich eine der Fragen aus dem Gefäß. Stellen Sie sich zu ihrer Partnerin und nehmen Sie deren Antwort auf.
➢ Entwickeln Sie nun selbstständig ein individuelles Klassifikationsraster. Suchen Sie sich anschließend eine/n neue/n Partner/in. Stellen Sie ihre Frage und geben Sie ihre Klassifikationsmuster vor. Nehmen Sie auch die zweite Antwort auf.

> Bringen Sie beide Transkripte zum nächsten Seminar mit. Strukturieren Sie vor: Welche Effekte werden sichtbar? Nennen Sie Gründe dafür.

Übung zum „und-Fehler"
Sowohl in schriftlichen als auch in mündlichen Interviews wird ›und‹ als Verbindung zwischen zwei verschiedenen Kategorien unzulässig oft benutzt. Schleichend entwickelt sich dadurch ein unlogisches Feld, welches keine reale Abbildung des Ergebnisses mehr zulässt.

> Stellen Sie einem Mitglied Ihrer Untersuchungsklasse eine der folgenden Fragen:
- Klärst du deine Probleme mit Mutter und Vater?
- Welche sozialen Kontakte hast du in der Pause und im Unterricht?
- Wie kommst du in Mathe und Deutsch mit?
- Welche Aufgaben hast du zu Hause und im Sportverein?

> Welcher Fehler verbirgt sich in den folgenden Interviewfragen?
> Welche Auswirkungen haben derartige Fragen auf eine Querschnittsanalyse?

12. Unübersichtliche Situationen entflechten

Interviewleiter müssen Moderatoren sein. Damit fällt ihnen die Aufgabe zu, solche Situationen rechtzeitig zu erkennen, die beiden Gesprächspartnern unangenehm werden und zu einer Zuspitzung der Situation führen können. Auch diese Fähigkeit muss erfahrungsgestützt professionalisiert werden. Grundsätzlich ist es hilfreich, nach dem Prinzip gegenseitiger Offenheit zu arbeiten. Die Interviewerin gibt ihre Anliegen preis, ohne noch etwas „in der Tasche zu behalten". Damit steigt die Erwartung, dass das Kind sich ähnlich fair verhält. Das ist meines Erachtens nach in über neunzig Prozent der Vorgänge auch der Fall. Es gibt eine Reihe von Symptomen, die auf untergründige Emotionen schließen lassen. Um diese nicht in Eruptionen zu verwandeln, sollte die Interviewerin eine ganze Reihe von Instrumenten besitzen, mit denen sie bei Bedarf arbeiten kann.

Die erste Falle ist das so genannte *Schonverhalten*. Der Heranwachsende berichtet unbefangen von einer Begebenheit. Aus Angst vor Peinlichkeiten oder der Furcht vor Verletzungen der Intimität stockt die weitere Befragung. Der Jugendliche konstruiert sich diese Reaktion als Blockierung, Misstrauen, Gleichgültigkeit oder gar Vorwurf. Ab hier kann es zu Verwerfungen kommen, denn die Situation ist unübersichtlich geworden. Wenn daher Heranwachsende berichten, muss genau auf die korrespondierenden Signale geschaut werden. Sind diese stimmig, ist ein zurückhaltendes Nach- und Weiterfragen eher vertrauensbildend und damit förderlich.

Ähnlich unübersichtlich kann die Situation werden, in der ein Kind berichtet und die Reaktion des Interviewers „... ... ..." in einem längeren Schweigen besteht. Das Procedere ist ähnlich.

Das Kind überlegt zum Beispiel:

> *„Warum schweigt der?"*
> *„Was habe ich falsch gemacht?"*
> *„Hört der gar nicht zu?"*

Dem Interviewer geht vielleicht durch den Kopf:

> *„Warum redet er nicht einfach weiter?"*
> *„Da kommt doch noch was?"*
> *„Welche Frage passt jetzt?"*

Die Situation ist dann recht unübersichtlich, wenn es dem Interviewer nicht gelingt, dieses Schweigen für das Interviewkind deutbar zu machen. Das funktioniert bereits durch ein Nicken, das Öffnen beider Hände oder – sprachlich korrespondierend – dem Satz: „Ich höre dir immer noch zu". Die Situation wird eindeutiger, die beiden Gesprächsteilnehmer haben sich eben der Partnerschaft versichert.

Schauen wir in diesem Zusammenhang noch kurz auf andere Effekte, die zu unübersichtlichen Interviewsituationen führen können. Den ersten Effekt habe ich ›Themengrab‹ genannt. Der Jugendliche bietet einen Beitrag an, der dem Schwerpunkt des Interviewers nicht entspricht. Dieser versenkt das Angebot mit einigen Floskeln („Ah ja, hmm, darauf kommen wir noch mal" ... „Schön, das werden wir nachher berücksichtigen") auf Nimmerwiedersehen und „zieht sein eigenes Ding durch". Solche Situationen sind sehr gefährlich, da dem Gesprächs*partner* gespiegelt wird, dass sein Wirken nicht gefragt ist. Er soll ausgefragt werden. Meist macht die Gewährsperson dann „zu". Dies wiederum ist der Beginn einer sehr quälenden Runde ohne zählbares Ergebnis für den sicher gut vorbereiteten Interviewer, der gar nicht mehr weiß, warum plötzlich Wortkargheit angesagt ist.

Auch der gänzliche *Verzicht auf Rückfragen* im Interviewprozess schafft unübersichtliche Situationen. Froh darüber, das Kind überhaupt zum Sprechen gebracht zu haben, lässt man es gewähren und alles von sich geben, was ihm aktuell einfällt, was es aus der Erinnerung holt oder sich eben in statu nascendi ausgedacht haben mag. Daher muss die Interviewerin angemessen diese und jene geistige Modellbildung durch Rückfragen und Bezugspunkte hinterfragen. Der (gewünschte) doppelte Nebeneffekt: Das Gespräch (re-)strukturiert sich und das Kind wird nicht mehr alles anbieten, wenn es sich korrigieren musste. Dass dies alles in fairer Atmosphäre abspielen muss, bleib davon unbenommen.

Einen gegenteiligen Effekt hat das *zu frühe Abbrechen* einer kindlichen Überlegung. Zu rasche Themenübergänge und mangelnde Souveränität gegenüber der Stillezulassung tun ihr Übriges, um beim Heranwachsenden einige – der unübersichtlichen Situation entsprechende – Emotionen zu wecken.

Abschließend noch zwei – oft beobachtbare – Erschwernisse, die vom Interviewer selbst erzeugt werden. Wenn der Jugendliche berichtet, denkt die Interviewerin mit und denkt sich in das Modell des Gesagten hinein. So weit, so professionell. Modelliert sie jedoch zu viel, bricht die Gewährsperson entweder aus oder schließt sich dem Prozess dieser Legendenbildung an. Die Krone eines misslungenen Interviews ist es, wenn die Interviewerin selbst die Story zum guten Schluss zu Ende modelliert. Oft „platzen" die Interviewten irgendwann und demaskieren die Szene oder fangen fundamental an zu kritisieren. Für die Interviewerin, die sich eben ein (für ihre Vorstellungen) passendes Gedankengebäude errichtet hatte, ist das eher ein traumatischer Akt.

13. Einmal mehr aufstehen als hinfallen

Gewinnen bedeutet einmal mehr aufstehen als hinfallen. Ich habe lediglich den letzten Teil des Sprichwortes entlehnt. Denn erstens kommt es bei Interviews nicht darauf an, ob jemand siegt und wer dies tut. Mein Plädoyer für Partnerschaft vor dem Mikrofon oder der Kamera wird also davon nicht berührt. Der Wechsel von fallen und steigen jedoch zeigt, dass sich keiner *von jetzt auf gleich* zu einem Meister des Gesprächs entwickeln kann. Es geht um das Anfangen, Zuschauen, Üben, Erfahrungen machen und Auswerten, Weiterüben etc.

Daher ist Punkt 12 die fast reine Ermutigung. Wiederum macht es uns das Sprichwort vor. „Übung macht den Meister" oder „Ohne Fleiß kein Preis" (wobei ich beim zweiten Satz auch ein Gutteil Intellekt einfordern würde) sagt etwas über Willensprozesse und die Länge des Weges aus. Selbst J.S. Bach hat dieses Thema in seiner Kantate BWV 146 aufgegriffen: „Wir müssen durch viel Trübsal in das Reich Gottes eingehen."

In diesem Zusammenhang misstraue ich allem direkt oder verdeckt daherkommenden wohlfeilen (sozial-)pädagogischen Ansinnen, wonach gelernt werden soll „aber bitte ohne jedweden Leistungsdruck". Jeder, der etwas *by the way* macht, wird dilettieren. Wer in die Nationalmannschaft will, kann das nicht, ohne sich selbst kräftig Leistungszielen zu unterwerfen. Wenn wir nicht bald zu einem gesellschaftlich vernünftigen Umgang mit Willenskräften zurückkehren, wird unser Innovationspotenzial – Hirne und Herzen – verkümmern. Auch das Erlernen von Gesprächssouveränität ist nicht leicht. Der Erfolg macht – mitsamt aller ausgeschütteter Endorphine – jedoch alle Mühen mehrfach wett.

Technisch-organisatorische Grundlagen

Interviews können nicht von jedem und jeder solide geführt werden. Interviews lassen sich auch nicht an jedem beliebeigen Ort führen. Zu einem Interview gehört mehr, als einige Fragen und ein funktionierendes Mikrofon.

Wahrscheinlich sind dies bereits die drei wesentlichsten Paradigmen, die den technisch-organisatorischen Bereich ausleuchten. Ich werde versuchen, noch etwas tiefer ins Detail zu gehen.

Jede Erhebungssituation ist hoch komplex.

Die Gewährsperson kommt aus einem sozialen Raum, der Interviewer ebenfalls. Keiner von beiden weiß um die aktuell gemachten Erfahrungen (Wecker hat nicht geklingelt; Ehekrise; Englischtest morgen; Verkehrsstau …). Dies alles beeinflusst das Interview unterschwellig, kann aber in bestimmten Verlaufsformen auch offen zutage treten.

Gute Vorbereitung ist die halbe Miete.

Die einzelnen Aspekte guter Vorbereitung wurden bereits hinreichend erläutert. Ein Team ist in diesem Zusammenhang wesentlich produktiver, als wenn die ganze Arbeit von einem Einzelkämpfer bewältig wird. Seien Sie sich immer bewusst, dass Sie mehr vorbereiten und tiefer recherchieren, als es im Interviewvorgang tatsächlich „zur Sprache" kommt. Und gerade das aber macht die Souveränität zu einem Großteil aus.

Ort und Zeit müssen wohl kalkuliert sein.

In diese Überlegungen sollten sowohl der Biorhythmus der Heranwachsenden einfließen als auch die ganz handlungspraktischen Möglichkeiten. Wenn die Schule bis Mittag geht und die Kinder danach Zeit haben (und wollen), so ist der negative Aspekt des körperlich-geistigen Tiefpunktes gegen 14-15 Uhr („Stunde der toten Augen") unter Umständen zu vernachlässigen. Wenn Sie von der Rektorin einen Interviewraum zugewiesen bekommen, der sonst als Besenkammer dient, ist rascher Protest nicht immer gerechtfertigt. Grundfragen sind eher: Ist der Raum ruhig gelegen? Hallt er? Kann ich die Kamera(s) stellen? Benötige ich Zusatzmikrofone? Wie sind die Lichtverhältnisse? Kann ich das Interviewarrangement – Tisch, Stühle – akzeptabel aufstellen? Schrubber und Eimer lassen sich durch Tücher und Krepp gut kaschieren … Letztlich: Was nützt ein hervorragend eingerichteter, kindgemäßer, heller Raum mit Supervisionsmöglichkeit in der Universität, wenn die Gesprächspartner 40 min S-Bahnfahrt vor sich haben? All diese Überlegungen sind gegenüberzustellen und in Form einer Güterabwägung

163

zu behandeln. Auch hier leistet die Diskussion im Team hervorragende Argumentationslinien.

Strukturen im Interview deutlich werden lassen.

Unser Fahrplan durch ein Interview besteht aus: Briefing (Worum geht es?), Klimapflege (Schön, dass du kommen konntest.), Raum und Luft schaffen (Womit wollen wir anfangen, ich würde gern wissen … willst du davon noch mehr berichten?), Interview produktiv entwickeln (Das interessiert mich besonders … Darüber haben wir noch gar nicht geredet … du hattest hier etwas angedeutet …), Lebenswelten entdecken (Familie-Schule-Gleichaltrige-Medien) und freudvollen Ausklang bewirken (Du hast mir sehr geholfen …Ich melde mich bei dir …).

Das Interview rasch auswerten.

Wenn es die Zeit erlaubt, sollte die Auswertung des Interviews zeitnah erfolgen. Auch hier nutzt ein Team. Sofort können Eindrücke, emotionale Befindlichkeiten und nachhallende Erkenntnisse ausgetauscht und fixiert werden. Unbedingt sollten auch Ort, Zeit und Dauer des Interviews, Alter und Geschlecht des Kindes, sowie Störungen, Unterbrechungen, korrespondierende Ereignisse und Nebenabreden notiert werden.

Die Interviewerin sollte vorherrschende eigene soziale und emotionale Eindrücke festhalten. Anschließend kann das Interview transkribiert werden.

Zurückhaltende Deutung

Die Ergebnisse eines Interviews stellen nicht einmal in Ansätzen die „Welt der Vierzehnjährigen" dar. Aus den Erfahrungen mit einem zurückhaltenden Jungen darf nicht geschlossen werden, dass alle männlichen Elfjährigen introvertiert sind. Interviews gehören zu den qualitativen Methoden und zeigen wenige, sehr spezifische Ausschnitte aus einem sehr charakteristischen Milieu. Mehr nicht – aber auch nicht weniger. Erst mit Hilfe anderer Methoden und Forschungsverfahren – gerade auch der quantitativen Daten – kommen Wissenschaftler/innen zu relativ verlässlichen Trends.

Daher müssen Interviewergebnisse sauber und deutlich dargestellt, aber nur sehr verhalten gedeutet werden. Mit der abschließenden, distanzierten Bewertung sollte eine knappe, effektive Methodenkritik einhergehen.

Feedback als Kontaktpflege

Aus den Augen, aus dem Sinn? Die meisten Kinder und Jugendlichen, die wir interviewen werden, kommen und gehen. Bei einigen Gewährspersonen kann es zu einer vertieften Beziehung kommen – etwa, wenn eine besondere Lebensgeschichte vorliegt, sich der Gesprächspartner als besonders stressresistent oder mit einem fotografischen Gedächtnis ausgestattet sieht. Schnell „rutscht" dem Interviewer bei der Verabschiedung heraus, sich „zu melden" … von sich „hören zu lassen" oder anderweitig Kontakt aufrecht zu erhalten. Dies sollte unbedingt ernst gemeint sein und ernst genommen werden. Wir sichern unseren Interview-kindern im Projekt immer zu, dass sie „ihr" Interview später verschriftlicht in die Hand bekommen. Der Effekt ist überwältigend. Nicht nur, dass sie sich auf das Gespräch freuen und lebhaft Anteil an den Interviews der Klassenkamerad/innen nehmen – auch die Verantwortung für das „eigene Wort" steigt. Beim Vorcoaching der Kinder, als ich den Klassen unsere Absicht mitteilte, mit jedem ein Interview zu führen, fragte mich Dariusz mit Recht: „Kriegen die Lehrer das Interview zu lesen?" Das konnte ich verneinen und machte einen Vorschlag. Jedes Kind bekommt „sein Interview" in Schriftform und kann dieses dann jeder beliebigen Person zeigen. Das Resultat: Nahezu alle Kinder zeigten stolz ihren Lehrerinnen das Gespräch, obwohl dort auch durchaus Kritisches geschrieben stand.

Der Einsatz von Kamera und Aufnahmegeräten

> Filmemacher sollten bedenken,
> dass man ihnen am Tag des Jüngsten Gerichts
> alle ihre Filme wieder vorspielen wird.
> (Charly Chaplin)

Das Buch will an dieser Stelle nicht auch noch technischer Ratgeber für einen möglichst sinnstiftenden *und* ästhetischen Interviewprozess sein. Stattdessen sollen knapp die Vor- und Nachteile beim Einsatz audiovisueller Medien angesprochen werden. Grundsätzlich muss man davon ausgehen, dass ein *Gedächtnisprotokoll* wenig Nutzen bringt und nur einzelne, ausgewählte (und unter Umständen bereits verarbeitete) Aspekte aufscheinen lässt. Aufwand und endgültiger Nutzen (sieht man einmal von der Erfahrung eines *in vitro* erlebten Interviews ab) stehen in keinem Verhältnis zueinander.

Auch die *prozessbegleitende Mitschrift* ist vorwiegend problematisch. Nichts erscheint schrecklicher für ein Interviewkind, als wenn mein Gegenüber scheinbar alles was ich sage aufschreibt. Er schaut nie hoch, wirkt gestresst und hört demzufolge nicht zu. Unser Experimentieren mit einer Hintergrundperson aus dem Team – sie sitzt im Rücken des Kindes und stenografiert mit – haben wir nach kurzer Diskussion fallen lassen. Die Ergebnisse sind zu lückenhaft, fast alle, die Sprache korrespondierenden Signale werden nicht erfasst.

Bleiben nur die ›neuen Medien‹, um einen relativ dichten Informationsübertrag zu sichern. Standard bei jedem Interview sollte ein *Tonbandgerät* oder ein *MP3-Player* sein. Die Vorteile der meist gut die Sprache erkennenden Geräte sind eine hervorragende Wiedergabe, sowie ein angenehmes Management während der Transkription (vor- und zurückspulen, anhalten, wiederholen usw.). Nachteilig ist die fehlende visuelle Ebene. Eventuell kann sich der Interviewer an bestimmten Schlüsselszenen kurze Notizen zur Mimik und Gestik des Heranwachsenden machen, die später in das Transkript eingefügt werden.

Beim Einsatz einer *Videokamera* ist zu beachten, worauf man besonderen Wert legen will. Die meist gute Bildqualität digitaler Videokameras bezahlt man häufig mit schwacher bis sehr schlechter Tonqualität, weil die eingebauten Mikrofone mitunter nichts taugen. Wenn unsere Studierenden mit kleinen, handlichen Kameras arbeiten, liegt meist noch ein Tonbandgerät auf dem Tisch, so dass wir – zwar auf verschiedenen „Kanälen", aber doch relativ synchron, das Gesagte mit den körpersprachlichen Signalen zusammenschauen können.

Mittels einer *Profi-Videokamera* ist man fast aller dieser Einschränkungen ledig. Mittels aufgestecktem Richtmikrofon wird man sogar mit ungünstigen Raumverhältnissen (Hall, Verkehr, S-Bahnrattern, Einflugschneise) fertig und kann freie Valenzen auf die inhaltlich saubere Durchführung verwenden. Bei Interviews mit Kindern drehen wir das Display in Richtung des Dialogzentrums, so dass sich beide sehen können. Der „Fernseheffekt" (winken, Grimasse, lachen) ist sehr schnell beendet, wenn es dem Interviewer gelingt, rasch zu einer produktiven Gesprächsatmosphäre zu führen. Meist haben diese professionellen Kameras auch ein zusätzliches Weitwinkelobjektiv, was gegebenenfalls für die Abbildung einer Gruppendiskussion hilfreich sein kann.

Es sei noch auf die *Zwei-* und *Dreikameratechnik* hingewiesen. Wir entwickelten sie, um möglichst viele Einzelaspekte des Interviewverlaufes für einen Lehrfilm gleichzeitig einzufangen.

Bei der *Zweikameratechnik* stehen die beiden Profi-Videokameras jeweils hinter den beiden Akteuren. Dieser „Schulterblick" ermöglicht die Totale auf das Gegenüber. Es werden parallel Aktion und Reaktion, Frage und Antwort, Abbruch und Neuansatz aufgenommen. Für die einfache Übertragung des mündlichen Interviews in die Schriftform bedarf es dieses Aufwandes nicht. Unverzichtbar ist diese Erfahrung jedoch für Studierende, die im sozialen Feld aktuell oder perspektivisch Interviews führen müssen.

Die *Dreikameratechnik* schließlich fängt neben den beiden Schulterblicken auch noch die Totale ein. Dabei steht die dritte Videokamera seitlich und hat beide Gesprächspartner im Fokus. Wenn man die Chance hat, alle drei Perspektiven parallel synchron abzuspielen, kommt man dem Realeindruck einer Lifeübertragung bereits sehr nahe. Wir nutzen diese Möglichkeit, wenn über „schwierige" Interviews im Team beraten werden muss. Vor uns liegt das Transkript mit einer Nebenspalte, in der der Interviewer die ersten „frischen" Eindrücke platziert hat. Nun kann die Gruppe Szene für Szene das Gesprochene mit dem Nicht-Gesagten, der Körpersprache, mit Mimik und Gestik in einen Zusammenhang bringen. Der Ertrag sind neue Fragen für den nächsten Interviewkatarakt, Erkenntnisse über das Zusammenspiel sprachlicher und außersprachlicher Faktoren und letztlich die Erfahrung, dass vierzehn Augen mehr sehen als zwei.

Letztlich sei jedoch vor einer Inflation der Videokassetten (DVDs) gewarnt. Nur um der Aufnahme wegen muss kein Interview professionell videografiert werden. Der Zweck bestimmt die einzusetzenden Mittel. Die ökonomische Komponente muss stets mitgedacht werden. Mein Kollege Andreas Helmke sagte einmal auf einem Kongress (DGfE Kommission Grundschulforschung und Pädagogik der Primarstufe in Münster 2006): „Ein Video ist schnell abgedreht. Die Analyse dauert ungleich länger". Dem ist nichts hinzu zufügen.

„Even after years of experience,
no expert can write a perfect questionnaire."
(Sudman/Bradburn 1982)

„Meine Grundschulzeit" – Ein interviewgestützter Projektansatz

Der Hintergrund

Die Idee, flächendeckende Interviews mit Viertklässlern zu inszenieren kam nicht von ungefähr. Seit 2005 begleitet mein Team und eine dafür gegründete studentische Forschungsgruppe eine Hamburger Schule, die sich vorgenommen hat, hochbegabte und durchschnittlich begabte Kinder integrativ miteinander lernen zu lassen. Das Projekt hat medial große Anerkennung gefunden[50] und wurde inzwischen dokumentarisch dicht beschrieben[51]. Am Ende eines solchen Längsschnittes diskutierte das Team effektive Möglichkeiten, einen denkbar breiten Fokus auf die individuell erlebte Grundschulzeit der über vierzig Kinder zu legen. Da in den Jahren zuvor verschiedene Möglichkeiten der schriftlichen Äußerung genutzt wurden, entschlossen wir uns dieses Mal zu individuellen mündlichen Face-to-face Interviews. Dabei wurde die gesamte Arbeitsgruppe, ein Hauptseminar „Kommunikation" und das Forschungsteam einbezogen, um alle Arbeiten innerhalb eines halben Jahres (Januar – Juni 2009) bewerkstelligen zu können.

Das Projekt HeLgA

Unser Hamburger Projekt ›HeLga‹ (Heterogene Lerngruppen-Analyse) an der integrativen Grundschule Brecht untersucht in einem Längsschnitt die Qualität von Unterricht unter Ganztagsschulbedingungen. Zwei Grundannahmen der Untersuchung gehen davon aus, dass *erstens* Schulanfänger Indikatoren für entwicklungsfördernden Unterricht sind und *zweitens* hochbegabte Kinder dies im besonderen Maße anzeigen (Trautmann 2007: 233 f.). Daraus ergeben sich mehrere Forschungspotenzen – unter anderem Wissenszuwachs über innere Lernvorgänge in hinreichend offenen Unterrichtsprozessen, Erkenntnisse über Prozesse und Methoden kindlicher Selbstlernmechanismen und letztlich Ableitungen über die Qualität grundschulischen Unterrichts.

---

[50] Beiträge bei ARD, RTL, SAT 1, in GEO Wissen, überregionalen Zeitungen wie der FAZ, NZZ, Welt usw.

[51] u.a. Schmidt, S./ Trautmann, T./ Bichtemann, V./ Steenbuck, O. (Hrsg.) (2008); Steenbuck, O./ Schmidt, S./Trautmann, T. (Hrsg.) (2007); Trautmann, T./ Schmidt, S./ Rönz, C. (Hrsg.) (2009); Trautmann, T./ Schmidt, S./ Rönz, C. (Hrsg.) (2009a); Trautmann, T.;/Steenbuck, O.;/Schmidt, S. (Hrsg.) (2006).

Begabung fassen wir dabei als Gesamt personaler und soziokultureller Lern- und Leistungsvoraussetzungen, deren Entwicklung sich als Interaktion personeninterner Anlagefaktoren und externer Sozialisationsfaktoren vollzieht (Heller 2002). Hochbegabung wird heute allgemein als geistige Disposition gesehen. Sie ist eine besondere Anlage – etwa im kognitiven, musischen oder sozialen Bereich – die sich nicht automatisch in Leistung niederschlägt (Trautmann 2005). Für Hochbegabung ist ein hoher IQ zwar notwendig, allein jedoch nicht hinreichend (Feger 1988: 56).

Der Längsschnitt bezieht sich auf unterschiedliche Bereiche des Unterrichts. Einige Ausschnitte aus dem Untersuchungsdesign sollen dies illustrieren:

- Lernausgangsuntersuchungen hinsichtlich mathematischer und schriftsprachlicher Kompetenzen und deren jährliche Wiederholungen.
- Entwicklung eigener Instrumente für die Messung der Unterrichtsaktivität.
- Quasipermanente Unterrichtsbeobachtung ohne pädagogische Eingriffe.
- Videografische Auswertung von Unterrichtsbausteinen, die eine hinreichende Begabungsförderung (Akzeleration, Enrichment, Grouping) erwarten lassen.
- Zyklische Protokollierung von Entwicklungsprozessen begabter Kinder, die zunächst zu Entwicklungsberichten und später mittels dichter Beschreibung zu Rekonstruktionen verfestigt werden (Qualitative Einzelfallstudien).
- Qualitative Analysen kindlicher Portfolios (Forschrittsberichte).
- Kataraktische Lehrerinneninterviews zu Fragen der Unterrichtsqualität, zur inhaltlichen und organisatorischen Begabungsförderung und den perspektivischen Vorhaben.
- Mehrperspektivisch videografierte Eltern-Kind-Spiegelinterviews mit Kindern des Norm- und Begabtenbereichs (narrative und Leitfadeninterviews).
- Akkumulation und Präsentation guter Praxiselemente (›models of good practice‹).
- Kommunikative Validierung der Prozesse mit den Lehrpersonen.

Neben meinem vierköpfigen Forschungsteam konnten diese Aufgaben nur von einer Reihe hoch motivierter und arbeitsamer Studierender in Angriff genommen werden. Die Forschungsgruppe HeLgA hatte seit ihrem Bestehen insgesamt 55 Mitglieder. Viele davon sind inzwischen examiniert, einige von ihnen selbst Lehrer/innen. Andere arbeiteten mit uns zwei bis vier Semester rege mit, bevor sie sich anderen Aufgaben widmeten. Eine Reihe davon ist seit Beginn an aktiv dabei. Aktuell umfasst die Gruppe 22 mittel- und hochsemestrige Student/innen aus den Lehramtsbereichen Grund-, Mittelstufe, sowie der Sonderpädagogik. Pro Semester gibt es ein allgemeines Seminarangebot, was sich mit dem Problembereich „Forschen in der Grundschule" auseinandersetzt und Studierende einlädt, einen kleinen Forschungsbeitrag für HeLgA zu leisten.

Interviews zum Ende des Längsschnitts
Über vierzig Kinder der Grundschule Brecht hatten über vier Jahre hinweg individuelle Erfahrungen mit Lehrpersonen, mit Unterricht, Medien, aber besonders mit Freunden, Mitschülern und Klassenkameraden[52] gesammelt. Die wesentlichsten Ziele der Interviews bestanden darin:

- Unterschiedlichste Erfahrungs- und Bewertungsebenen der Kinder gegenüber wesentlichen schulischen Prozessen abzubilden,
- soziale Geflechte, die sich in der gemeinsam erlebten Schulzeit entwickelten, näher zu erfassen,
- Gründe und Beschreibungen für aktuelle Befindlichkeiten (Schulwechsel, Übergang in die Sekundarstufe usw.) zu erhalten,
- Erinnerungselemente und -bilder aus den vergangenen Schuljahren zur Sprache bringen und Bewertungen aus heutiger Sicht zu ermitteln
- und die theoretisch beschriebene Sprach-, Verhandlungs-, Deutungs- und Gewichtungskompetenz von Viertklässlern praktisch im Feld zu erproben.

Die Ziele wurden in der Forschungsgruppe HeLgA diskutiert und innerhalb eines Projektansatzes vierphasig umgesetzt. Nach einer *Initiierung* in den Klassen wurden die beteiligten Interviewer/innen einem gründlichen *Professionalisierungsprozess* unterzogen. In dessen Verlauf entwickelten das Team der Forschungsgruppe und die beteiligten Studierenden des Hauptseminars einen Fragenpool. Interviewsituationen wurden simuliert und videografierte Situationen gemeinsam besprochen. In der dritten Phase – der sukzessiven *Durchführung* – wurden innerhalb eines Monats alle Schülerinnen und Schüler während des Ganztagsschulprozesses einzeln interviewt[53]. In allen Interviews wurde mindestens eine Videokamera eingesetzt, oft mittels der Profi-Variante. Mehrere Interviews wurden mit zwei, wenige mit drei Kameras aufgezeichnet. In der Phase der schwerpunktbezogenen *Auswertung* wurden die Bänder auf DVDs überspielt und vollständige transkribiert. Derzeit untersuchen die einzelnen Teams der

---

[52] Diese Unterscheidungsebenen wurden von den Kindern selbst getroffen.
[53] Eine Ausnahme bildeten zwei Mädchen und zwei Jungen, die wir so instruierten, dass sie sich jeweils gegenseitig interviewten.

Forschungsgruppe die Aussagen mittels qualitativer Inhaltsanalyse (Mayring 2002).
Schauen wir nun in die direkte Beispielebene der einzelnen Phasen.

Initiierung
Eine vierjährige wissenschaftliche Schulbegleitstudie steht oder fällt mit der Qualität der Zusammenarbeit zwischen Forschern und dem Kollegium der Lehrpersonen. Wir haben es – aufgrund einer vorzüglichen Planung durch das schulische Leitungsteam und die gelassen-freundliche Aufgeschlossenheit der Lehrerinnen – in diesem Prozess immer leicht gehabt. Somit konnten wir immer kurzfristig in Morgenkreisen, in Unterrichtsverläufen oder zwischen den Lernblöcken Instruktionen, Angebote, Beobachtungen oder Besprechungen mit den Kindern ansetzen.
Im Morgenkreis wurde den Kindern der Klasse eröffnet, dass wir gern ihr Resümee des schulischen Erlebens erfahren würden. Alle Kinder kannten Interviews aus dem Fernsehen („Oh, wie beim HSV!") und erklärten sich bereit, uns zur Verfügung zu stehen. Da die Initiierung (bewusst geplant) vor einer Ferienwoche stattfand, wurde jedem Kind das folgende Schreiben ausgeteilt.

Ein Interview mit Dir!

Du bist jetzt fast vier Jahre in die Brecht-Schule gegangen.
Du weißt vieles über Unterricht, Pausen, Freunde, Wunschzeit und das Mittagessen.
Wir möchten einiges darüber erfahren, wie Du Deine Schulzeit siehst.
Wir möchten einiges über Dich hören.

> ➢ *Nach den Mai-Ferien bitten wir Dich, uns etwa eine halbe Stunde (30 min) für ein Interview zur Verfügung zu stehen. Deine Lehrer/innen sind informiert. Sie geben Dir und uns diese Zeit.*
> ➢ *Du brauchst keine Bedenken zu haben. Wir fragen nichts, was Dir peinlich sein muss. Vielleicht hat die Studentin, die Dich interviewt, mehr Angst als Du ...*
> ➢ *Ihr setzt euch zusammen. Die Studentin fragt Dich etwas. Du antwortest. So einfach ist das.*

Was könnten das für Fragen sein?
- *Wenn Du Dich jemandem, der Dich nicht kennt, beschreiben müsstest ... was würdest Du sagen?*
- *Was kannst Du gut?*
- *Was willst Du später einmal werden ... und warum?*
- *Die fünfte Klasse ... wie stellst Du Dir den Unterricht dort vor?*
- *Was war das Wichtigste, was Du in der Schule bisher gelernt hast?*

Wenn Du noch Fragen hast, schreibe mir eine Mail (Thomas.Trautmann@uni-hamburg.de)
Wir freuen uns, mit Dir ein Interview machen zu dürfen.

Dein Herr Trautmann & die Studierenden

Teamprofessionalisierung
Das Leistungsteam, die HeLgA-Gruppe und die Studierenden des beteiligten Hauptseminars (›Kommunikation in der Grundschule‹) erhielten den Auftrag,

interessierende Fragestellungen für die drei Interviewhorizonte *Vergangenheit, Gegenwart* und *Zukunft* zu entwickeln. Vorab wurden – teils kontrovers – das Denk- und Erinnerungsvermögen, sowie die Prognosekompetenz der sehr heterogenen Kindergruppe diskutiert. Wir kamen überein, dass es nicht darum gehen kann, jedem Kind die gleichen Fragen zu stellen. Vielmehr lag es in der Verantwortung jedes einzelnen Interviewers, aus dem Pool interessierender Fragestellungen seinen unverwechselbaren Leitfaden zu erarbeiten und dafür individuell zugeschnittene Gesprächsformate zu erzeugen. Werfen wir einen Blick auf diesen Pool:

Was war? (Vergangenes)
- Wenn du dich an die Zeit vor der Schule erinnerst … wie warst du da?
- Wie hast du Freundschaften geschlossen?
- Wie haben sich deine Lehrerinnen in den vier Jahren verändert?
- Wie hast du dich in den vier Jahren verändert?
- Es kommt eine Fee und sagt – ich kann dich wieder klein machen, so dass du nächstes Jahr in die Schule kommst. Ja oder nein? Anschlussangebot: Du könntest mit all deinem Wissen und Können, was du jetzt hast – Schulanfänger werden. Was sagst du?

Was ist? (Gegenwärtiges)
- Wenn du dich jemandem – der dich überhaupt nicht kennt – beschreiben müsstest – was würdest du ihm erzählen?
- Was kannst du gut?
- Wenn du die 4 Schuljahre mal zurück denkst … was war das wichtigste, was du in der Schule gelernt hast?
- Gibt es etwas, wovor du jetzt Angst hast?
- Was ist das größte Glück für dich?
- Es kommt eine Fee und sagt, du hast drei Wünsche frei. Was würdest du dir wünschen?

Was wird sein? (Zukünftiges)
- Du kommst bald in die 5. Klasse … was wird da anders (an Schule)?
- Gibt es etwas, wovor du Angst hast …was da kommt?
- Was erwartest du von den Lehrern, die dich in der 5. Klasse unterrichten?
- Was willst du werden … und warum?
- Erzähle über dich, wenn du so alt bist wie deine Mama (Mädchen) – dein Papa (Junge).
- Wenn du (als Mama / als Papa) ein Kind hättest, welches gerade genau so alt wäre wie du … wie würdest du es erziehen?
- Wenn du ein/e Lehrer/in wärst … Wie wärst du als Lehrer/in?
- Es kommt wieder unsere Fee und sagt – ich kann dich sofort erwachsen machen. Was würdest du sagen? (Warum?)

Es ist selbstverständlich, dass diesen, die Schwerpunkte bestimmenden Leitfragen eine Reihe von Unterfragen folgen könnte, wenn es sich in der konkreten Gesprächssituation ergeben sollte.

Ein zweiter Punkt im Professionalisierungskonzept war das Verhalten der Interviewerin. Dazu wurde den Mitgliedern eine grundlegende Literaturauswahl zur Verfügung gestellt. Sie umfasste Aspekte kindlicher Kommunikation, Kennzeichnung des Interviews als Methode und psychologische Beiträge zu kindlicher Denk- und Sprachentwicklung im mittleren Schulalter.
Improvisationen und Interviewsimulationen ergänzten das Vorgehen ebenso, wie die Analyse videografierter Kinderinterviews. Abschließend gab sich das Team der Interviewer und Interviewerinnen einen Kodex, dessen Leitgedanken wie folgt lauten:

> *Ich spreche deutlich und langsam.*
> *Ich spreche mit Denk-Pausen.*
> *Ich habe den Mut, Stille zuzulassen.*
> *Ich frage nicht vorschnell dazwischen.*
> *Ich verzettle mich nicht in Einzelheiten.*
> *Ich höre aktiv zu.*
> *Ich beziehe meine Fragen auf Gesagtes, ohne abzuschweifen.*
> *Ich fühle mich nicht persönlich (ge-)betroffen.*
> *Leitfäden sind keine Dogmen.*

Durchführung

Dank eines guten Zeitmanagements konnten in bestimmten Unterrichtsphasen unterschiedliche Räume[54] genutzt werden. Alle Beteiligten bekamen die Halbwertszeit von Planung und Wirklichkeit bald zu spüren. Im Atelier lagerten Kostüme für die Schulaufführung des im gleichen Gebäude untergebrachten Gymnasiums. Im Turmzimmer wurden unangekündigt Latein-Einzelübungen verrichtet. Lediglich der Bodenraum erwies sich als sichere Konstante. Allerdings mussten die Lichtverhältnisse „dort oben" substanziell verbessert werden. Auch dies gelang den Mitgliedern der Forschungsgruppe auf beeindruckende Weise. Letztlich ist es der gegenseitigen Toleranzfähigkeit aller Beteiligten[55] zu verdanken, dass diese Hindernisse auf einer zu belächelnden Ebene verblieben.
Wir konnten die Kinder direkt aus den Unterrichtsvollzügen herausholen. Dies war insofern unkompliziert, als dass alle Kinder dieser Schule an individuellen Aufgaben in offenen Unterrichtsvollzügen lernen (Trautmann et al. 2009). Über

---

[54] Es handelte sich um einen schallarmen Bodenraum, ein Atelier und ein Turmzimmer. Die Ganztagsschule leidet unter akuter Raumnot, so dass wir vor der Wahl standen, entweder die Gespräche in den wenig interviewtauglichen Räumen zu vollziehen oder auf die Zeit nach der Schule (ab 15.30 Uhr) auszuweichen.
[55] Exklusive einer männlichen Lehrperson, die vor den jungen, meist weiblichen Studierenden immer wieder sein Raumnutzungsprimat eindrücklich unter Beweis stellen musste.

die gesamte Zeit existierten Wochenpläne, in die sich die Interviewerinnen eintrugen und einen Raum sicherten. Ein Beispiel:

25. Mai – 29. Mai 2009

Montag	Dienstag	Mittwoch	Donnerstag	Freitag
Erster Lernblock * Turm ** Atelier *** Boden	* Turm ** Atelier *** Boden	* Turm ** Atelier *** Boden	* Turm ** Atelier *** Boden	* Turm ** Atelier *** Boden
Zweiter/dritter Lernblock * Turm ** Atelier *** Boden	* Turm ** Atelier *** Boden	* Turm ** Atelier *** Boden	* Turm ** Atelier *** Boden	* Turm ** Atelier *** Boden
Vierter Lernblock * Turm ** Atelier *** Boden	* Turm ** Atelier *** Boden	* Turm ** Atelier *** Boden	* Turm ** Atelier *** Boden	* Turm ** Atelier *** Boden

In den prozessbegleitenden Konferenzen der Forschungsgruppe und in den Seminarsitzungen kam es zu einem äußerst lebhaften Austausch der Erlebnisse, der Triumphe und Fehler, die jede/r Einzelne sich eintrug. Die Projektleitung wollte diese frischen, vielfältigen Erfahrungen jedoch nicht auf der informellen Ebene belassen. Daher bestanden wir auf der Anfertigung eines Interviewtagebuchs, was „alles" beinhalten sollte – die Auswahl des Kindes, die inhaltliche Vorbereitung, die Zeitabsprachen, die Erlebnisse in der Schule, beim Interview und die Gefühle „danach". Das Buch sollte nicht in wissenschaftlichem Stil sondern „frei weg" geschrieben werden. Etwa zur Mitte des Zeitkorridors hin wurden die in fast allen Niederschriften oft vorkommenden Passagen vorgestellt und diskutiert. Die Intensität und Dichte der Erfahrungen verblüffte ungemein – hatten einige der Teilnehmer/innen doch vorher noch nie ein Interview mit einem Kind (bzw. überhaupt) geführt. Einige der notierten ersten Erkenntnisse aus den bereits „ge-

laufenen" Interviews seien hier unkommentiert und ohne Rang- und Reihenfolge
– zusammengestellt.

- Jedes Kind (re-)agiert im Interview anders (als beispielsweise im Kontext von Unterricht).
- Das bewusst gesteuerte Zulassen von Schweigen erbringt mitunter nach Minuten erstaunliche Denkaspekte.
- Ich muss unbedingt Mehrfachfragen vermeiden. (Ich fragte: „Was fandest du gut an deiner Erziehung und was fandest du blöd an deiner Erziehung und wie willst du dein Kind später mal selbst erziehen?")
- Es gibt Kinder, die haben sich über ihre Vergangenheit (und/oder ihre Zukunft) wirklich noch gar keine Gedanken gemacht.
- Es gibt Kinder, die lange nachdenken (müssen/wollen) und danach druckreif sprechen.
- Es gibt Kinder, die kommen vom Hundertste ins Tausendste. Es ist schwer, einzuhaken und „zurück zu führen".
- Ich bewerte unbewusst einige Antworten („Schön" …. „Das ist richtig" … „Die Antwort habe ich jetzt gebraucht").
- Ich habe einen Therapiefehler der falschen Lesart gemacht – das Kind (!!!) hat mich korrigiert (Sina: „Das kann ich jetzt nicht sagen." Ich: „Das weißt du nicht" Sina: „Nein, ich kann es nur nicht ausdrücken.")
- Manches Interview dauert 72 min, ein anderes 15 min.
- Ich lasse nicht genügend ausklingen, sondern schiebe (zu) rasch die nächste Frage hinterher.
- Ich verkrampfe (nicht) am Leitfaden.
- Wenn das Kind mir eine Frage stellt … soll ich sie beantworten? – Ich habe es getan.
- Kinder zu interviewen, wenn sie zum Sport gehen, geht gar nicht!
- Die Lehrerinnen gehen wie immer sehr gut mit.
- Überprüft immer, ob ihr an der Kamera auf REC gedrückt haben. Nichts ist schlimmer, als ein tolles Interview bei einer Kamera, die auf PAUSE steht. Ich weiß, wovon ich rede!
- Mitunter ist es sinnvoll, bei einer Frage länger zu verweilen.

Variierung innerhalb des Durchführungsprozesses
Großartigerweise steht mir ein Forschungsteam zur Seite, das sich nicht nur mit der Ausführung von bereits Vorgedachten begnügt, sondern aktiv und mit kreativer Gedankenführung eigene Wege zur Erkenntnisgewinnung beschreitet. Um zu beweisen, dass dies kein billiges Kompliment ist, will ich drei – in sich verwobene – Variationsfelder skizzieren die im Prozess selbst beschritten wurden.

Diese unterschiedlichen Ansätze erbrachten uns neue, interessante Aspekte, wie Kinderinterviews in Zukunft noch stärker auf die Bedürfnisse der Subjekte – also der Kinder selbst – zugeschnitten werden können, ohne die Forschungsinteressen der Interviewteams zu schmälern.

Sonja Schmidt und *Constanze Rönz* verfolgten zunächst unseren abgesprochenen Standard-Leitfaden-Ansatz. Rasch stießen sie jedoch bei einigen Kindern auf Potenzen, die sie ermutigten, das Vorgehen zu öffnen. Außerdem hatten beide ein vitales Interesse daran, über jedes Kind der Klasse prägnante Aussagen zu bestimmten sozialen Vernetzungen herausarbeiten zu können, inwieweit sich individuelle (Persönlichkeits-)Merkmale „behaupten"[56]. Man kann diesen Prozess: „Vom stringenten Leitfaden zur strukturierten Kartenmethode" bezeichnen.

In einem ersten Schritt wurde die Struktur der Vergangenheits-, Gegenwarts- und Zukunftsorientierung aufgehoben und zwar unabhängig von der generell erforderlichen Flexibilität bei der Interviewerin. Stattdessen wurden die Fragen nun bestimmten Themenbereichen zugeordnet und so neben dem *zeitlichen*, auch auf einen *inhaltlichen* Faktor hin sortiert.

Vorbereitet wurde ein Pool an Stichworten und je zwei oder drei korrespondierende Fragen zu diesem Bereich. Das Stichwort wurde auf einen ovalen Zettel geschrieben. Umseitig standen die Fragen. Dazu ein Beispiel:

Beliebt sein
1. Welche Kinder in Deiner Klasse sind beliebt? Warum?
2. Was muss ein Kind tun, um beliebt zu werden und beliebt zu bleiben?
3. Was fällt Dir zum Wort ‚Ausgrenzung' ein?

Die thematische „Rückseite" lag im Interview oben sichtbar, damit die Kinder sich nach den Themen (und z.B. nicht nach Länge der umseitigen Fragen) orientieren. Auch nutzten wir die Möglichkeit für die Kinder, eine schon inhaltlich gerichtete Vorauswahl der Fragen zu treffen.

Die Interviewerin erbat vom Kind nun einen Vorschlag für eine Dreier-Auswahl von Stichworten. Jeweils eine Frage aus dem Vergangenheits-, eine aus dem Zukunfts- und eine aus dem Gegenwartspool spielte dabei eine Rolle. Die freie Wahl des Oberthemas entschied das Kind. Die aufgedeckten drei Fragen waren dann freudvolles Pflichtprogramm, da sich das Kind ja selbstständig entschieden hatte.

Im weiteren Vorgehen ließ die Interviewerin das Kind die erste Frage lesen und diese gleich darauf beantworten. War dies in einem angemessenen Rahmen ge-

---

[56] Innerhalb ihres Promotionsprojektes geht Sonja Schmidt bestimmten Tendenzen sozialer Integration und Isolation nach.

schehen, wurde die zweite Frage vorgelesen, beantwortet und dann mit der dritten auf die gleiche Art und Weise umgegangen. Je nach zeitlichem Umfang des
Interviews, den individuellen Möglichkeiten des Interviewten (Spannungsbogen,
physische und psychische Kapazität), wurde über die drei Themen hinaus eine
weitere Anzahl an Themenbereichen „abgearbeitet". Dabei kam es zu erstaunli-
chen „Langläufern". Diese Kinder hatten sich ihre eigenen Wege durch die Themen antizipiert und luden die Interviewer lustvoll ein, sie zu begleiten. Damit
bewiesen Sonja Schmidt und Constanze Rönz, dass es bei Interviews mit Kindern in erster Linie darauf ankommt, den Kindern partielle Aktivitäts- und
Selbststeuerungspotenziale in die Hand zu geben. Mit dem Grad der Selbststeue-
rung nämlich ging eine direkte, inhaltlich substanzielle Qualität der Kindermo-
nologe einher. Sie reichten vom lauten Denken über Höhepunkterzählungen bis
hin zu dialektischen Abwägungen des Allgemeinen und Besonderen, von Notwendigkeit und Zufall usw.
Der Vollständigkeit halber sollen die wichtigsten Stichworte hier noch einmal
zusammengefasst werden. Sie entsprechen in ihrer Reihenfolge dem Prinzip
„Was war – was ist – was wird sein":

- Mein Schulanfang
- Meine Grundschulzeit
- Die Brecht-Schule
- Meine Lehrerinnen
- Das bin ich
- Meine Freunde & Freundschaft
- Meine Sorgen & Ärger
- Beliebt sein
- Meine Wünsche
- Die 5. Klasse
- Wenn ich erwachsen bin …

Ein zweiter Ansatz im Vorgehen bezog sich direkt auf die sozialen Grundver-
hältnisse in der Klasse. Dabei setzten die Forscherinnen ebenfalls auf die Kraft
der kindlichen Auswahl. Besonders interessant war dabei der Zusammenhang
zwischen den Namen der Mitschüler/innen und bestimmten Leitfragen, die sich
individuell darauf bezogen[57]. Um dies herauszufinden, musste ein Weg gefunden
werden, dass die Kinder substanziell ermutigt werden, etwas über die Sozial-
strukturen innerhalb ihrer Klasse aussagen zu können.
Auch dieses Vorgehen war denkbar einfach. Auf je eine quadratische Karte im
Format 5 x 5 cm wurde der Vorname jedes Kindes der Klasse geschrieben. Auf

---

[57] Constanze Rönz arbeitet in ihrem Promotionsprojekt an Fragen erziehungswissenschaftlich orien-
tierter Einzelfallstudien.

der Rückseite stand eine individuelle Frage zu diesem Kind. Zwei Beispiele sollen dies verdeutlichen:

Vorderseite: *Agathe*
Rückseite: *Mit welchen Kindern ist Agathe befreundet?*

Vorderseite: *Malcolm*
Rückseite: *Jemand möchte Malcolms Freund werden. Wie sollte er das anstellen?*

Die erste Hypothese ging davon aus, dass sich aus diesen Reizfragen ein prinzipieller Dialog über bestimmte soziale Prozesse entwickelt. Eine zweite Hypothese vermutete gar eine prinzipielle Veränderung der Rolle des Interviewers. Durch den Kameraden-Leitfaden bestimmte das Kind selbst Richtung, Intensität und Tiefe seiner Aussagen. Gleichzeitig gibt dies der Interviewerin die Möglichkeit eines Rollenwechsels – aktiver Zuhörer und sublimer Nach"haker" statt prinzipiell Fragender. Gerade bei Interviews mit einigen Knaben stellte sich dieses Vorgehen als nahezu perfekt heraus. Während wir uns bei den konservativen Vorgehensweisen eher reservierten, mit einem nur übersichtlich ausgeprägten Redebedarf ausgestatteten Jungen konfrontiert sahen, sprachen sie in diesem Szenario ausgiebig, freudvoll und intensiv.

Nachdem ich selbst einige Interviews durchgeführt und viele andere per Supervision begleitet hatte kam ich drittens auf die Idee, dass zwei Kinder sich gegenseitig interviewen sollten. Ich stieß mit meinem Vorschlag durchaus auf Skepsis, da mit dieser Idee ja völlig am primären Paradigma der Interviewführung gesägt wird (›Interviewer wird man durch Interviews‹). Allerdings waren beide Mädchen durch eine Reihe „gelaufener" und damit in der Klasse gut kommunizierter Interviews „völlig im Bilde", was die Form und einige inhaltliche Dimensionen betraf. Andere Professionalisierungsebenen hatten beide Mädchen ebenfalls hinreichen verinnerlicht (Sprachsicherheit[58], Zielgruppe[59], Persönlichkeit[60], Gemeinsamkeit[61], Selbstkontrolle[62]).
Die Kinder wurden noch einmal einzeln gecoacht. Darin wurden ihnen die Aufgaben der Interviewerin übermittelt und die Rahmenbedingungen erklärt. Es wurde vereinbart, dass zwar eine (Profi-)Kamera aufgestellt und eingerichtet

---

[58] Beide Mädchen sind sprachlich hochbegabt.
[59] Beide sind enge Freundinnen.
[60] Kein Kind dominiert das andere.
[61] Beide sind Klassenkameradinnen.
[62] Beide verfügen über souverän ausgeprägte Erregungs-Hemmungs-Potenziale.

werden würde, sich jedoch kein Erwachsener im Interviewraum aufhalten sollte. Dies wurde von den Mädchen freudig akzeptiert. Um ihnen die Vorbereitung des Interviews noch ein wenig besser zu strukturieren, hielten wir ab diesem Zeitpunkt ständig Kontakt. So schrieb ich beiden noch einmal das genaue Datum und heftete einen Leitfaden (für beide unterschiedlich, jedoch strukturell ähnlich) an meinen Brief.

Liebe Sophia,

vielen Dank, dass Du ein Interview mit Natalia führen wirst. Wir haben für eure Interviews den Donnerstag (4. Juni) ausgewählt – wenn ihr von der Exkursion um 14 Uhr wieder in der Schule seid. Um Dir Deine Interviewleitung etwas einfacher zu machen, haben Dir die Studentinnen einige Fragen aufgeschrieben. Du kannst sie der Reihe nach stellen. Oder Du wählst aus und findest Deine eigene Reihenfolge.
Wenn Du Dich auf das Interview vorbereitest, kannst Du Dir auch eigene Fragen an Natalia ausdenken. Schreibe sie in die freien Zeilen.

Wenn Du noch Fragen hast ... schreib eine Mail an mich (Thomas.Trautmann@uni-hamburg.de).
Gutes Gelingen und viel Spaß,

Dein Herr Trautmann und die Student/innen

So sah der Leitfaden für eines der beiden Kinder aus:

Interviewfragen – gestellt von Sophia an Natalia

- Wie hast du dir die Schule vorgestellt als du noch im Kindergarten warst?
- Was war ganz anders, als du dann in der Schule warst?
- Bitte beschreibe dich einmal einem Marsmännchen, das dich noch nie gesehen hat.
- Eine eigene Frage von Sophia an Natalia:...
  ....
  ....

- Denk an das tollste Erlebnis in deiner Schulzeit – und erzähle mir davon.
- Und nun das Gegenteil – was war das allerblödeste, was dir in der Schulzeit widerfahren ist?
- Eine eigene Frage von Sophia an Natalia:...
  ....
  ....

- Gibt es etwas, wovor du Angst hast ... was da in der 5. Klasse auf dich zukommt?
- Erzähle einem Kindergartenkind etwas über Schule.
- Eine eigene Frage von Sophia an Natalia:...
  ....
  ....

- Wenn du (als Mama) ein Kind hättest, welches gerade genau so alt wäre wie du … wie würdest du es erziehen?
- Gibt es etwas an Schule, worüber du dich aktuell sehr ärgerst?
- Wenn du eine Lehrerin wärst … was würdest du in deiner Klasse sofort ändern? Und … warum?
- Wie ist dein Leben, wenn du erwachsen bist?
- Eine eigene Frage von Sophia an Natalia:...
....
....

Die Transkription des Bandes förderte Erstaunliches und Erschreckendes zutage. Auf unverwechselbare Art gehen beide Viertklässlerinnen die Themen des Projektes an. Die Fragen werden nachdenklich, umfassend, mit Humor und Leichtigkeit bearbeitet. Offenbar ist der Druck – offensichtlich immer mitzudenken, wenn Erwachsene in ihren sozialen Aktionen mit Kindern kommunizieren – vollkommen weg. Dieses Defizit lässt viele Fesseln aufgehen, auch die nach druckreifer Formulierung und der inneren Kontrolle sozial gewünschter Äußerungen. Offensichtlich vergaßen die Mädchen bereits nach einer Minute, dass eine laufende Kamera die Szenerie begleitete. Erschreckend allerdings der Vorgang, der zum jähen Ende des Interviews führte. Etwa nach 30 Minuten – kein Erwachsener hielt sich vereinbarungsgemäß im oder vor dem Atelier auf – wurde das Interview durch eine eintretende Lehrperson des Gymnasiums jäh unterbrochen. Auf die brüske Frage: „Was macht ihr denn hier?" und das Nichtabwarten der Antwort verwies sie die beiden Mädchen des Raumes, „weil der jetzt gebraucht wird." Auch die Existenz der laufenden Kamera schien bei der Lehrerin keine Veränderung in Stil und Ton, geschweige denn ein Nachdenken zu initiieren. Die Versuche der beiden Schülerinnen, ihr Tun zu erläutern wurden abgewehrt. Der kurze Videoausschnitt ist eine Demonstration von Macht und Ohnmacht, ein Beweis, dass es noch ein Gutteil Zeit und Anstrengung bedarf, um aus gegenwärtigen Über-Unterordnungsclustern reale Lernpartnerschaften zu kreieren.

Letztlich – so unser Fazit – hatte aber auch dieses bedauerliche Finale etwas Gutes an sich. Die Studierenden der Forschungsgruppe gewöhnten sich bereits jetzt an noch manchen „Kollegen" bzw. manche „Amtsschwester", deren kommunikatives Potenzial durchaus noch „Luft nach oben" hat. Und obwohl die Zusammenarbeit mit der Grundschule Brecht nicht besser sein kann, erkannten wir, dass es in der „großen" Brechtschule eben auch noch solche Zeitgenossen gibt. Letztlich ist dies auch der letzte Motivationskick für mich gewesen, dieses Buch in Angriff zu nehmen.

Literatur

Ainsworth, M.D.S./Blehar, M.C./Waters, E./Wall, S. (1978): Patterns of attachment. A psychological study of the strange situation. Hillsdale, NJ: Lawrence Erlbaum Associates

Altrichter, H./Posch, P. (1998): Lehrer erforschen ihren Unterricht. Eine Einführung in die Methoden der Aktionsforschung. Bad Heilbronn: Julius Klinkhardt

Amelang, M./Zielinski, W. (2002): Psychologische Diagnostik und Intervention. 3. Auflage. Berlin: Springer

Andresen, H. (2005): Vom Sprechen zum Schreiben. Stuttgart: Klett-Cotta

Aronson, E./Wilson, T.D./Akert, R.M. (2008): Sozialpsychologie. München: Pearson

Atkinson, P./Coffey, A./Delamont, S./Lofland, L. (Hrsg.) (2001): Handbook of Ethnography. London: Sage

Atteslander, P. (1995): Methoden der empirischen Sozialforschung. Berlin/New York: de Gruyter

Bamberg, A./Schröder, C./Trautmann, T. (2008): Was ist mir an Schule wichtig? Analyse der Foto- und Bildgeschichten von Drittklässlern. In: Schmidt et al. (2008): S. 49-68

Bateson, G. (1972): Steps to an Ecology of Mind. New York: Ballantine Books

Bauer, J. (2008): Subjektive Theorien zum Selbstverständnis der Rolle als Schülerberaterin beziehungsweise als Schülerberater an Heilstättenschulen. Diplomarbeit. München: GRIN Verlag

Becker, R./Kortendiek, B. (Hrsg.) (2004): Handbuch Frauen- und Geschlechterforschung. Theorie, Methoden, Empirie. Wiesbaden: Verlag für Sozialwissenschaften

Berk, L.E. (2005): Entwicklungspsychologie. 3. akt. Aufl. München: Pearson

Berne, E. (1994): Spiele der Erwachsenen. Reinbek: Rowohlt

Bogner, A./Litting, B./Menz, W. (Hrsg.) (2002): Das Experteninterview – Theorie, Methode, Anwendung. Opladen: Leske + Budrich

Bortz, J./Döring, N. (2006): Forschungsmethoden und Evaluation für Human- und Sozialwissenschaftler. 4. überarb. Aufl. Berlin: Springer

Bouchard, T. J. (1976): Unobtrusive Measures: An Inventory of Uses. In: Sociological Methods and Research. Vol. 4. 267-300

Bowlby, J. (1969): Attachment and loss. Vol. 1: Attachment. New York: Basic Books

Buchkremer, G./Rath, N. (Hrsg.) (1989): Therapeutische Arbeit mit Angehörigen schizophrener Patienten. Bern: Hans Huber Verlag

Calhoun, C. (2001): Methoden der Sozialforschung. In: Joas et al. (2001): 39-61

Calvert, C. (2008): Kreatives Philosophieren mit Kindern. Seelze: Kallmeyer

Collins, A.F./Gathercole, S.E./Conway M.A./Morris R.E. (Hrsg.) (1993): Theories of Memory. Hillsdale: Lawrence

Conway, M.A./Rubin, D.C. (1993): The structure of autobiographical memory. In: Collins et al. (1993): 103 – 137

Danielli, J.F./Brown, R. (Eds.) (1959): Symposium of the society for experimental biology. Cambridge: CUP

Dittmer, M. (2008): Philosophie als Unterrichtsfach? Dargestellt am Beispiel dritter Klassen der Grundschule Brecht Hamburg. Hausarbeit zur ersten Staatsprüfung Lehramt Grund- und Mittelstufe. Fachbereich: Allgemeine Erziehungswissenschaft. Hamburg: UHH

Ecarius, J. (2002): Familienerziehung im Wandel. Eine qualitative Studie über Erziehung und Erziehungserfahrungen von drei Generationen. Opladen: Leske + Budrich

Egg, R. (Hrsg.) (1991): Brennpunkte der Rechtspsychologie. Godesberg: Forum

Ehrenburg, I. (1978): Menschen, Jahre, Leben. Memoiren. Band 1. Berlin: Aufbau

Feger, B. (1988): Hochbegabung. Bern, Stuttgart, Toronto: Huber

Feger, H./Bredenkamp, J. (Hrsg.) (1983): Enzyklopädie der Psychologie. Themenbereich B, Serie I, Bd. 2. Göttingen: Hogrefe

Fischer-Rosenthal, W./Rosenthal, G. (1997): Narrationsanalyse biographischer Selbstpräsentationen. In: Hitzler et al.(1997): 133-164

Fissini, H.J. (2004): Lehrbuch der psychologischen Diagnostik. Mit Hinweisen zur Intervention. Göttingen: Hogrefe

Flick, U. (1991): Triangulation. In: Flick et al. (1991): 432-434

Flick, U./Kardorff, E. v./Keupp, H./Rosenstiel L. v./ Wolff S. (Hrsg.) (1991): Handbuch qualitative Sozialforschung. München: Psychologie Verlags Union.

Flick, U./ Kardorff E. v./Steinke, I. (Hrsg.) (2000): Qualitative Forschung. Ein Handbuch. Reinbeck bei Hamburg: Rowohlt

Flick, U. (2004): Qualitative Sozialforschung. Eine Einführung. In: König (2004): 117 - 167

Flick, U. (2007): Qualitative Sozialforschung. Eine Einführung. Reinbek bei Hamburg (5. vollständig überarbeitete Auflage.). Reinbek bei Hamburg: Rohwolt

Friebertshäuser, B. (1997): Interviewtechniken – Ein Überblick. In: Friebertshäuser et al. (1997): 371-395

Friebertshäuser, B./Prengel, A. (Hrsg.) (1997): Handbuch Qualitative Forschungsmethoden in der Erziehungswissenschaft. Weinheim und Basel: Juventa

Friedrichs, J. (1990): Methoden empirischer Sozialforschung. Opladen: Westdeutscher Verlag

Förster, H. v. (1985): Sicht und Einsicht. Versuche zu einer operativen Erkenntnistheorie. Braunschweig: Vieweg

Froschauer, U./Lueger, M. (2003): Das qualitative Interview. Wien: WUV/UTB

Fuhs, B. (2000): Qualitative Interviews mit Kindern. In: Heinzel (2000): 87-105

Gastager, A./Hascher, T./Schwetz, H. (2007): Pädagogisches Handeln als Balancing zwischen Theorie und Praxis. Beiträge zur Wirksamkeitsforschung im pädagogisch-psychologischen Kontext. Landau: VEP Verlag

Glasersfeld, E. v. (1997): Wege des Wissens. Konstruktivistische Erkundungen durch unser Denken. Heidelberg: Carl-Auer-Systeme Verlag

Grimm, H./Weinert, S. (2002): Sprachentwicklung. In: Oerter et al. (2002): 517 - 550

Hasselhorn, M./Schneider, W. (1998): Aufgaben und Methoden der differentiellen Entwicklungspsychologie. In: Keller (1998): 87-98

Heckt, D.H./Neumann, K. (Hrsg.) (2001): Deutschunterricht von A bis Z. Braunschweig: Westermann

Heinzel, F. (2000): Methoden der Kindheitsforschung. Weinheim/München: Juventa

Helfferich, C. (2005): Die Qualität qualitativer Daten. Manual für die Durchführung qualitativer Interviews. Wiesbaden: VS

Heller, K. A. (Hrsg.) (2002): Hochbegabung im Kindes- und Jugendalter. 2. Aufl. Göttingen: Hogrefe

Helmke, A. (2006): Was wissen wir über guten Unterricht? In: Pädagogik 2006 / 2.: 42-45

Herczeg, M./Kindsmüller, M.C. (Hrsg.) (2008): Mensch und Computer 2008. 8. fachübergreifende Konferenz für interaktive und kooperative Medien. München: Oldenbourg Verlag

Hermanns, H. (1992): Die Auswertung narrativer Interviews: Ein Beispiel für qualitative Verfahren. In: Hoffmeyer-Zlotnik (1992): 110-141

Hermanns, H. (2000): Interviewen als Tätigkeit. In: Flick et al. (2000): 360 – 368

Heyl, B.S. (2001): Ethnographic Interviewing. In: Atkinson et al. (2001): 369-383

Hielscher, H. (1984): Spielen mit Eltern. Heinsberg: Dieck

Hielscher, H. (Hrsg.) (1987): Du und ich - ihr und wir. Konkrete Arbeitshilfen für die soziale Erziehung. Heinsberg: Dieck

Hilzinger, I. (1987): Zu zweit sind wir stärker. Eine Anleitung zum seelsorgerlichen und beratenden Gespräch. 2. Aufl. Stuttgart: Calwer Verlag

Hitzler, R./Honer, A. (Hrsg.) (1997): Sozialwissenschaftliche Hermeneutik. Opladen: Leske + Buderich

Hoffmeyer-Zlotnik J.H.P. (Hrsg.) (1992): Analyse verbaler Daten: Über den Umgang mit qualitative Daten. Opladen: Westdeutscher Verlag

Hopf, C./Weingarten E. (Hrsg.) (1979): Qualitative Sozialforschung. Stuttgart: Klett-Cotta

Hopf, C. (2000): Qualitative Interviews – ein Überblick. In: Flick et al. (2000): 349-359

Hopf, C.(2007): Qualitative Interviews – ein Überblick. In: Flick et al. (2007): 353

Jäger R.J. (Hrsg.) (1988): Psychologische Diagnostik. München: Psychologie Verlags Union

Jahnke, I./Herrmann, T./Prilla, M. (2008): Grafische Modellierung statt Interviews? Eine neue qualitative Forschungsmethode? In: M. Herczeg et al. (2008):. 377-386

Joas, H. (Hrsg.) (2001): Lehrbuch Soziologie. Frankfurt am Main/New York: Campus

Jüttmann, G. (Hrsg.) (1985): Qualitative Forschung in der Psychologie. Weinheim: Beltz

Kamil, M.L./Mosenthal, P.B. (Hrsg.) (2000): Handbook of reading research. Bd. 3. Mahwah/New York: Erlbaum

Karmiloff-Smith, A. (1992): Beyond modulatity. A developmental perspective on cognitive science. Cambridge. MA: MIT Press

Keiner, T./Macé, M./Theobald, E. (2000): Wir sind, woran wir uns erinnern. In: Psychologie heute 27 (2000) 3. 20-26

Kici G./Westhoff K. (2000): Anforderungen an psychologisch-diagnostische Interviews in der Praxis. In: Report Psychologie 25. 7/2004. 428-436

Keller, H. (Hrsg.) (1998): Lehrbuch Entwicklungspsychologie. Bern: Huber

Kemmler, L. (1974): Die Anamnese in der Erziehungsberatung (3. Aufl.). Bern: Huber

Keßler, B.H. (1988): Daten aus dem Interview. In: Jäger (1988): 363-372

Köhnken, G. (1987): Nachträgliche Informationen und die Erinnerung komplexer Sachverhalte. Empirische Befunde und theoretische Kontroversen. In: Psychologische Rundschau. 38. 190-203

Köhnken, G./Brockmann, C. (1988): Das Kognitive Interview: Eine neue Explorationstechnik (nicht nur) für die forensische Aussagepsychologie. In: Zeitschrift für Differentielle und Dia gnostische Psychologie. 9. 257-265

Köhnken, G./Mantwill, M./Aschermann, E. (1991): Das kognitive Interview - experimentelle Evaluation einer neuen Vernehmungsmethode. In: Egg (1991): 247 -258

Köhnken, G./Finger, M./Nitschke, N. (1992): Does a cognitive interview interfere with a subsequent criteria based content analysis of the statement? Vortrag auf dem Kongress der American Psychology-Law-Society. San Diego

Kohn, M./Bichtemann, V. (2009): „Wir züchten Schnecken" – Eine empirisch-qualitative Studie zum Freizeitverhalten von Zweitklässlern. In: Trautmann et al. (2009): 100 – 120

Koenig, R. (Hrsg.) (1967): Handbuch der empirischen Sozialforschung (Bd. 2). Stuttgart: Enke

König, B. (Hrsg.) (2004): rowohlts enzyklopädie. 2. Aufl. Reinbeck bei Hamburg: Rowolt

Klingberg, L. (1987): Überlegungen zur Dialektik von Lehrer- und Schülertätigkeit im Unterricht der sozialistischen Schule. In: Potsdamer Forschungen. Reihe C, Heft 74.

Krampen, G./Reichle, B. (2002): Frühes Erwachsenenalter. In: Oerter et al. (2002): 319-349

Kühl, M./Schmidt, S. (2009): Potenzen des Klassenrats für das Soziale Lernen. In: Trautmann et al. (2009): 164-175

Lamnek, S. (1995): Qualitative Sozialforschung. Band 2. Methoden und Techniken. Weinheim (3., korrigierte Auflage)

Lamnek, S. (2005): Qualitative Sozialforschung. Lehrbuch. 4. vollst. überarb. Aufl. Weinheim u. a.: Beltz

Largo, R.H. (2005): Kinderjahre. München: Piper

Lashley, K. (1950): In search of an engram: Psychological mechanisms in animal behavior. In: Danielli et al. (1950): 454-482

Loriot (1983): *Studiointerview*. In: ders.: *Loriots dramatische Werke*. Zürich: Diogenes

Martens, E./Schreier, H. (1994): Philosophieren mit Schulkindern. Heinsberg: Dieck

Matthews, G.B. (1992): Thinking in stories. In: Thinking. Vol. X. Montclair

Maslow, A.H. (1973): Psychologie des Seins. München: Kindler

Maslow, A.H.(1977): Motivation und Persönlichkeit. Freiburg: Walter Verlag

Mayer, H.O. (2006): Interview und schriftliche Befragung. Entwicklung, Durchführung und Auswertung. München: Oldenbourg (3., überarbeitete Auflage)

Mayring, P. (2002): Einführung in die qualitative Sozialforschung. Weinheim und Basel: Beltz (5., überarbeitete und neu ausgestattete Auflage)

Mazur, J.E. (2006): Lernen und Verhalten. München: Pearson

Merton, R.K./Kendall, P.L. (1979): Das fokussierende Interview. In: Hopf et al. (1979):171-204

Merton, R.K. (1987): The Focused Interview and Focus Groups: Continuities and Discontinuities. Public Opinion Quarterly, 51: 550-556

Meuser, M./Nagel, U. (1997): Das ExpertInneninterview. Wissenssoziologische Voraussetzungen und methodische Durchführung. In: Friebertshäuser et al. (1997): 481-491

Meuser, M./Nagel, U. (2004): ExpertInneninterview. In: Becker et al. (2004): 326-329

Möller, K./Hanke, P. et al. (Hrsg.) (2007): Qualität von Grundschulunterricht entwickeln, erfassen Und bewerten. Wiesbaden: VS Verlag für Sozialwissenschaften

Nagy, W. E./Scott, J. A. (2000): Vocabulary process. In: Kamil et al. (2000):. 269 - 284

Nelson, C. (1996): Language in cognitive development. Cambridge: CUP

Nohl, A.-M.(2008): Interview und dokumentarische Methode. Anleitungen für die Forschungspraxis. 2. überarb. Aufl. Wiesbaden: VS Verlag für Sozialwissenschaften

Oerter, R. (2002): Kindheit. In: Orter et al. (2002): 209-257

Oerter, R./Dreher, E. (2002): Jugendalter. In: Oerter et al. (2002): S. 258 – 318

Oerter, R./Montada, L. (Hrsg.) (2002): *Entwicklungspsychologie*. (5. Aufl.). Weinheim: Beltz PVU

Oser, F./Althof, W. (*1992*): Moralische Selbstbestimmung. Modelle der Entwicklung und Erziehung im Wertebereich. Ein Lehrbuch. Stuttgart: Klett

Paetsch, M. (2006): Stufen der Entwicklung. In: GEO-Wissen Nr. 37. Jahrgang. 68 - 71

Petermann, F./Rudinger, G. (2002): Quantitative und qualitative Methoden der Entwicklungspsychologie. In: Oerter et al. (2002). 209-257

Piaget, J. (1926/1930): The child's conception oft the world. New York: Harcourt, Brace & World (Original published 1926)

Piaget, J. (1972): Sprechen und Denken des Kindes. Düsseldorf: Schwann

Piaget, J. (1974): Die geistige Entwicklung des Kindes. In: Piaget (1974): 153-210

Piaget, J. (1974): Theorien und Methoden der modernen Erziehung. Frankfurt am Main: Fischer

Pickel, S./Pickel, G./Lauth, H.-J./Jahn, D. (Hrsg.) (2003): Vergleichende politikwissenschaftliche Methoden. Neue Entwicklungen und Diskussionen. Wiesbaden: Westdeutscher Verlag.

Piper, H.-Ch. (1973): Gesprächsanalysen. Göttingen: Vandenhoeck & Ruprecht

Protassowa, J. J. (1991): Phantasiegeschichten und Märchen lesen – mit Phantasie spielen. Entwiclung und Förderung sprachlich-literarischer Spiele. In: Retter (1991): 145–152

Retter, H. (Hrsg.) (1991): Kinderspiel und Kindheit in Ost und West. Weinheim: Deutscher Studien Verlag

Riemann, S. (2001): Oralität gestern und heute. Erzählte Geschichten als Lern- und Unterhaltungsmedium. In: Richter et al. (2001): 217 - 233

Rönz, C. (2008): Aspekte kindlicher Entwicklung innerhalb der Schuleingangsphase – eine Fallstudie am Beispiel eineiiger weiblicher Zwillinge. Hausarbeit zur ersten Staatsprüfung Lehramt Grund- und Mittelstufe. Fachbereich: Allgemeine Erziehungswissenschaft. Hamburg:

UHH

Sandler, J./Rosenblatt, B. (1962): Der Begriff der Vorstellungswelt. In: P. Z. Psychoanal 1984, 38. 235-253

Schäfer, G.E. (2003): Was ist frühkindliche Bildung? In: Schäfer et al. (2003): 10 – 43

Schäfer, G.E. (Hrsg.) (2003): Bildung beginnt mit der Geburt. Weinheim/Basel: Beltz

Schäfers, B./Kopp, J. (Hrsg.) (2006): Grundbegriffe der Soziologie. Wiesbaden: VS

Scharfenberg, J. (1972): Seelsorge als Gespräch. Göttingen: Vandenhoeck & Ruprecht

Scheele, B./Groeben, N.(1988): Dialog-Konsens-Methoden zur Rekonstruktion Subjektiver Theorien: die Heidelberger Struktur-Lege-Technik (SLT), konsuale Ziel-Mittel-Argumentation und kommunikative Flußdiagramm-Beschreibung von Handlungen. Tübingen: Francke

Schenk-Danziger, L. (1991): Entwicklung Sozialisation Erziehung. Schul- und Jugendalter. Wien: Klett-Cotta Österreichischer Bundesverlag

Schenk-Danziger, L. (1993): Entwicklung Sozialisation Erziehung. Von der Geburt bis zur Schulfähigkeit. 2. Aufl. Wien: Klett-Cotta Österreichischer Bundesverlag

Scheuch, E. K. (1967): Das Interview in der Sozialforschung. In: Koenig et al. (1967): 66-190

Schmidt, S./Trautmann, T./Bichtemann, V./Steenbuck, O. (2008): Heterogene Lerngruppen-Analyse an der Brecht-Grundschule Hamburg. – Dritter Zwischenbericht der wissenschaftlichen Begleitung zum Schuljahr 2007/2008. Hamburg: UHH

Schnell, Rainer/Hill, Paul B./Esser, E. (2005): Methoden der empirischen Sozialforschung. München/Wien: Oldenbourg

Schölmerich, A./Weßels, H. (1998): Beobachtungsmethoden und Auswertungsverfahren in der Entwicklungspsychologie. In: Keller et al. (1998): 113-131

Schraml, W.J. (1988): Das psychodiagnostische Gespräch. Frankfurt: Fischer

Schütze, F. (1987): Das narrative Interview in Interaktionsfeldstudien I. Studienbrief der Fernuniversität Gesamthochschule Hagen. Kurseinheit I. Hagen

Siegler, R./DeLoache, J./Eisenberg, N.(2005): Entwicklungspsychologie des Kindes- und Jugendalters. Heidelberg u.a.: Elsevier/Spektrum

Spradley, J.P. (1979): The Ethnographic Interview. New York: Holt, Rinehart & Winston

Spradley, J.P. (1980): Participant Observation. New York: Holt, Rinehart & Winston

Stieglitz, R./Baumann, U./Freyberger, HJ. (2001): *Psychodiagnostik in klinischer Psychologie, Psychiatrie, Psychotherapie.* Stuttgart: Thieme

Steenbuck, O./Schmidt, S./Trautmann, T. (Hrsg.) (2007): Heterogene Lerngruppen-Analyse an der Brecht-Grundschule Hamburg. – Zweiter Zwischenbericht der wissenschaftlichen Begleitung zum Schuljahr 2006/2007. Hamburg: UHH

Sudman, S./Bradburn, N. M. (1982): Asking questions. San Francisco: Jossey-Bass Publ.

Thilo, H.-J. (1975): Beratende Seelsorge. Tiefenpsychologische Methodik dargestellt am Kasualgespräch. Göttingen: Vandenhoeck & Ruprecht

Trautmann, H./Trautmann, T. (2004): Fünfzig Unterrichtsspiele für die Kommunikationsförderung. Bd. II. Sekundarstufe. Donauwörth: Auer

Trautmann, T./Hoppe, F. (2009): Kindliche Lernstrategien selbst berichtet – „Wie ich mir etwas merke …?" In: Trautmann et al. (2009): 2-12

Trautmann, T. (1995): Unterricht und Fragestellung. Eine Fehleranalyse aus sozialer Sicht. In: Lehrer-Schüler-Unterricht (19). Stuttgart: Raabe

Trautmann, T. (1997): Wie redest du denn mit mir? Hohengehren: Schneider

Trautmann, T. (2000): „Und was sagst du dazu?" Kinder interviewen Kinder. In: Grundschulmagazin 68 (2000) 6 .19-21

Trautmann, T. (2001): Sprechen im Unterricht. Überlegungen und Anregungen. Hohengehren: Schneider

Trautmann, T. (2001 a): Gespräch. In: Heckt et al. (2001a): 112 – 114

Trautmann, T. (2005). Einführung in die Hochbegabtenpädagogik. Baltmannsweiler: Schneider

189

Trautmann, T. (2007): Begabungsfördernder Unterricht in heterogenen Lerngruppen – das Beispiel Grundschule-Brecht. In: Möller et al. (2007): 233–236

Trautmann, T. (2008). Hochbegabt – was (t)nun? 2. überarb. Aufl. Münster: LIT

Trautmann, T. (2009): Gelingender Unterricht als Wegzeichen erfolgreicher Lehr-Lernpraxis. In: Trautmann et al. (2009) 61 - 82

Trautmann, T./Schmidt, S./Rönz, C. (Hrsg.) (2009): Beim Lernen zugeschaut. Begabungsfördernder Unterricht und wissenschaftliche Begleitung. Bd. 1: Theoretische Grundlagen. Hohengehren: Schneider

Trautmann, T./Schmidt, S./Rönz, C. (Hrsg.) (2009a): Mittendrin und stets dabei. Begabungsfördernder Unterricht und wissenschaftliche Begleitung. Bd. 2: Empirische Ergebnisse. Hohengehren: Schneider

Trautmann, T./Steenbuck, O./Schmidt, S. (Hrsg.) (2006): Heterogene Lerngruppen-Analyse an der Brecht-Grundschule Hamburg. – Erster Zwischenbericht der wissenschaftlichen Begleitung zum Schuljahr 2005/2006. Hamburg: UHH

Undeutsch, U. (1983): Exploration. In: Feger et al. (1983): S.321-361

Unnewehr, S./Schneider, S./Margraf, J. (Hrsg.) 1995: Diagnostisches Interview bei psychischen Störungen im Kindes- und Jugendalter (Kinder-DIPS). Berlin: Springer

Wagener-Wender, M. (2006): Falsche Erinnerungen sind echtes Leid. Oder: „Du kannst dich nicht von einem Problem erholen, das du nicht hast." In Kriminalistik 60. Heidelberg: Hüthig Jehle Rehm, S. 240

Wagenschein, M. (1968): Verstehen lernen. Weinheim: Beltz

Wagner, A.C. (2007): Gelassenheit durch Auflösung innerer Konflikte. Stuttgart: Kohlhammer

Wallrabenstein, W. (1991): Offene Schule - Offener Unterricht. Reinbek: Rowohlt

Watzlawick, P./Beavin, J. H./Jackson, D. D.(1993): Menschliche Kommunikation. Formen, Störungen, Paradoxien. Bern: Huber

Watzlawick, P. (1996): Vom Unsinn des Sinns oder vom Sinn des Unsinns. München: Piper.

Watzlawick, P. (1996 a): Wie wirklich ist die Wirklichkeit. Wahn - Täuschung - Verstehen. München: Piper

Watzlawick, P. (1988): Anleitung zum Unglücklichsein. München: Piper

Wegener, H./Steller, M. (1986): Psychologische Diagnostik vor Gericht: Methodische und ethische Probleme forensisch-psychologischer Diagnostik. In: Zeitschrift für Differentielle und Diagnostische Psychologie, 7, 103-126

Whorf, B. (1984): Sprache, denken, Wirklichkeit. Reinbek: Rowohlt

Wickham, L.H.V./Swift, H. (2006): Articulatory suppression attenuates the verbal overshadowing effect: A role for verbal encoding in face identification. Applied Cognitive Psychology, 20. S. 157 - 169

Wilk, L./Bacher, J. (Hrsg.) (1994): Kindliche Lebenswelten. Opladen: Leske + Budrich

Wittchen, H.-U./Freyberger, H. J./Stieglitz, R.-D. (2001): Interviews. In: Stieglitz et al. (2001): 107-117

Wittgen, C./Watzl, H./Cohen, R. (1989): Das 10-minütige „Kurzinterview" als Alternative zum Camberwell-Family-Interview? In: Buchkremer et al. (1989): 27-31

Witzel, A. (1985): Das problemzentrierte Interview. In: Jüttmann (1985): 227-255

Wygotski, L. (1987): Ausgewählte Schriften Bd. 2 / Herausgegeben von Joachim Lompscher. Berlin: Volk und Wissen

Zimbardo, P. G./Gerrig, R. J. (2004): Psychologie. 16. Aufl. München: Pearson

Zimmermann, G.E. (2006): Methoden der empirischen Sozialforschung. In: Schäfers et al. (2006): 179-190

Interkulturelle Pädagogik

Georg Auernheimer (Hrsg.)
Schieflagen im Bildungssystem
Die Benachteiligung der Migrantenkinder
3. Aufl. 2009. 230 S. (Interkulturelle
Studien Bd. 16) Br. EUR 24,90
ISBN 978-3-531-16351-2

Die ‚Schieflagen im Bildungssystem',
Interpretationen der PISA-Studien und bildungspolitische Schlussfolgerungen, werden in dieser überarbeiteten und aktuali-
sierten Textsammlung diskutiert. Vor allem
die Bildungssituation von Migranten-
kindern wird ergänzend beleuchtet und
verschiedene Erklärungsansätze geboten,
um bildungspolitische und pädagogische
Handlungsalternativen aufzuzeigen.

Georg Auernheimer (Hrsg.)
**Interkulturelle Kompetenz und
pädagogische Professionalität**
2., akt. u. erw. Aufl. 2008. (Interkulturelle
Studien Bd. 13) Br. EUR 24,90
ISBN 978-3-531-15821-1

Ingrid Gogolin / Ursula Neumann (Hrsg.)
**Streitfall Zweisprachigkeit –
The Bilingualism Controversy**
2009. 338 S. Br. EUR 29,90
ISBN 978-3-531-15886-0

Die Frage, ob die Zweisprachigkeit von
Migranten eine positive, individuelle wie
gesellschaftlich nützliche Kompetenz ist,
war und ist umstritten. Der Band dokumentiert den interdisziplinären und inter-
nationalen Austausch über neueste For-
schungsergebnisse zu dieser Frage – und
bietet die Chance zur Versachlichung der
Auseinandersetzungen über den ‚Streitfall Zweisprachigkeit'.

Sara Fürstenau / Mechtild Gomolla (Hrsg.)
**Migration und schulischer
Wandel: Elternbeteiligung**
2009. 182 S. Br. EUR 16,90
ISBN 978-3-531-15378-0

‚Elternbeteiligung' thematisiert die
Bedeutung der Zusammenarbeit mit
Eltern im sprachlich und sozio-kulturell
heterogenen Kontext. Es geht u.a. um
die strukturellen Rahmenbedingungen
des Verhältnisses von Schule und Familien, die Rolle der Eltern für Schulerfolg,
unterschiedliche Formen und professionelle Kompetenzen für eine erfolgreiche
Kooperation, Bildungsstrategien zuge-
wanderter Eltern und den Wandel von
Elternpartizipation im Kontext aktueller
Bildungsreformen.

Sara Fürstenau / Mechtild Gomolla (Hrsg.)
**Migration und schulischer
Wandel: Unterrichtsqualität**
2009. 174 S. Br. EUR 16,90
ISBN 978-3-531-15376-6

Der Band ‚Unterrichtsqualität' konzentriert sich auf eine aktuelle Einführung zur
Unterrichtsentwicklung im Umgang mit
Heterogenität und gibt einen Überblick
über leistungsfördernde und egalisieren-
de Unterrichtsformen.

Erhältlich im Buchhandel oder beim Verlag.
Änderungen vorbehalten. Stand: Juli 2009.

www.vs-verlag.de

VS VERLAG FÜR SOZIALWISSENSCHAFTEN

Abraham-Lincoln-Straße 46
65189 Wiesbaden
Tel. 0611.7878-722
Fax 0611.7878-400